PRECLUSÃO NO PROCESSO CIVIL

R672p   Rocha, Raquel Heck Mariano da
         Preclusão no processo civil / Raquel Heck Mariano da Rocha. –
      Porto Alegre: Livraria do Advogado Editora, 2011.
         182 p.; 23 cm. – (Temas de direito processual civil ; 1)
         ISBN 978-85-7348-740-4

         1. Preclusão : Processo civil. I. Título.

                                                   CDU – 347.933

                  (Bibliotecária responsável: Marta Roberto, CRB-10/652)

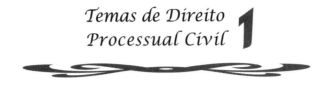

Temas de Direito Processual Civil **1**

Raquel Heck Mariano da Rocha

PRECLUSÃO NO PROCESSO CIVIL

Porto Alegre, 2011

Coleção
Temas de Direito Processual Civil

Coordenadores
Daniel Mitidiero
José Maria Rosa Tesheiner
Sérgio Gilberto Porto

© Raquel Heck Mariano da Rocha, 2011

Projeto gráfico e diagramação
Livraria do Advogado Editora

Revisão
Rosane Marques Borba

Direitos desta edição reservados por
Livraria do Advogado Editora Ltda.
Rua Riachuelo, 1338
90010-273 Porto Alegre RS
Fone/fax: 0800-51-7522
editora@livrariadoadvogado.com.br
www.doadvogado.com.br

Impresso no Brasil / Printed in Brazil

Aos meus pais, ao Claudio, às minhas irmãs e ao Felipe.

Agradecimentos

A todos que, de uma forma ou de outra, apoiaram minha jornada acadêmica.

Aos colegas e professores do Curso de Mestrado em Direito da Pontifícia Universidade Católica do Rio Grande do Sul, pela enriquecedora convivência.

E, de modo especial, ao Professor Dr. Sérgio Gilberto Porto, pela segura orientação da dissertação que resultou nesta obra.

Apresentação

A presente obra, desenvolvida através da pena talentosa de Raquel Heck Mariano da Rocha, inaugura a coleção *Temas de Direito Processual Civil*, que tenho a honra de coordenar, juntamente com os Professores José Maria Rosa Tesheiner e Daniel Mitidiero. O propósito da coleção que se lança é o de trazer ao conhecimento da comunidade jurídica monografias inspiradas em dissertações de mestrado e teses de doutorado.

Este ensaio teve origem na dissertação de mestrado da autora, onde esta obteve aprovação com distinção, e examina o relevante instituto da preclusão no processo civil. Tema atual e perene, na medida em que nossa ordem jurídica é operada a partir da ideia de oferta de oportunidades que, se não exercidas no tempo e modo adequados, consomem direitos em favor do avanço do processo na busca de solução definitiva para a causa. A abordagem aqui apresentada examina o instituto a partir de primados atualíssimos, tais como a cláusula da duração razoável do processo, traduzida pelo desejo de embutir rapidez e efetividade à dinâmica processual contemporânea.

A ideia de preclusão contempla, em última análise, a tese de que é legítima a pressão que o Estado exerce em favor da prática de certos atos no seio do processo, com o fito de impedir o retardamento da marcha processual. Entretanto, esta conduta não pode, e nem deve, ser arbitrária, ao alvedrio da conveniência estatal ou de qualquer dos figurantes da relação processual, mas, sim, deve, antes de tudo, acatar determinada disciplina e, por conseguinte, como sustenta com maestria a autora, ser *célere*, *efetiva*, *instrumental* e *ética*.

Conhecer o instituto, seus desdobramentos e hipóteses assemelhados presentes na ordem jurídica, permite o perfeito domínio de meandros essenciais do processo civil coetâneo e é exatamente isso que oferece o presente trabalho, não podendo, assim, pena de configurar grave injustiça, privilegiar apenas àqueles que têm acesso aos escaninhos acadêmicos. Deve, pois, face a seu sentido pragmático, além do rico conteúdo científico, estar ao alcance de toda comunidade jurídica. E é esta a notável oportunidade que oferecem a talentosa advogada e disciplinada estudiosa Raquel Heck Mariano da Rocha e a Livraria do Advogado Editora ao trazerem a lume esta publicação capaz de enriquecer qualquer biblioteca.

Porto Alegre, verão de 2011.

Prof. Dr. Sérgio Gilberto Porto

Sumário

Introdução 13

1. Caracterização do instituto 17
   1.1. Raízes históricas 17
   1.2. Conceito 25
   1.3. Natureza jurídica 30

2. Breve notícia da preclusão em sistemas estrangeiros ... 39
   2.1. Itália 39
   2.2. França 45
   2.3. Estados Unidos 47
   2.4. Portugal 52
   2.5. Espanha 54

3. Fundamentos e princípios informadores 59
   3.1. Ordenação, formalismo e devido processo legal 59
   3.2. Celeridade, razoável duração e efetividade do processo 65
   3.3. Segurança jurídica, proteção da confiança e proibição de *venire contra factum proprium* 70

4. Espécies de preclusão 77
   4.1. A formulação de Chiovenda 77
      4.1.1. Preclusão temporal 78
      4.1.2. Preclusão lógica 82
      4.1.3. Preclusão consumativa 83
   4.2. Preclusão para o juiz 84
      4.2.1. Sujeição do juiz à preclusão 84
      4.2.2. Opção terminológica: a controversa expressão "preclusão pro judicato" 89

5. A preclusão no sistema processual civil brasileiro 93
   5.1. Preclusão para as partes (preclusão de faculdades processuais) 93
      5.1.1. Fase postulatória 93
         5.1.1.1. Dedução de alegações: princípio da eventualidade 93
         5.1.1.2. Apresentação de documentos 96
         5.1.1.3. Resposta do réu: modalidades e simultaneidade 99
         5.1.1.4. Exceção de incompetência 102
      5.1.2. Fase instrutória 102
         5.1.2.1. Prova pericial 102
         5.1.2.2. Prova testemunhal 106

  5.1.3. Fase recursal 110
    5.1.3.1. Interposição de recurso e abstenção de prática incompatível 110
    5.1.3.2. Impossibilidade de aditar ou complementar o recurso 112
    5.1.3.3. Complementação das peças do agravo 114
    5.1.3.4. Impossibilidade de interposição de recurso adesivo por quem já recorreu em caráter principal 115
    5.1.3.5. Interposição de recurso e comprovação do preparo 116
  5.1.4. Fases de liquidação e de cumprimento da sentença – impugnação de cálculos 122
  5.1.5. Arguição de questões de ordem pública 123
  5.1.6. Observância do horário de expediente forense 126
 5.2. Preclusão para o juiz (preclusão de questões) 128
  5.2.1. Apreciação de questões de ordem pública 128
  5.2.2. Saneamento do processo 135
  5.2.3. Matéria probatória 139
  5.2.4. Pedido de reconsideração 147
  5.2.5. Erro material 149
  5.2.6. Preclusão hierárquica 152
  5.2.7. Juízo de admissibilidade recursal 154
  5.2.8. Antecipação de tutela 155

6. Institutos afins 159
 6.1. Decadência 159
 6.2. Prescrição 162
 6.3. Coisa julgada 163
  6.3.1. Coisa julgada material 163
  6.3.2. Coisa julgada formal 168
 6.4. Perempção 171

Bibliografia 173

Introdução

Alguns institutos assumem na ordem jurídica tamanha relevância que não se pode imaginá-la em sua ausência. É o caso do instituto da preclusão, que, marcando forte presença em todo o desenrolar do processo, tem papel determinante em sua estruturação, ditando seu ritmo e sua dinâmica, a ponto de não ser exagero dizer-se que o tratamento dispensado à preclusão dá as feições de um dado sistema processual, deixando entrever os valores que o alicerçam.

Até recentemente pouco explorado pela doutrina nacional, o tema da preclusão vem conquistando uma crescente atenção, que, conquanto tardia, se justifica plenamente. Seja pela recorrência com que se faz presente, seja pelas acirradas divergências doutrinárias e jurisprudenciais que inspira, a preclusão é matéria de atualidade permanentemente renovada.

Responsável pela ordenação e agilidade do processo, a aplicação habilidosa de regras sobre preclusão impede embaraços e retrocessos, permitindo um avançar constante em direção à solução da controvérsia. Em tempos de justificado clamor por celeridade, em que a razoável duração do processo galga *status* de garantia constitucional, indispensável se faz revisitar o assunto.

Impedindo o retorno a fases processuais já ultrapassadas (ora determinando o momento para a prática dos atos processuais, ora preservando a lógica e a coerência desses atos), a preclusão contribui inequivocamente para abreviar o trâmite do processo. Em um sistema que a ignorasse, as reviravoltas constantes importariam em grave retardamento da marcha processual.

Mais do que apenas assegurar a agilidade do processo, porém, a preclusão também promove a ordem no desenvolvimento das etapas processuais, garantindo às partes a segurança de que necessitam. Esse poder ordenador assegura um mínimo de previsibilidade e de confiança na observância de um sistema processual preestabelecido, servindo à realização da garantia do devido processo legal.

O formalismo imposto pela preclusão não deve ser compreendido como entrave ao pleno exercício de direitos ou de faculdades pelas partes ou de poderes pelo juiz. Seu escopo é tornar o processo, tanto quanto possível, seguro, desembaraçado e isonômico. O desafio contemporâneo de prestigiar a instrumentalidade do processo sem vulnerar as legítimas expectativas depositadas pelas partes em uma ordem legal estável tem íntima relação com o instituto da preclusão.

Indo-se além, constata-se que as regras concernentes à preclusão também servem à preservação da ética no processo, vedando comportamentos contraditórios e surpresas maliciosamente engendradas. Evita-se, com sua aplicação, que as partes pratiquem atos incompatíveis entre si ou que reservem deliberadamente a apresentação de questões relevantes para momentos imprevisíveis, em postura contrária à boa-fé que se espera dos litigantes.

Por todas as suas nuances, é relevante o estudo da preclusão. Não se pode pretender, no entanto, desvendá-las por completo, por tratar-se de tema inesgotável e que, por permear todas as fases do processo, traz consigo outros tantos que lhe são correlatos, muitos dos quais de expressiva complexidade. O presente trabalho, sem ignorar tais dificuldades, tem por objetivo o estudo da preclusão, abordando temáticas adjacentes apenas na medida do necessário ao exame de seu objeto central.

Nessa perspectiva, buscar-se-á caracterizar o instituto da preclusão e compreender-lhe o alcance, partindo de uma análise histórica breve, mas suficiente para que se perceba seu caráter indispensável, passando-se então a examinar sua natureza jurídica e a conceituá-lo.

Vencida a tarefa de caracterização, examinar-se-ão, em algumas linhas, as manifestações e o tratamento do instituto em alguns sistemas processuais estrangeiros. Sem qualquer pretensão de alcançar uma plena e completa análise comparada, inviável diante das limitações impostas pela amplitude do tema, buscar-se-á retratar sinteticamente o perfil da preclusão nos ordenamentos estudados, a fim de propiciar o cotejo com o sistema pátrio.

Dedicar-se-á também uma parte do trabalho ao exame dos fundamentos e princípios informadores da preclusão, imprescindível para que se logre dar-lhe aplicações práticas razoáveis. Nesse desiderato, serão abordadas as relações entre o instituto da preclusão e temas como ordenação, formalismo, devido processual legal, efetividade, celeridade, proteção da confiança e boa-fé.

Prosseguir-se-á com o exame das espécies de preclusão, classificando-se-as para fins didáticos e detalhando-se suas diversas formas de manifestação no processo. A clássica tripartição da preclusão nas modalidades temporal, lógica e consumativa será destacada para bem se aquilatar a vasta abrangência do instituto.

Dedicar-se-á também um capítulo desta dissertação ao trato específico de situações em que a preclusão se faz presente, examinando suas manifestações mais frequentes tanto em relação às partes quanto ao juiz. Contando não apenas com as fontes doutrinárias, mas também com o indispensável socorro à jurisprudência, analisar-se-ão as hipóteses mais corriqueiras de preclusão, apontando-se as soluções viáveis às tantas e controvertidas situações práticas de aplicação do tema.

Finalmente, já suficientemente delineado o instituto, se procurará, para fins de maior clareza, cotejar a preclusão com outras figuras processuais, distinguindo-a de institutos afins (tais como a decadência, a prescrição, a coisa julgada e a peremção) para uma compreensão mais completa de seus contornos e limites.

Ao fim do estudo deste que é um dos temas fundamentais do processo civil, embora não se tenha a leviana expectativa de esgotar o assunto, espera-se chegar às soluções mais condizentes com um processo que desafiadoramente se quer, a um tempo, célere, efetivo, instrumental e ético.

1. Caracterização do instituto

1.1. RAÍZES HISTÓRICAS

A ideia central do instituto da preclusão, ainda que mais ou menos acentuada conforme o momento histórico, encontra raízes em tempos remotos. Como observa Chiovenda, todo processo, "com o fim de assegurar precisão e rapidez ao desenvolvimento dos atos judiciais, traça limites ao exercício de determinadas faculdades processuais, com a consequência de que, além de tais limites, não se pode usar delas".[1]

A esse fenômeno se deu o *nomen juris* de preclusão, atribuído ao próprio Chiovenda, que se valeu, para isso, de expressão encontrada "nas fontes", ou seja, na *poena preclusi* do direito comum, ainda que rejeitando a ideia de pena.[2] Um exame etimológico da expressão revela sua adequação à designação do instituto: formada a partir do latim *praecludere*, verbo que significava *"impedir"*, ou *"fechar na cara"* (composto de *prae*, "diante de" e *claudo, -ere*, "fechar"),[3] a expressão pode ser traduzida como fechar diante ou na cara de, tapar, obstruir, fechar, proibir, vedar, impedir, tolher.[4]

---

[1] CHIOVENDA, Giuseppe. *Instituições de direito processual civil*. Tradução de Paolo Capitanio. Campinas: Bookseller, 1998, v. III, p. 184; Cosa giudicata e preclusione. In: *Saggi di diritto processuale civile*. Milano: Giuffrè, 1993, v. 3, p. 232.

[2] MARQUES, José Frederico. *Instituições de direito processual civil*. 3. ed. Rio de Janeiro: Forense, 1966, v. II, p. 285. Luiz Machado Guimarães, em reforço, esclarece que, antes do mestre italiano, "já os juristas alemães empregavam o vocábulo *Präklusion*, atribuindo-lhe, de preferência, compreensão mais restrita. Por *Präklusionwirkung* (efeito preclusivo) é designado um parcial aspecto da preclusão: refere-se à proibição de ser ressuscitada em juízo uma pretensão, já decidida por sentença trânsita em julgado, com fundamento em fatos ocorridos antes do encerramento da audiência oral da precedente ação. O fenômeno mais geral da preclusão, tal como o conceitua a doutrina chiovendiana (adotada sem discrepância pela doutrina brasileira), é designado na Alemanha por *prozessualische überholung*, denominação bem expressiva, que traduz a ideia de oportunidade processual ultrapassada, isto é, de atividade que, por não haver sido exercitada opportuno tempore, já se acha ultrapassada". (GUIMARÃES, Luiz Machado. *Estudos de direito processual civil*. Rio de Janeiro – São Paulo: EJU, 1969, p. 10).

[3] MONIZ DE ARAGÃO, Egas Dirceu. Preclusão (Processo Civil). In: OLIVEIRA, Carlos Alberto Alvaro de. (Org.). *Saneamento do processo – estudos em homenagem ao Prof. Galeno Lacerda*. Porto Alegre: Fabris, 1989, p. 141.

[4] BARBOSA, Antônio Alberto Alves. *Da preclusão processual civil*. São Paulo: Revista dos Tribunais, 1955, p. 21.

A preclusão por fases do processo – com o sentido de fixação de limites para o exercício de certas faculdades pelas partes – aparecia já no antigo direito germânico, em que se podiam discernir claramente as diversas etapas processuais, cada uma delas marcada por uma resolução judicial.[5] Feitas, em um primeiro momento, as alegações, inaugurava-se nova fase, ao escopo de definir o ônus de administrar a prova. Essa fase culminava com a "sentença probatória", uma sentença judicial obrigatória que regulava o dever de provar,[6] via de regra atribuído ao réu.[7] Essa cisão em fases bem distintas permitiu que o processo germânico se desenvolvesse intercalado por sentenças que decidiam questões processuais e substanciais, à medida que surgiam. Cada uma destas sentenças prolatadas no decorrer do processo tinha seu próprio valor, era imediatamente apelável e, não sendo impugnada, operava-se sobre ela a preclusão, tornando-a imutável.[8]

No direito romano, a ordenação do processo por fases também se fazia presente. Separavam-se o *ius* e o *iudicium*. A primeira fase (*ius*) versava sobre o cabimento da ação e os limites da controvérsia[9] e se desenrolava perante o magistrado encarregado de administrar a justiça, ao efeito de constituir o *iudicium*. O *dare actionem* era a admissão; o *denegare actionem*, a não admissão da pretensão de tutela jurídica.[10] A fase *in iure* se encerrava com a *litiscontestatio;* a fase *apud iudicem*, com a sentença proferida pelo *iudex*, um cidadão privado.[11] A rigidez dessa divisão, no entanto, se apresentou variável nos sucessivos estágios de evolução do processo romano.

No período histórico das *legis actiones*, imperava grande formalismo, conferindo ao processo uma carga fortemente preclusiva: pronunciadas as palavras sacramentais e praticados os gestos simbólicos previstos, as partes e o juiz ficavam impedidos de alterar o objeto litigioso.[12] Mais tarde, no sistema do direito formulário, embora a fórmula fixasse os limites da controvérsia, aboliram-se as palavras e os gestos simbólicos, reduzindo-se, via de consequência, a carga preclusiva. As decisões, no entanto, eram irrecorríveis, não havendo possibilidade de o pretor, fosse de ofício ou a requerimento da parte, revê-las: "depois de redigida a fórmula, não podia mais o pretor alterar essas decisões tomadas na fase *in iure*, pois, incontinenti, a fórmula era sacramentada por meio da *litiscontestatio*, passando o processo para a fase *apud iudicem*".[13] Posteriormente, no período da *extraordinaria cognitio*,

---

[5] PONTES DE MIRANDA, Francisco Cavalcanti. *Comentários ao Código de Processo Civil, tomo III:* arts. 154 a 281. 4. ed. 3. tir. Rio de Janeiro: Forense, 2001, p. 117.

[6] WACH, Adolf. *Manual de derecho procesal civil.* Tradução de Tomás A. Banzhaf. Buenos Aires: E.J.E.A., 1977, v. I, p. 59.

[7] BUZAID, Alfredo. *Do agravo de petição no sistema do Código de Processo Civil.* 2. ed. São Paulo: Saraiva, 1956, p. 21.

[8] Ibidem, p. 22.

[9] PONTES DE MIRANDA, op. cit., p. 117.

[10] WACH, op. cit., p. 52-54.

[11] BUZAID, op. cit., p. 18.

[12] SICA, Heitor Vitor Mendonça. *Preclusão processual civil.* 2. ed. São Paulo: Atlas, 2008, p. 09.

[13] Ibidem, p. 11.

atenuou-se a distinção entre *ius* e *iudicium*, marchando-se para o princípio de livre procedimento,[14] com as fases unificadas na pessoa do magistrado, não mais um cidadão privado, mas um funcionário.[15] A mesma autoridade que definia os limites do litígio fazia o juízo de admissibilidade da demanda e proferia o julgamento, o que emprestava maior flexibilidade ao procedimento.[16]

Em que pese a clara existência de uma organização em fases, o processo romano, diversamente do germânico, não podia ser compreendido como de sucessivas e rigorosas preclusões. As questões surgidas no curso da lide – relativas ao expediente da demanda, à produção da prova ou à realização de alguma diligência, por exemplo – eram decididas por meio de *interlocutiones*, provimentos que se distinguiam da *sententia*, somente esta apelável.[17] Justificava-se a irrecorribilidade pelo fato de que as decisões contidas em *interlocutiones* não poderiam prejudicar qualquer das partes, pois em relação a elas não se podia falar nem em coisa julgada nem em preclusão.[18]

Muito embora a evolução do processo romano houvesse caminhado para a atenuação das preclusões, fruto da maior permeabilidade entre as fases processuais, no processo canônico, ligado à redescoberta do direito romano, mas também influenciado pelo processo germânico, acentuou-se, novamente, a cisão processual em fases,[19] que formavam seções independentes entre si e se sucediam umas às outras de tal forma que certas atuações, se não exercitadas no tempo devido, corriam o risco de ser excluídas,[20] daí resultando a preclusão das matérias tratadas e da solução proferida em cada estágio.[21]

A preclusão aparecia, pois, como uma espécie de ameaça jurídica: as defesas deviam ser opostas todas juntas, "sob pena de preclusão".[22] Como observa Pontes de Miranda, essa rígida divisão em fases fez do processo, durante muito tempo, "encadeamento cerrado, cheio de apressamentos e preclusões", em que "as partes eram levadas a alegar o útil e o inútil, para que lhes não esquecesse alguma defesa

---

[14] PONTES DE MIRANDA, Francisco Cavalcanti. *Comentários ao Código de Processo Civil, tomo III:* arts. 154 a 281. 4. ed. 3. tir. Rio de Janeiro: Forense, 2001, p. 117.
[15] BUZAID, Alfredo. *Do agravo de petição no sistema do Código de Processo Civil.* 2. ed. São Paulo: Saraiva, 1956, p. 18.
[16] SICA, op. cit., p. 13.
[17] BUZAID, op. cit., p. 20.
[18] Observa Chiovenda que essa falta de prejuízo explica a diferença de tratamento entre as interlocutórias (sobretudo em matéria de prova) no direito germânico, em que eram de imediato apeláveis, e no direito romano, em que não desafiavam recurso (CHIOVENDA, Giuseppe. *Saggi di diritto processuale civile.* Milano: Giuffrè, 1993, v. 3, p. 245; 248).
[19] PONTES DE MIRANDA, op. cit., p. 117.
[20] BUZAID, op. cit., p. 23.
[21] PESSOA, Flávia Moreira Guimarães. Pedido de reconsideração e preclusão *pro judicato* no processo civil. *Revista IOB de Direito Civil e Processual Civil.* São Paulo, v. 7, n. 42, p. 104, jul.-ago. 2006.
[22] COUTURE, Eduardo Juan. *Fundamentos del derecho procesal civil.* 3. ed. (póstuma). Buenos Aires: Roque Depalma, 1958, p. 195.

ou exceção, ou algum meio de prova; às vezes, em flagrantes contradições".[23] Vigia uma vasta multiplicidade de termos e prazos preclusivos, que davam ensejo a um grande número de sentenças interlocutórias (*sententiae interlocutoriae*),[24] as quais versavam principalmente sobre questões processuais e, uma vez não impugnadas, tornavam-se imutáveis,[25] mantendo-se no direito canônico a característica fortemente preclusiva do processo germânico no tocante à solução de questões incidentais.[26]

A herança do processo canônico se fez sentir, ao menos em parte, nas primeiras disposições vigentes em terras brasileiras. Ainda que já desenvolvidas algumas atenuações àquele rigor, em várias passagens as Ordenações do Reino submetiam as partes à observância de prazos e à obediência de uma certa ordem no processo.

No que diz respeito ao comportamento do réu, podiam-se vislumbrar imposições preclusivas nas três ordenações (Afonsinas, Manuelinas e Filipinas), que já previam revelia em caso de não comparecimento. Ainda que a defesa fosse apresentada em diferentes fases, ao tempo das Ordenações Afonsinas e Manuelinas, havia uma ordem preclusiva para a apresentação de exceções dilatórias, mas as Ordenações Filipinas suprimiram essa exigência, exceto no tocante à suspeição do juiz, que deveria ser ventilada antes das demais. Já as exceções peremptórias (tais como coisa julgada, litispendência, novação, compensação, transação, prescrição, etc.) eram alegadas por meio de "embargos" em diversos momentos processuais, não estando sujeitas à preclusão, nem mesmo quando já repelidas pelo magistrado. A crescente flexibilização das preclusões nas Ordenações pode ser observada não apenas quanto à dedução das defesas, mas também em outras fases do processo. O prazo para arrolar testemunhas, por exemplo, era preclusivo nas Ordenações Afonsinas, mas nas Manuelinas e nas Filipinas podia ser dilatado, desde que a parte jurasse que a omissão não se dera por má-fé.[27]

Nas Ordenações Afonsinas, tanto as sentenças definitivas quanto as interlocutórias eram apeláveis, mas o excesso de apelações daí decorrente levou D. Afonso IV a proibir apelação de interlocutórias, salvo em certos casos excepcionais. A restrição, no entanto, fez com que as partes recorressem às querimas ou querimônias, levando suas queixas ao magistrado de grau superior. Para aperfeiçoar o julgamento das questões, até então baseado apenas em informações (sem exame dos autos), D. Duarte editou lei condicionando a concessão das cartas de respos-

---

[23] PONTES DE MIRANDA, Francisco Cavalcanti. *Comentários ao Código de Processo Civil, tomo III:* arts. 154 a 281. 4. ed. 3. tir. Rio de Janeiro: Forense, 2001, p. 118.

[24] A expressão *sententia interlocutoria*, empregada no direito comum europeu, em que pese o latinismo, se justifica apenas pela assimilação do direito germânico, sendo, segundo Chiovenda, desconhecida do direito romano. Conforme o mestre italiano, em Roma se via a sentença (*sententia*) como pronunciamento final, bem distinta dos pronunciamentos necessários no curso do processo (*interlocutiones*) (CHIOVENDA, Giuseppe. *Saggi di diritto processuale civile*. Milano: Giuffrè, 1993, v. 3, p. 239).

[25] BUZAID, Alfredo. *Do agravo de petição no sistema do Código de Processo Civil.* 2. ed. São Paulo: Saraiva, 1956, p. 24.

[26] SICA, Heitor Vitor Mendonça. *Preclusão processual civil.* 2. ed. São Paulo: Atlas, 2008, p. 18.

[27] Ibidem, p. 23-33.

ta à formação de instrumento de agravo ou carta testemunhável.[28] Em que pese a evolução representada pela estruturação do agravo, o panorama acerca da preclusão permaneceu inalterado nas três ordenações: uma vez proferida a interlocutória, o escoamento *in albis* do prazo recursal não implicava, por completo, a preclusão da questão decidida, pois permanecia aberta a possibilidade de revogação *ex officio*, antes da decisão definitiva, somente esta irrevogável após lançada.[29]

Às Ordenações Filipinas sobreveio o Regulamento nº 737, de 1850, que, no entanto, não dispensava a aplicação subsidiária das Ordenações, como ressalvava seu art. 743.[30] Inicialmente destinado a reger apenas causas comerciais, o Regulamento passou a ser aplicado às causas cíveis em geral por força de disposição expressa no Decreto nº 763 de 1890.[31] Viam-se no Regulamento tímidas notas de incidência da preclusão, com a concentração da matéria de defesa em contestação (art. 75) e o estabelecimento de uma ordem para alegação das exceções, devendo ser alegadas em primeiro lugar as que dissessem respeito à pessoa do juiz, primeiro a de suspeição e depois a de incompetência (art. 76).[32] [33]

O intuito do legislador, segundo Francisco de Paula Baptista, foi abreviar os processos: como o direito do réu pode ter por fim adiar somente o exercício do direito do autor, por não haver este satisfeito certas condições legais, daí adveio a divisão das exceções em peremptórias e dilatórias, sendo que, para abreviar as demandas, a lei, em certos casos, manda alegar as exceções na contestação, para

---

[28] BUZAID, Alfredo. *Do agravo de petição no sistema do Código de Processo Civil.* 2. ed. São Paulo: Saraiva, 1956, p. 29-34.

[29] SICA, op. cit., p. 38.

[30] Art. 743. Nos casos omissos neste Regulamento será subsidiário o processo civil, não sendo contrário às disposições do mesmo Regulamento.

[31] NEVES, Celso. *Contribuição ao estudo da coisa julgada civil.* São Paulo: [s.n.], 1970, p. 215.

[32] Art. 74. Nas causas commerciaes só tem lugar as seguintes excepções. § 1º. De incompetência e suspeição do juiz; § 2º. De illegitimidade das partes; § 3º. De litispendência; § 4º. De cousa julgada. Art. 75. As outras excepções ou dilatorias ou peremptórias constituem matéria de defesa, e serão allegadas na contestação. Art. 76. As excepções que respeitão á pessoa do Juiz serão oppostas em primeiro lugar, e são inadmissíveis depois de outras ou com outras. A de suspeição precede á de incompetencia.

[33] Não se alegando a incompetência no momento oportuno, conforme Antonio Bento de Faria, dava-se "o consentimento no Juiz", não se podendo mais dele declinar. Contudo, se improrrogável a jurisdição, poderia a incompetência ser alegada a qualquer tempo, conforme julgado que colaciona: "A incompetência de Juízo póde ser allegada a todo tempo em que competir ao réo fallar no feito, variando apenas a fórma de processo, que deixa de ser o especial da excepção, para constituir a matéria de defeza nas razões finaes ou de appellação, ou nos embargos e execução". (Accs. da Rel. de Minas de 24 de julho 1900 e 13 de Abril de 1901, O Fórum, vol. 11 p. 371 a 377). No tocante à ilegitimidade de parte, a julgar pelos arestos colacionados pelo mesmo autor, grassava profunda divergência jurisprudencial acerca das consequências da falta de arguição oportuna da ilegitimidade. De dois julgados do Tribunal de Justiça de São Paulo se depreende a inocorrência de preclusão, podendo a arguição ocorrer a qualquer tempo (Acc. do Trib. de Just. de S. Paulo, de 14 de Setembro de 1894. Gazeta Juridica de S. Paulo, vol. 6º, pags. 237; Accs. do Trib. de Just. de S. Paulo, de 1 de Setembro de 1899. Gazeta Juridica de S. Paulo, vol. 20, pags. 222 e 225). Precedentes de outros Estados, porém, afirmavam a impossibilidade de se arguir tal exceção fora do tempo e forma previstos no Regulamento (Accs. da Rel. da Fortaleza de 27 de Julho e 26 de Novembro de 1897, Revista de Jurisprudencia, vol. 3, pag. 200; Acc. do trib. de Just. do Pará, de 12 de Dezembro de 1893. O Forum, vol. 5º, p. 105). (FARIA, Antonio Bento de. *Processo Commercial e civil, Dec. n. 737 de 35 de novembro de 1850, annotado de accordo com a doutrina, a legislação e a jurisprudência e seguido de um appendice.* Rio de Janeiro: Jacintho Ribeiro dos Santos, 1903, p. 47-49.)

que sejam conjuntamente discutidas, provadas e decididas por uma só e mesma sentença.[34]

Segundo observa Heitor Vitor Mendonça Sica, porém, apesar da inovação representada pela concentração da matéria defensiva na contestação, antecedente mais remoto do princípio da eventualidade em nosso sistema processual civil, tais normas não poderiam trazer melhora à agilidade do processo, já que permaneciam em vigor as disposições das Ordenações que autorizavam a alegação das exceções peremptórias mesmo depois da sentença, o que, no seu sentir, faz concluir por uma incidência mitigada do princípio da eventualidade na vigência do Regulamento, ficando a preclusão restrita a algumas matérias. Anota, ademais, que continuava em vigor a norma filipina que permitia às partes pedir, por até três vezes, dilações de prazos (Ord. Fil., 3.54.1), bem assim a que facultava ao juiz rever as decisões interlocutórias a qualquer tempo.[35]

Se a ideia subjacente ao instituto da preclusão, como visto, se encontrava já nos ordenamentos mais antigos, em maior ou menor medida, a primazia no tratamento doutrinário do tema no direito moderno é questão que suscita alguma controvérsia. Há quem atribua o pioneirismo da abordagem a Wach, na obra *Handbuch des Civilprozessrechts*, de 1885, lembrando que Chiovenda, a quem se deve a sistematização e difusão do instituto (*infra*, 1.2) foi divulgador de suas ideias.[36] Outros, no entanto, creditam as primeiras formulações sobre o tema a Bülow, na obra *Civil prozessualische Fiktionem und Wahrheiten*, de 1879.[37]

De fato, Wach descreve o processo como uma sucessão de atos a serviço da finalidade processual (sendo a ordem consequência lógica desta finalidade) e demonstra a existência dessas etapas distintas no direito romano, no direito germânico e alemão medieval, no direito canônico e no direito italiano medieval.[38] Segundo o próprio Chiovenda, no entanto, serviu-lhe de inspiração a mencionada obra de Bülow:

> Aí se analisam, com visão realística e aguda, embora através de algumas ilusões histórico-germânicas, certos casos importantes de preclusão, na revelia, na confissão, no juramento, na competência, na coisa julgada; e o resultado simplificador desse exame consiste em substituir pela consideração singela e chã das exigências processuais as construções artificiais que dantes assoberbavam os estudiosos do processo.[39]

---

[34] BAPTISTA, Francisco de Paula. *Compendio de theoria e pratica do processo civil comparado com o commercial e de hermeneutica juridica*. 8. ed. São Paulo: Saraiva, 1935, p. 31.

[35] SICA, Heitor Vitor Mendonça. *Preclusão processual civil*. 2. ed. São Paulo: Atlas, 2008, p. 44.

[36] SILVA, Adailson Lima e. *Preclusão e coisa julgada*. São Paulo: Pillares, 2008, p. 39.

[37] MONIZ DE ARAGÃO, Egas Dirceu. Preclusão (processo civil). In: OLIVEIRA, Carlos Alberto Alvaro de. *Saneamento do processo – estudos em homenagem ao Prof. Galeno Lacerda*. Porto Alegre: Fabris, 1989, p. 143.

[38] WACH, Adolf. *Manual de derecho procesal civil*. Tradução de Tomás A. Banzhaf. Buenos Aires: E.J.E.A., 1977, v. 1, p. 50-58.

[39] CHIOVENDA, Giuseppe. *Instituições de direito processual civil*. Tradução de Paolo Capitanio. Campinas: Bookseller, 1998, v. III, p. 185; CHIOVENDA, Giuseppe. Cosa giudicata e preclusione. In: *Saggi di diritto processuale civile*. Milano: Giuffrè, 1993, v. 3, p. 234.

Moniz de Aragão, identificando os elementos da doutrina de Bülow que teriam dado forma à ideia hoje existente de preclusão, assim esclarece:

> Explanam os tratadistas que no afamado estudo de Büllow foi ela referida com o intuito de demonstrar que o não-comparecimento da parte ao processo, ou sua inércia, não lhe acarretavam *sanção* e sim a perda da faculdade (ou direito, ou poder, acrescente-se) de praticar atos processuais. No fundo resultava da ultrapassagem da idéia contratualista como explicação da natureza jurídica do processo e da ascensão, em seu lugar, da teoria da relação processual (de que o mesmo Büllow foi construtor). Por isso alguns escritores sustentam que a preclusão está intimamente ligada a essa tese, a ponto de não subsistir como instituto do processo se outra for a concepção adotada como explicação de sua natureza jurídica.[40]

Embora internacionalmente já se delineasse cientificamente o perfil da preclusão, no Brasil ainda não se alcançava maior elaboração do tema. Os Códigos Estaduais do começo do século XX não inovaram substancialmente em relação ao tratamento da preclusão. Boa parte deles, porém, já previa a necessidade de o autor expor na inicial os fatos e fundamentos jurídicos que serviam de esteio ao pedido, bem como nela formular o pedido de provas a serem produzidas. Para o réu, igualmente, na generalidade das codificações, vinha previsto o ônus de apresentar, conjuntamente, todos os fatos e fundamentos com que resistia, normalmente já indicando provas.[41]

Com o Código de Processo Civil de 1939, o sistema processual brasileiro passou a se pautar sobre bases mais rígidas do que a legislação precedente. Esse enriquecimento pode ser atribuído à estipulação de um rol razoavelmente vasto de casos de cabimento dos agravos de instrumento e no auto do processo e à "sedimentação doutrinária da concepção de que, nesses casos, a omissão da parte interessada em agravar produziria a imutabilidade da decisão".[42] A difusão do estudo da preclusão se pode atribuir à crescente assimilação da doutrina estrangeira. Nessa época, o conceito de preclusão, como fenômeno da extinção de uma faculdade processual, já ganhava sistematicidade na formulação clássica de Chiovenda, em obras como *Principi di diritto processuale civile*, de 1928, *Cosa giudicata e competenza*, de 1932 e *Cosa giudicata e preclusione*, de 1933.[43]

Embora estudos mais apurados sobre o instituto só tenham se desenvolvido no Brasil a partir dos anos 1950,[44] a doutrina contemporânea à vigência do Código

---

[40] MONIZ DE ARAGÃO, Egas Dirceu. Preclusão (processo civil). In: OLIVEIRA, Carlos Alberto Alvaro de. *Saneamento do processo – estudos em homenagem ao Prof. Galeno Lacerda*. Porto Alegre: Fabris, 1989, p. 143.
[41] SICA, Heitor Vitor Mendonça. *Preclusão processual civil*. 2. ed. São Paulo: Atlas, 2008, p. 45.
[42] Ibidem, p. 50.
[43] ATTARDI, Aldo. Preclusione (principio di). In: *Enciclopedia del diritto*. Milano: Giuffrè, 1985, v. XXXIV, p. 894.
[44] Em estudo publicado em meados de 1955, registrava Celso Barbi: "Além de algumas poucas notas e observações sobre o assunto, nenhum trabalho mais demorado existe quanto à preclusão em face do nosso Direito, o que naturalmente concorre para a pequena divulgação dos princípios que regem o instituto". (BARBI, Celso Agrícola. Da preclusão no processo civil. *Revista Forense*. Rio de Janeiro: Forense, v. 158, p. 59, mar.-abr. 1955. Naquele

de Processo Civil de 1939 reconhecia acentuada presença da preclusão em várias disposições do Código. Destacava Machado Guimarães que o procedimento então vigente, orientado pelos princípios da preclusão e da eventualidade, desenvolvia-se em etapas que se sucediam, destinada, cada uma delas, a determinadas atividades.[45] A preclusão finalmente assumia, pois, aplicação rigorosa em nosso processo, cujas etapas se encerravam definitivamente em caso de prática do ato, omissão da parte ou simples transcurso do prazo fixado em lei.[46]

O Código de 1939 foi, de fato, consagrador de várias hipóteses de preclusão. A assimilação do instituto e sua aplicação no direito brasileiro traduziam a compreensão de um processo ordenado, em que certos atos deveriam realizar-se antes de outros.[47] De acordo com o art. 157, se o autor houvesse omitido um pedido, só poderia deduzi-lo em ação autônoma; conforme o art. 181, após contestação, não poderia o autor aditar o pedido ou a causa de pedir, salvo consentimento do réu. A este, segundo doutrinariamente sedimentado, impunha-se apresentar as exceções instrumentais (suspeição, incompetência, coisa julgada e litispendência) antes da contestação, sob pena de preclusão,[48] pois, embora nenhum dispositivo versasse expressamente sobre a concentração da matéria de defesa na contestação, a doutrina, interpretando as disposições acima, entendia vigorar o princípio da eventualidade.[49]

Ao tema da preclusão também muito se associou, na época, o que enunciava o art. 288 do Código de Processo Civil de 1939: "Não terão efeito de coisa julgada os despachos meramente interlocutórios, e as sentenças proferidas em processos de jurisdição voluntária e graciosa, preventivos e preparatórios, e de desquite por mútuo consentimento". De uma leitura apressada poder-se-ia julgar que as decisões interlocutórias não estariam sujeitas à preclusão. De acordo com Machado Guimarães, porém, o dispositivo se referia à coisa julgada substancial, no sentido de que tais decisões não eram aptas a constituí-la, não sendo dotadas de eficácia preclusiva panprocessual, mas tinham eficácia preclusiva dentro do mesmo processo.[50]

A consagração de um sistema de rígidas preclusões, garantindo uma tramitação processual mais ordenada, transpôs-se para o Código de Processo Civil de 1973 e alcançou grande aplicação nos tribunais nacionais, como há de evidenciar a leitura dos próximos capítulos.

---

mesmo ano, foi publicada a primeira monografia sobre o tema, de autoria de Antônio Alberto Alves Barbosa. *Da preclusão processual civil*. São Paulo: Revista dos Tribunais, 1955).

[45] GUIMARÃES, Luiz Machado. *Estudos de direito processual civil*. Rio de Janeiro – São Paulo: EJU, 1969, p. 31.

[46] REZENDE FILHO, Gabriel José. *Curso de direito processual civil*. São Paulo: Saraiva, 1968, v. II, p. 19-20.

[47] BATISTA MARTINS, Pedro. *Comentários ao Código de Processo Civil*. 2. ed. Rio de Janeiro – São Paulo: Forense, 1960a, v. I, p. 107.

[48] SICA, Heitor Vitor Mendonça. *Preclusão processual civil*. 2. ed. São Paulo: Atlas, 2008, p. 48.

[49] BARBI, Celso Agrícola. Da preclusão no processo civil. *Revista Forense*. Rio de Janeiro: Forense, v. 158, p. 61, mar.-abr. 1955.

[50] GUIMARÃES, Luiz Machado. *Estudos de direito processual civil*. Rio de Janeiro – São Paulo: EJU, 1969, p. 10.

1.2. CONCEITO

A preclusão, por seu poder ordenador, é chamada por Arruda Alvim de "espinha dorsal" do andamento do processo.[51] Tem como marca preponderante um efeito de vedação ao retrocesso,[52] impedindo o regresso a etapas e momentos processuais já extintos e consumados[53] ou, nas palavras de Calmon de Passos, "o vir para trás no procedimento".[54] Embora essa noção de preclusão seja muito difundida e facilmente aceita, conceituá-la em termos técnicos e rigorosos é tarefa árdua.

A dificuldade de se conceituar a preclusão decorre tanto da amplitude de situações abrangidas pelo instituto quanto da acentuada confusão com outros fenômenos, responsável por longo período de obscuridade até que se lograsse alcançar certa uniformidade no tratamento do tema. Como observa Barbi, "a preclusão estêve durante largos séculos sem conceituação precisa, confundida com outros institutos, principalmente com o da coisa julgada e o da decadência",[55] tanto que "as notáveis 'Pandectas Belgas' tratavam sob a mesma rubrica ('Forclusion') tanto a preclusão como a decadência".[56]

Na mesma linha, anota Couture que para os processualistas franceses do século XVIII era muito familiar o vocábulo *forclusion*, utilizado também como sinônimo de decadência e correspondendo alternativamente a elementos de direito material e de direito processual.[57] O conceito em questão, portanto, necessitaria de uma depuração para se aproximar do que atualmente se entende por preclusão, pois a expressão *forclusion* bem poderia servir para definir institutos estranhos à ciência processual.

Alves Barbosa, pesquisando o sentido da expressão, ligada à perda da faculdade de fazer valer um direito pelo decurso do tempo (e mencionada em dicionários como forma particular de decadência), assinala que "a preclusão é especificamente processual, não se confundindo quer com decadência, quer com prescrição, quer com nulidade, quer com coisa julgada".[58] Bem evidenciada a necessidade de distinção entre o fenômeno objeto do presente estudo e outros que com ele guardam certas afinidades (afinidades estas que obrigam a um esmiuçamento das distinções

---

[51] ARRUDA ALVIM, José Manoel de. *Manual de direito processual civil*. 11. ed. São Paulo: Revista dos Tribunais, 2007, v. 1, p. 495.
[52] BÜTTENBENDER, Carlos Francisco. *Direito probatório, preclusão & efetividade processual*. 3. tir. Curitiba: Juruá, 2008, p. 128.
[53] COUTURE, Eduardo Juan. *Fundamentos del derecho procesal civil*. 3. ed. (póstuma). Buenos Aires: Roque Depalma, 1958, p. 194.
[54] PASSOS, José Joaquim Calmon de. *Comentários ao Código de Processo Civil*. Rio de Janeiro: Forense, 2004, v. III, p. 280.
[55] BARBI, Celso Agrícola. Da preclusão no processo civil. *Revista Forense*. Rio de Janeiro: Forense, v. 158, p. 59, mar.-abr. 1955.
[56] Ibidem, p. 59.
[57] COUTURE, op. cit., p. 195.
[58] BARBOSA, Antônio Alberto Alves. *Da preclusão processual civil*. São Paulo: Revista dos Tribunais, 1955, p. 20.

no Capítulo 6, *infra*), é preciso buscar delimitação o mais precisa possível do que seja a preclusão.

Chiovenda foi o grande sistematizador do instituto (que elevou à categoria de "princípio"), a ele dedicando vários estudos. Embora atribuindo a Bülow, na obra *Civilprozessualische Fiktionen und Wahreiten*, o mérito de haver aclarado o princípio (*supra*, 1.1), esclarece Chiovenda que o conceito foi utilizado na Itália pela primeira vez em seu estudo *Cosa giudicata e competenza*, de 1905. Depois disso, segundo observa, acabou aceito por Cammeo, Mortara, Redenti e De Porcellinis, podendo, na década de 1920, considerar-se já de uso comum.[59]

Segundo a concepção desenvolvida mais amplamente por Chiovenda na obra *Principi di diritto processuale civile*, depois da realização de determinados atos ou do transcurso de certos termos, fica *precluso* para a parte o direito de realizar outros atos processuais. A preclusão produz processos divididos em períodos ou estágios sucessivos e pode ter uma esfera de aplicação maior ou menor, de acordo com o sistema processual de que se trate, mas todo processo deve, de algum modo, servir-se dela.[60]

Essa conceituação, entretanto, sofreu inúmeras críticas de estudiosos da época e posteriores.[61] Paolo D'Onofrio, em estudo de 1927, criticou a exagerada amplitude da configuração dada por Chiovenda à preclusão, que tornaria duvidosa a utilidade do conceito. Pretendendo uma depuração, D'Onofrio preferiu atribuir à preclusão caráter puramente negativo, no sentido de *impedir* a formação de uma situação jurídica, sem nada *criar*. Excluir-se-iam do âmbito da preclusão, assim, os fatos de efeito positivo, como a própria inobservância de um prazo peremptório, em que a nota prevalente não seria a exclusão de um estado ou condição jurídica, mas a afirmação daquela contrária. Os raros casos que reconhecia como de preclusão estariam disciplinados, de modo isolado, na legislação, não se podendo, assim, admitir existência de um princípio da preclusão.[62]

As duras críticas de D'Onofrio e a proposta de limitação do conceito a seu aspecto negativo chegaram a ganhar a adesão de Liebman, que registrou nada ter a objetar a essa tendência restritiva, tendo em vista as diferenças existentes nas várias aplicações do conceito de preclusão formulado por Chiovenda. Percebendo, no entanto, que a solução de D'Onofrio deixava sem satisfatória explicação científica uma série de fenômenos processuais, consignou Liebman que a crítica à formulação chiovendiana poderia ser acolhida, "sob condição, porém, de se encontrar e

---

[59] CHIOVENDA, Giuseppe. *Princípios de derecho procesal civil*. Tomo II. Madrid: Reus, 1925, p. 357.
[60] Ibidem, p. 358.
[61] GIANNICO, Maurício. *A preclusão no direito processual civil brasileiro*. 2. ed. São Paulo: Saraiva, 2007, p. 43.
[62] Eis as palavras com que conclui a crítica: "Questo principio non esiste e non può esistere; ed è soltanto combinando le varie norme positive e i varii istituti logici che si può stabilire se in un determinato caso – e fino a qual punto – preclusione vi sai". (D'ONOFRIO, Paolo. *Sul concetto di preclusione*. Studi di diritto processuale in onore di Giuseppe Chiovenda nel venticinquesimo anno del suo insegnamento. Padova: CEDAM, 1927, p. 428-433).

precisar outro conceito que melhor se possa adaptar aos casos que ficariam excluídos".[63]

A sintomática ressalva de Liebman deixa entrever a dificuldade encontrada pela doutrina processual em substituir adequadamente a conceituação clássica de preclusão. Embora as ácidas considerações tecidas por D'Onofrio sejam sistematicamente reproduzidas pelos que se dedicam a estudar o instituto, a limitação por ele proposta não encontra adeptos na doutrina atual.

Como bem pondera Humberto Theodoro Júnior, não se pode compreender a preclusão fazendo-se abstração da situação processual por ela provocada, pois ao lado da simples extinção de uma faculdade processual (aspecto negativo) pode perfeitamente ocorrer a idoneidade do mesmo fenômeno para atribuir um direito ou uma expectativa a uma das partes do processo (aspecto positivo).[64] De fato, trata-se de uma dupla perspectiva do mesmo fenômeno, não sendo viável restringir-se o conceito de preclusão ao ponto pretendido por D'Onofrio sem descaracterizar-se por completo o instituto.

De qualquer modo, tendo a oportunidade de examinar as críticas que lhe eram endereçadas, Chiovenda retomou e aperfeiçoou seus estudos sobre a preclusão, assim sistematizando o conceito:

> Entendo por preclusão a perda, ou extinção, ou consumação de uma faculdade processual que se sofre pelo fato:
> (a) ou de não se haver observado a ordem prescrita em lei ao uso de seu exercício, como os prazos peremptórios, ou a sucessão legal das atividades e das exceções;
> (b) ou de se haver realizado uma atividade incompatível com o exercício da faculdade, como a propositura de uma exceção incompatível com outra, ou a realização de um ato incompatível com a intenção de impugnar uma sentença;
> (c) ou de já se haver validamente exercido a faculdade (consumação propriamente dita).[65]

Afastadas as objeções de D'Onofrio, nem por isso a formulação de Chiovenda escapou a críticas. Aldo Attardi destaca ser a noção de preclusão bastante controversa, afirmando que frequentemente se podem reconduzir a outros institutos hipóteses de extinção de um poder no curso do processo. Diante disso, questiona a validade do conceito, afirmando, inclusive, que o fenômeno, tal como descrito por Chiovenda, é comum a todos os campos do direito e se faz presente tanto no plano processual quanto no substancial (direito material), razão pela qual expressa a opinião de que o conceito de preclusão serve apenas para gerar inconvenientes

---

[63] LIEBMAN, Enrico Tullio. *Embargos do executado*. Tradução de J. Guimarães Menegale. São Paulo: Saraiva, 1952, p. 224.
[64] THEODORO JÚNIOR, Humberto. A preclusão no processo civil. *Revista dos Tribunais*, v. 784, p. 19, fev. 2001.
[65] CHIOVENDA, Giuseppe. *Instituições de direito processual civil*. Tradução de Paolo Capitanio. Campinas: Bookseller, 1998, v. III, p. 184.

confusões.[66] Satta e Punzi o consideram legítimo apenas se considerado o sentido que assume na linguagem comum, entendendo, porém, duvidosa a necessidade e utilidade de se fazer da preclusão um conceito técnico.[67]

A despeito das críticas, o conceito de preclusão, familiar e caro aos estudiosos do processo, já não pode, no atual estágio de evolução, ser descartado. Trata-se, como consignam Carlos Alberto Alvaro de Oliveira e Daniel Mitidiero, de conceito vencedor e aceito sem maiores divergências pelos processualistas contemporâneos.[68]

De fato, os críticos do conceito não lograram, por outra forma, explicar os fenômenos vários que se compreendem na noção de preclusão. Para Tesoriere, tal conceito, não obstante algumas opiniões contrárias, merece ser conservado, ainda que com algumas modificações e adaptações em relação ao esquema originário.[69] Andrioli vê na preclusão ingrediente indispensável à noção de processo como série de atos cronologicamente ordenados[70] e Giovanni Verde, na mesma linha, conclui que, apesar de contestado como equívoco ou contraditório, o conceito de preclusão ainda é útil para dar ordem ao pensamento jurídico.[71]

Seguindo a lição de Chiovenda, a doutrina não raro resume a preclusão como perda, extinção ou consumação de uma faculdade processual,[72] registrando também a ideia de ultrapassagem de uma etapa ou de sequência coordenada, "de forma que cada ato pressupõe o antecedente e é, por sua vez, pressuposto do subsequente".[73] Não se tendo ainda encontrado construção que melhor explique os fenômenos descritos pelo processualista italiano, tem-se entendido que "nas palavras de Chiovenda se contêm as principais diretrizes capazes de orientar o jurista na resolução da maioria dos problemas".[74]

---

[66] ATTARDI, Aldo. Preclusione (principio di). In: *Enciclopedia del diritto*. Milano: Giuffrè, 1985, v. XXXIV, p. 896-903.

[67] "Per caratterizzare e qualificare tutte queste incompatibilità la dottrina ha adottato la definizione di preclusione, e non si può dubitare che l'adozione sia legittima, se si assume la parola nel senso generico che ha nel linguaggio comune. Dubbia appare invece la possibilità e l'utilità di fare della preclusione un concetto tecnico, perché in realtà essa si identifica con la situazione giuridica quale risulta dal compimento o dal mancato compimento di un atto, situazione che naturalmente à determinata nei singoli casi dalla volontà della legge, e può essere processuale quando esaurisce i suoi effetti nel processo in corso, sostanziale quando invece spiega tali effetti al di fuori del processo". (SATTA, Salvatore; PUNZI, Carmine. *Diritto processuale civile*. 13. ed. Padova: CEDAM, 2000, p. 237-238).

[68] OLIVEIRA, Carlos Alberto Alvaro de; MITIDIERO, Daniel. *Curso de processo civil*. São Paulo: Atlas, 2009, v. 1, p. 85.

[69] TESORIERE, Giovanni. *Contributo allo studio delle preclusioni nel processo civile*. Padova: CEDAM, 1983, p. 12.

[70] ANDRIOLI, Virgilio. Preclusione (diritto processuale civile). In: *Novissimo Digesto Italiano*. Tomo XIII. 3. ed. Torino: UTET, 1957, p. 568.

[71] VERDE, Giovanni. *Profili del processo civile – parte generale*. 4. ed. Napoli: Jovene Editore Napoli, 1994, p. 332.

[72] COUTURE, Eduardo Juan. *Fundamentos del derecho procesal civil*. 3. ed. (póstuma). Buenos Aires: Roque Depalma, 1958, p. 196.

[73] GUIMARÃES, Luiz Machado. *Estudos de direito processual civil*. Rio de Janeiro – São Paulo: EJU, 1969, p. 11.

[74] WAMBIER, Teresa Arruda Alvim. *Os agravos no CPC brasileiro*. 4. ed. São Paulo: Revista dos Tribunais, 2006, p. 475.

São traços da doutrina chiovendiana os que se veem nas conclusões de Gabriel Rezende Filho, ao escrever que "O processo caminha por etapas, como se sabe, de forma que, vencido o prazo marcado pela lei, há uma preclusão, que é o efeito ou consequência da prática do ato, da omissão ou do simples transcurso do prazo".[75] José Frederico Marques também não hesitou em acolher os ensinamentos de Chiovenda, assim formulando sua definição do instituto:

> Sob o ponto de vista objetivo, a preclusão é um fato impeditivo destinado a garantir o avanço progressivo da relação processual e a obstar o seu recuo para fases anteriores do procedimento. Do ponto de vista subjetivo, é a perda de uma faculdade ou direito processual que, por se haver esgotado ou por não ter sido exercido em tempo e momento oportuno, fica pràticamente extinto.[76]

Apesar de muito difundida e de larga aplicação, de fato, a conceituação de Chiovenda não pode ser considerada completa, muito embora um exame mais atento do conjunto de sua obra contribua para uma compreensão satisfatória do instituto. É que da leitura da formulação conceitual linhas acima transcrita, vê-se que a mesma não contempla a preclusão para o juiz, embora jamais tenha o autor pretendido negar-lhe existência.

Ocorre que, apesar de, desde muito cedo, a obra de Chiovenda se referir à preclusão de questões processuais,[77] o conceito que formulou no intento de esclarecer em definitivo o que entendia por preclusão acabou por só abranger as faculdades processuais, atribuídas às partes. Daí haver constatado Celso Agrícola Barbi que "a conceituação se mostra deficiente, pois, segundo as palavras de Chiovenda, a preclusão é de faculdades, mas êle acaba admitindo a de questões decididas expressa ou implicitamente no curso do processo".[78]

De fato, não parece haver dúvida de que Chiovenda entendia aplicável a preclusão não apenas a faculdades, mas também a questões. Partindo da diferenciação entre coisa julgada e preclusão, e após afirmar que a coisa julgada tem em sua base uma preclusão,[79] tratava da impossibilidade de se renovar uma mesma questão no curso de um mesmo processo.[80]

---

[75] REZENDE FILHO, Gabriel José. *Curso de direito processual civil*. São Paulo: Saraiva, 1968, v. II, p. 19.

[76] MARQUES, José Frederico. *Instituições de direito processual civil*. 3. ed. Rio de Janeiro: Forense, 1966, v. II, p. 286.

[77] Ao distinguir entre os efeitos da preclusão e da coisa julgada, assim escrevia já na obra Principi di diritto processuale civile: "Por sí mismo, pues la preclusión no produz efecto sinó en el proceso en que tiene lugar. Así hemos visto que una cosa es la simple preclusión de una cuestión, la cual no obra por si sinó en el proceso en que se verifica, como la cuestión de competencia y otra la cosa juzgada que nace de la preclusión de la cuestión de fondo y va destinada a desarrollar sus efectos en procesos futuros (v. §§ 17 y 78, II); otra la confesión que produce efecto solo en el proceso en que tiene lugar (§ 49)". (CHIOVENDA, Giuseppe. *Principios de derecho procesal civil*. Tomo II. Madrid: Reus, 1925, p. 358-359).

[78] BARBI, Celso Agrícola. Da preclusão no processo civil. *Revista Forense*. Rio de Janeiro: Forense, v. 158, p. 60, mar-abr. 1955.

[79] CHIOVENDA, Giuseppe. *Saggi di diritto processuale civile*. Milano: Giuffrè, 1993, v. 3, p. 235-236.

[80] Ibidem, p. 267.

Percebendo a insuficiência da definição (perda, ou extinção, ou consumação de uma *faculdade processual*) diante da amplitude de situações identificadas por Chiovenda, Alves Barbosa procura depurar o conceito de preclusão, definindo-a como

> o instituto que impõe a irreversibilidade e a auto-responsabilidade no processo e que consiste na impossibilidade da prática de atos processuais fora do momento e da forma adequados, contràriamente à lógica, ou quando já tenham sido praticados válida ou invàlidamente.[81]

Registra que essa formulação não incorre no mesmo equívoco que no passado impediu a assimilação correta dos limites do fenômeno, pois "falando-se em atos processuais, compreendem-se os atos do juiz e das partes".[82]

A definição assim alcançada parece satisfatória para conceituar preclusão, pois, conquanto um tanto abstrata, abrange todas as diferentes situações em que esta ocorre. Desenvolver-se mais a análise, esmiuçá-la mais intensamente seria fugir aos propósitos das conceituações científicas.

Críticas à parte, tem-se, pois, que a preclusão é "o instituto que estabelece um regime de responsabilidade, impondo a prática dos atos processuais no momento exato, pela forma adequada e conforme a lógica".[83] Por seu significado e relevância, o instituto da preclusão se encontra bem delineado e absorvido em nosso sistema processual, sendo não apenas possível como muito útil disciplinarem-se as diferentes situações por ela abarcadas a partir de elementos comuns. Justifica-se o estudo do tema, pois a boa compreensão da preclusão e sua correta aplicação são indispensáveis à própria noção de devido processo legal (infra, 2.1).

1.3. NATUREZA JURÍDICA

Se a conceituação do instituto da preclusão impôs dificuldades até que se chegasse a ver bem delineada sua acepção atual, a definição de sua natureza jurídica não gerou menos controvérsias, necessitando evoluir com a ciência processual.

Como visto (*supra*, 1.1), foi o próprio Chiovenda, responsável pela abordagem científica da preclusão, quem informou ter extraído o *nomen juris* do instituto da *poena praeclusi* do direito comum, por julgar que o significado da expressão bem se amoldava ao que pretendia dar à preclusão. Desde logo ressalvou, no entanto, daí não se poder concluir ser a preclusão uma pena para a parte, pois tal entendimento não estaria adequado à moderna compreensão do instituto.[84]

---

[81] BARBOSA, Antônio Alberto Alves. *Da preclusão processual civil.* São Paulo: Revista dos Tribunais, 1955, p. 50.
[82] Ibidem, p. 50.
[83] Ibidem, p. 48.
[84] CHIOVENDA, Giuseppe. *Saggi di diritto processuale civile.* Milano: Giuffrè, 1993, v. 3, p. 232.

Muito embora seja intuitivo que o desatendimento a certas disciplinas processuais pode causar prejuízos à parte que as infringe, não parece adequado entender-se esse prejuízo como uma sanção processual. A ideia de que a preclusão pudesse ser considerada uma sanção é superada sem maiores dificuldades quando se pensa em processo como relação jurídica, construção atribuída a Oskar Von Bülow e hoje consolidada na preferência da maior parte da doutrina.

Segundo a concepção de Bülow, o direito processual civil determina as faculdades e os deveres que põem em mútua vinculação as partes e o tribunal. O processo é uma relação de direitos e obrigações recíprocos, é dizer, uma *relação jurídica*. E uma vez que os direitos e as obrigações processuais se dão entre os funcionários do Estado e os cidadãos e que às partes se exigem vinculação e cooperação com a atividade judicial, essa relação pertence, a toda evidência, ao direito público, e o processo resulta, portanto, uma *relação jurídica pública*.[85]

O que torna essa relação peculiar, ainda segundo Bülow, é que o processo é uma relação jurídica que *avança* gradualmente e que se *desenvolve* passo a passo, na qual o tribunal assume a concreta obrigação de decidir e realizar o direito deduzido em juízo e, de outra, as partes ficam obrigadas, para isso, a prestar uma colaboração indispensável e a submeter-se aos resultados desta atividade, a qual decorre de uma série de atos separados, independentes e resultantes uns dos outros. A relação jurídica processual está em constante movimento e transformação, caracterizando-se, pois, o processo como uma relação de direito público que se desenvolve de modo progressivo entre o tribunal e as partes.[86]

Antes da formulação de Bülow, os estudiosos do processo, em vez de considerá-lo como uma relação de direito público, desenvolvida entre o Estado e as partes, viam nele apenas uma série de atos e formalidades a serem cumpridos pelos sujeitos que dele participavam, como uma mera consequência da relação de direito privado litigiosa.[87]

Conforme observação de Couture, o abandono da concepção contratualista do processo, dominante até o século XIX, conduziu à substituição do dogma da vontade por consequências de caráter objetivo. Nessa perspectiva, passou-se a compreender que o demandado que não contesta a demanda não viola uma obrigação e fica consequentemente submetido a sanções, mas simplesmente se abstém de exercer seu direito de defesa; o réu que não argui exceção de incompetência não celebra um pacto tácito com seu adversário para ser julgado por um juiz incom-

---

[85] BÜLOW, Oskar Von. *La teoría de las excepciones procesales y presupuestos procesales*. Buenos Aires: E. J. E.A., 1964, p. 01.
[86] Ibidem, p. 03.
[87] SILVA, Ovídio Araújo Baptista da. *Curso de processo civil*. 4. ed. São Paulo: Revista dos Tribunais, 1998, v. 1, p. 16.

petente, mas se limita a não fazer valer, oportunamente, uma faculdade processual que a lei lhe confere.[88]

Ao perquirir sobre a natureza jurídica do processo, Bülow deu grande destaque à existência de dois planos de relações: a de direito material, que se discute no processo; e a de direito processual, que é o continente em que se coloca a discussão sobre aquela.[89] O processo, assim, como ligação jurídica entre os sujeitos que nele desenvolvem atividades, é em si mesmo uma relação jurídica, composta de inúmeras posições jurídicas ativas e passivas de cada um dos seus sujeitos: poderes, faculdades, deveres, sujeição, ônus.[90]

Essa importante evolução teve reflexos na percepção da natureza jurídica dos institutos processuais em geral. Deixando o processo de ser visto como contrato ou como expressão da vontade das partes, prescindiu-se, para explicar a preclusão, da noção de pena para uma delas, restando claro que o fenômeno não decorre do descumprimento de uma obrigação.[91] A preclusão, por isso mesmo, não toma em consideração a atitude positiva ou negativa da parte, à qual é estranha.[92] José Frederico Marques, a isso atento, observa que a preclusão não é uma sanção processual, pois "não provém de violação ou inobservância de um *preceptum juris*, e sim, da consumação de um interesse ou de uma incompatibilidade do direito subjetivo com o desenvolvimento processual até aquele momento realizado".[93]

Esclarece Arruda Alvim que a preclusão, para ser corretamente entendida, pressupõe a compreensão do conceito de ônus. A ideia de ônus – distinta da de obrigação – consiste em que a parte deve, no processo, praticar determinados atos em seu *próprio benefício*, de modo que, se ficar inerte, possivelmente esse comportamento acarretará consequência danosa para ela, embora, praticamente, isso possa não ocorrer. Alguém que não haja contestado nem por isso haverá, necessariamente, de perder a demanda, que poderá ser julgada improcedente. Daí que a preclusão

---

[88] COUTURE, Eduardo Juan. *Fundamentos del derecho procesal civil*. 3. ed. (póstuma). Buenos Aires: Roque Depalma, 1958, p. 196.

[89] CINTRA, Antônio Carlos Araújo; GRINOVER, Ada Pellegrini; DINAMARCO, Cândido Rangel. *Teoria geral do processo*. 22. ed. São Paulo: Malheiros, 2006, p. 298.

[90] Ibidem, p. 300-301. Também assim nas palavras de Moacyr Amaral Santos: "Como os sujeitos da relação são os sujeitos processuais, e ainda porque os direitos e deveres, poderes e ônus, que nela vivem e se realizam, são regulados pela lei processual, trata-se de *relação jurídica processual*, ou, simplesmente, *relação processual*". (SANTOS, Moacyr Amaral. *Primeiras linhas de direito processual civil*. São Paulo: Saraiva, 2009, v. 1, p. 325).

[91] Nesse sentido são os esclarecimentos de Riccio: "La preclusione non va posta tra le sanzioni processuali. Se è un limite ad una attività e se questo limite può sorgere come effetto di una attività spiegata in piena conformità alla legge, e cioè dell'uso di una tra le più facoltà date dalla legge, ma di una consumazione dell'interesse o di una incompatibilità per lo sviluppo processuale conseguito". (RICCIO, Stefano. *La preclusione processuale penale*. Milano: Giuffrè, 1951, p. 88).

[92] LORETO, Luis. El instituto de la preclusión en el derecho procesal civil venezolano. *Revista de Processo*. São Paulo: Revista dos Tribunais, n. 33, ano 9, p. 229, jan.-mar. 1984.

[93] MARQUES, José Frederico. *Instituições de direito processual civil*. 3. ed. Rio de Janeiro: Forense, 1966, v. II, p. 287.

não se confunde com as sanções processuais, pois a sanção origina-se do não cumprimento de uma obrigação.[94]

O ônus, como anota Carnelutti, não é o mesmo dever que se resolve na obrigação, embora a distinção entre as figuras seja conquista relativamente recente atribuída a um delicado trabalho de análise. Obrigação, explica, "é subordinação de um interesse do obrigado a um interesse alheio imposto por meio da sanção".[95] Daí já se vê tratar-se de institutos distintos. Na feliz síntese de Barbosa Moreira, o ônus se extrema do dever, pois este é ordenado à satisfação de interesse alheio; aquele à de interesse próprio.[96] No ônus, como evidencia Eduardo Grasso, está ínsita uma ideia de liberdade de iniciativa que falta na noção de dever.[97]

A sanção está relacionada ao descumprimento de um determinado imperativo (obrigação ou dever), sendo a consequência jurídica decorrente da inobservância de uma norma jurídica e tendo como elemento concreto a prática de um ato ilícito. A preclusão, ao revés, não nasce de um ilícito ou de uma conduta reprovável, mas tem relação com o atendimento ou desatendimento de um ônus processual.[98]

Por essas razões também não prospera a solução dada à questão por João Batista Lopes, no sentido de ser a preclusão uma forma de penalidade *sui generis*. Destacando que a parte pode sofrer um prejuízo com a barreira que se lhe antepõe à prática do ato com a preclusão, conclui o autor que o legislador, ao estabelecer normas sobre preclusão, pretendeu dar-lhe o caráter de pena, ainda que ausente censurabilidade: "essa penalidade, segundo entendemos, não se identifica com a sanção jurídica, mas apresenta um caráter mais restrito: não pune, nem reprova; apenas impede que a parte omissa pratique o ato processual fora do momento próprio para fazê-lo".[99]

Em outras palavras, embora rejeitando a noção de sanção, não logra o doutrinador dela desvencilhar-se totalmente, pois defende que a possibilidade de ocorrência de um prejuízo constitui penalidade, ainda que com suas peculiaridades.[100]

---

[94] ARRUDA ALVIM, José Manoel de. *Manual de direito processual civil*. 11. ed. São Paulo: Revista dos Tribunais, 2007, v. 1, p. 495-496.
[95] CARNELUTTI, Francesco. *Instituições do processo civil*. São Paulo: Classic Book, 2000, v. I, p. 382-383.
[96] BARBOSA MOREIRA, José Carlos. *Comentários ao Código de Processo Civil*. 14. ed. Rio de Janeiro: Forense, 2008, v. 14.
[97] GRASSO, Eduardo. Interpretazione della preclusione e nuovo processo civile in primo grado. *Rivista di Diritto Processuale*. Padova: CEDAM, v. 48, p. 641, jul.-set. 1993.
[98] GIANNICO, Maurício. *A preclusão no direito processual civil brasileiro*. 2. ed. São Paulo: Saraiva, 2007, p. 66.
[99] LOPES, João Batista. Breves considerações sobre o instituto da preclusão. *Revista de Processo*, n. 23, ano VI, p. 47, jul.-set. 1981.
[100] Há que se registrar, no entanto, que em obra mais recente o autor não insiste nessa mesma tese. Ao contrário, ainda que sem aprofundar a análise, anota que "a preclusão é um fato jurídico processual impeditivo (Stefano Riccio), isto é, um acontecimento que, uma vez verificado, obsta a prática do ato processual pretendido". (LOPES, João Batista. Preparo do recurso e preclusão consumativa. *Repertório IOB de Jurisprudência*, n. 11, p. 193, 1ª quinzena jul. 1996).

Em que pese o esforço para afastar o viés de reprovabilidade da conduta e a ressalva de se tratar de penalidade *sui generis*, não parece ser esta a melhor solução para se desvendar a natureza jurídica da preclusão. Melhor seria, realmente, prescindir-se da ideia de penalidade ou de sanção, pois as regras processuais estabelecem ônus, e não obrigações às partes, de forma que o não atendimento das mesmas não pode gerar sanção ou penalidade, o que torna a teoria um tanto paradoxal.[101]

Conforme James Goldschmidt, só existem no processo ônus, situações de necessidade de realizar determinado ato para evitar que sobrevenha um prejuízo processual, entendidas, assim, como "imperativos do próprio interesse". Os ônus processuais encontram-se numa estreita relação com as possibilidades processuais, uma vez que toda possibilidade impõe às partes o ônus de ser diligente para evitar sua perda.[102]

Acentua Maurício Giannico que a preclusão não está centrada nem mesmo na ideia de prejuízo (que pode advir do desatendimento às normas processuais), mas sim na de perda, impossibilidade ou impedimento. O prejuízo é mera e eventual consequência dessa perda de determinada faculdade, podendo nem mesmo se concretizar.[103] Não parece ser outro o entendimento de Machado Guimarães, para quem a preclusão se relaciona "com as faculdades que poderiam ter sido, mas já não podem ser exercitadas, sendo-lhe, portanto, inerente e essencial a ideia de perda".[104]

Bem entendido que a preclusão se prende às noções de ônus e de perda, não há maiores dificuldades em se concluir pela inadequação de sua qualificação como sanção,[105] impondo-se encontrar enquadramento que melhor traduza suas consequências.

---

[101] PESSOA, Flávia Moreira Guimarães. Pedido de reconsideração e preclusão *pro judicato* no processo civil. *Revista IOB de Direito Civil e Processual Civil*, São Paulo, v. 7, n. 42, p. 106, jul.-ago. 2006.

[102] GOLDSCHMIDT, James. *Direito processual civil*. Tomo I. Tradução de Lisa Pary Scarpa. Campinas: Bookseller, 2003, p. 243.

[103] GIANNICO, Maurício. *A preclusão no direito processual civil brasileiro*. 2. ed. São Paulo: Saraiva, 2007, p. 70.

[104] GUIMARÃES, Luiz Machado. *Estudos de direito processual civil*. Rio de Janeiro – São Paulo: EJU, 1969, p. 10.

[105] Muito embora, ainda hodiernamente, se vejam algumas opiniões em sentido contrário, como a de André Ricardo Franco, para quem seria possível adotar "uma teoria eclética afirmando que a preclusão tem natureza de pena somente para as partes, enquanto para o juiz não". (FRANCO, André Ricardo. Sistema de preclusão. Espécies, causas e efeitos do instituto no sistema processual brasileiro. *Revista Consulex*, v. 4, n. 42, p. 14, jun. 2000) Com todo o respeito, a diferenciação entre a preclusão para as partes e a preclusão para o juiz parece repousar na ideia de prejuízo, presente apenas na primeira hipótese. A possibilidade de se sofrer um prejuízo, no entanto, não significa, como já se viu, que se tenha desatendido uma obrigação e que por isso se deva suportar uma sanção; significa, apenas, que a parte não obrou com a necessária diligência na busca do próprio interesse, desatendendo a um ônus. Para Fredie Didier Júnior, embora seja mais frequente no direito positivo a preclusão decorrente de ato lícito, é preciso lembrar a categoria da preclusão-sanção ou preclusão punitiva. Assim ilustra seu pensar: "Há alguns exemplos no direito positivo, em que se vislumbra a perda de um poder processual (preclusão), como sanção decorrente da prática de um ato ilícito: a) perda da situação jurídica de inventariante, em razão da ocorrência dos ilícitos apontados no art. 955 do CPC; b) a confissão ficta, decorrente do não-comparecimento ao depoimento pessoal (art. 343, § 2º, CPC), que é considerado um dever da parte (art. 340, I, CPC), implica *preclusão* do direito de provar fato confessado, mas, desta feita, como decorrência de um ilícito (descumprimento de um dever processual); c) o excesso de prazo não-justificado autoriza a perda da competência do magistrado para processar e julgar a causa (art. 198 do CPC); d) constatada a prática de atentado (ilícito processual), perde-se o direito de falar nos

Conforme lição de Moniz de Aragão, a preclusão é um acontecimento, um fato.[106] Surge, no processo, ou como resultado da ausência de outro (inércia em face do tempo); ou como consequência de determinado fato que já consumou a faculdade (para a parte) ou o poder (para o juiz); ou ainda como decorrência de haver sido praticado algum ato incompatível com a prática de outro.[107] Mais do que um simples fato, porém, trata-se de um fato jurídico.

O mundo jurídico, como observa Pontes de Miranda, confina com o mundo dos fatos, donde as múltiplas interferências de um no outro.[108] Explicitando a noção de fato jurídico, esclarece Marcos Bernardes de Mello que quando o fato interfere, direta ou indiretamente, no relacionamento inter-humano, afetando, de algum modo, o equilíbrio de posição do homem diante dos outros homens, a comunidade jurídica sobre ele edita norma que passa a regulá-lo, atribuindo-lhe consequências específicas (efeitos jurídicos) em relação aos homens, os quais constituem um *plus* quanto à natureza do fato em si.[109] A incidência da norma jurídica é o que dá ao fato a nota de juridicidade. A preclusão é, pois, um fato jurídico, mas, mais do que isso, é um fato jurídico processual.

---

autos, até a purgação dos efeitos do ilícito (art. 881 do CPC)". (DIDIER JÚNIOR, Fredie. *Curso de direito processual civil*. 10. ed. Salvador: *Jus*Podivm, 2008, p. 272-273. (Teoria geral do processo e processo de conhecimento; v. 1)). Novamente, é necessário rogar vênia para discordar de tal posicionamento. Nem todas as situações de perda de um direito ou de uma situação ou condição no curso do processo (e, por óbvio, nem todos os revezes processuais) podem ser entendidas como hipóteses de preclusão. As situações apontadas pelo autor são verdadeiras sanções, não se identificando com a preclusão.

[106] Para Pedro Henrique Pedrosa Nogueira, seria mais adequado, no rigor na linguagem, tratar a preclusão como um efeito jurídico, "pois embora em algumas situações ela possa ser causa de efeitos jurídicos (nas situações em que a preclusão funciona simplesmente como elemento do suporte fático de fatos processuais, esse problema não existe), nada impediria de considerar como causa do efeito subsequente não a preclusão em si mesma, mas sim o fato jurídico do qual ela decorreu". (NOGUEIRA, Pedro Henrique Pedrosa. Notas sobre preclusão e *venire contra factum proprium*. *Revista de Processo*, n. 168, p. 334, fev. 2009). Conforme Moniz de Aragão, no entanto, um fato pode ser causa de outro e, embora a preclusão surja sempre e necessariamente como efeito (pois não é *ato*, não é *praticável*; só pode acontecer como resultado), a sua ocorrência origina consequências, das quais é causa, o que, segundo o autor, é natural, em vista de os atos e fatos do processo se encadearem numa sequência. (MONIZ DE ARAGÃO, Egas Dirceu. Preclusão (Processo Civil). In: OLIVEIRA, Carlos Alberto Alvaro de. *Saneamento do processo*: estudos em homenagem ao Prof. Galeno Lacerda. Porto Alegre: Fabris, 1989, p. 145-146.). Na mesma linha, observa Maurício Giannico que "a reconhecida constatação de que a preclusão obrigatoriamente surge como resultado de outro fato não a desmerece nem repele sua qualificação enquanto fato jurídico processual", pois "são fatos jurídicos distintos a ação (ou omissão) do agente em si considerada e seu resultado, a perda do direito (preclusão), operada em decorrência dessa omissão". (GIANNICO, Maurício. *A preclusão no direito processual civil brasileiro*. 2. ed. São Paulo: Saraiva, 2007, p. 77-78). A qualificação da preclusão como fato é praticamente unânime em doutrina, não importando que se possa vê-la, dependendo da perspectiva da análise, também como efeito.

[107] MONIZ DE ARAGÃO, Egas Dirceu. Preclusão (Processo Civil). In: OLIVEIRA, Carlos Alberto Alvaro de. *Saneamento do processo*: estudos em homenagem ao Prof. Galeno Lacerda. Porto Alegre: Fabris, 1989, p. 145.

[108] PONTES DE MIRANDA, Francisco Cavalcanti. *Tratado de direito privado*. Tomo II. 3. ed. Rio de Janeiro: Borsoi, 1970, p. 183.

[109] MELLO, Marcos Bernardes de. *Teoria do fato jurídico*: plano da existência. 12. ed. São Paulo: Saraiva, 2003, p. 08-09. Ainda sobre a noção de fato jurídico, esclarece Calmon de Passos que "torna-se jurídico (ou é compreendido como jurídico) o fato precedente, porque apropriado por uma norma jurídica como suposto, bem como pelo mesmo motivo se torna jurídico o fato subseqüente, em termos de consequência, segundo um *dizer* autorizado. Não são, um e outro, em si mesmos, fatos jurídicos. São vida humana cuja compreensão, na espécie e para o fim específico, se processou juridicamente". (PASSOS, José Joaquim Calmon de. *Esboço de uma teoria das nulidades aplicada às nulidades processuais*. Rio de Janeiro: Forense, 2002, p. 19).

Antônio Carlos de Araújo Cintra, Ada Pellegrini Grinover e Cândido Rangel Dinamarco, observam que o fato jurídico processual é uma espécie do gênero fato jurídico,[110] que, naturalmente, se distingue pelo fato de ter lugar na relação processual. Daí a conclusão de Machado Guimarães no sentido de que fato jurídico processual é "o acontecimento processual ou a circunstância relevante à qual o direito empresta efeitos jurídicos processuais".[111] Resta ainda dizer que essa consequência, no caso da preclusão, é um impedimento, um óbice a que se pratique certo ato.

Riccio afirma que a preclusão é um fato processual impeditivo, que importa na perda ou privação de uma faculdade ou de um direito ou pelo não exercício ou pela existência de um obstáculo jurídico. Num caso é perda, noutro é privação; enquanto no primeiro a faculdade ou o direito é posto pela norma e, por isso, normativamente existe, no segundo caso, ao invés, é normativamente regulado o obstáculo, isto é, a lei estabelece o impedimento. Na primeira hipótese, a preclusão é manifestação típica dos princípios da autorresponsabilidade das partes, da igualdade das partes no processo e da economia processual. Uma vez que se podia exercitar uma faculdade e essa não foi exercitada, é lógico estabelecer-se uma perda. Na segunda hipótese, a preclusão ainda é manifestação dos princípios da autorresponsabilidade das partes e da economia processual, mas projetados em um campo mais amplo: o da jurisdição; uma vez que se podia agir para satisfazer um interesse por meio de mais vias judiciárias, e se age seguindo uma, é normativamente vedada qualquer outra. Por tudo isso, conclui que a preclusão é um fato jurídico e, mais especificamente, um fato jurídico processual impeditivo.[112]

Entre nós, José Frederico Marques, na obra *Instituições de direito processual civil*, define a preclusão como "fato impeditivo destinado a garantir o avanço progressivo da relação processual",[113] mas adiante pondera que "a preclusão temporal e a preclusão lógica são preclusões impeditivas. Já a terceira forma de preclusão, que é a consumativa, tem o caráter e natureza de fato extintivo".[114]

Em que pese pareça haver lógica na sistematização a partir das diferentes formas assumidas pela preclusão (ao tratamento das quais se dedicarão algumas linhas adiante, item 4.1), não há negar que mesmo a preclusão consumativa também se caracteriza por uma perda ou impedimento, ainda que um impedimento acentuado pelo fato de já haver sido praticado o ato. Provavelmente por essa razão, o processualista abandona a distinção no mais recente *Manual de direito processual civil*, afirmando, sem qualquer ressalva, que a preclusão é um fato processual impeditivo.[115]

---

[110] CINTRA, Antônio Carlos Araújo; GRINOVER, Ada Pellegrini; DINAMARCO, Cândido Rangel. *Teoria geral do processo*. 22. ed. São Paulo: Malheiros, 2006, p. 355.
[111] GUIMARÃES, Luiz Machado. *Estudos de direito processual civil*. Rio de Janeiro – São Paulo: EJU, 1969, p. 40.
[112] RICCIO, Stefano. *La preclusione processuale penale*. Milano: Giuffrè, 1951, p. 12-15.
[113] MARQUES, José Frederico. *Instituições de direito processual civil*. 3. ed. Rio de Janeiro: Forense, 1966, v. II, p. 286.
[114] Ibidem, p. 286.
[115] MARQUES, José Frederico. *Manual de direito processual civil*. Processo de conhecimento – 1ª parte. São Paulo: Saraiva, 1974, v. II, p. 169.

Trata-se, pois, de acordo com a doutrina majoritária, de fato jurídico processual impeditivo, porquanto, seja qual for a modalidade de preclusão, o elemento comum relevante e característico de sua essência é sempre o de impedimento (impossibilidade, perda),[116] concepção que se coaduna com o conceito tradicional de fato impeditivo, ou seja, um fato de natureza negativa, traduzido na falta de uma das circunstâncias que devem concorrer com os fatos constitutivos a fim de que estes produzam os efeitos que lhes são peculiares e normais.[117]

Por fim, os fatos jurídicos processuais podem ser principais ou secundários. Os primeiros dizem respeito ao nascimento, à modificação ou à extinção da relação jurídica processual, considerada no conjunto de todas as faculdades e todas as obrigações; os outros, ao invés, dizem respeito à modificação ou à extinção de uma única faculdade ou de uma única obrigação. A preclusão é um fato jurídico secundário, porquanto não extingue ou impede todo o processo, mas somente uma faculdade processual.[118]

Examinados esses aspectos, parece correto atribuir-se à preclusão a natureza de fato jurídico processual impeditivo de caráter secundário.

---

[116] PESSOA, Flávia Moreira Guimarães. Pedido de reconsideração e preclusão *pro judicato* no processo civil. *Revista IOB de Direito Civil e Processual Civil*. São Paulo, v. 7, n. 42, p. 106, jul.-ago. 2006.
[117] CHIOVENDA, Giuseppe. *Instituições de direito processual civil*. 3. ed. Tradução da 2ª edição italiana por J. Guimarães Menegale, acompanhada de notas pelo Prof. Enrico Tullio Liebman. São Paulo: Saraiva, 1969, v. I, p. 08.
[118] RICCIO, Stefano. *La preclusione processuale penale*. Milano: Giuffrè, 1951, p. 16.

2. Breve notícia da preclusão em sistemas estrangeiros

De um modo geral, os autores de monografias sobre o tema da preclusão costumam prescindir do exame do instituto à luz do direito comparado, ao menos como objeto de estudo autônomo a merecer aprofundamento e cotejo analítico.[119] Manoel Caetano Ferreira Filho, ao delimitar seu objeto de estudo, registra ter concluído que a utilidade do direito comparado para a análise proposta poderia ser melhor aquilatada se a doutrina estrangeira fosse apresentada de forma diluída por todo o trabalho.[120]

De fato, sendo o tema desenvolvido de maneira bastante heterogênea nos diversos ordenamentos, ora assumindo papel de destaque, ora se apresentando negligenciado pela doutrina, ao exame comparado se poderia preferir o socorro episódico àqueles sistemas que melhor abordaram cientificamente o instituto e que necessariamente mereceriam menção ao longo de todo o trabalho (como é o caso da doutrina italiana), evitando-se o risco de incorrer em enfadonha repetição quanto a esses e em abordagem comparativamente superficial quanto aos sistemas que menos se dedicaram ao estudo da preclusão.

Se a heterogeneidade de tratamento e sistematização torna espinhosa a tarefa, no entanto, a convicção na relevância da preclusão para dar a tônica de um sistema processual a torna, igualmente, instigante. Por essa razão é que, dentro dos limites que o presente estudo impõe e sem qualquer pretensão de esgotar a análise comparativa, oferecem-se breves linhas sobre a disciplina da preclusão em sistemas processuais estrangeiros.

2.1. ITÁLIA

Proclamado o Reino Italiano em 1863, o primeiro desafio proposto ao governo unitário foi a unificação legislativa de todos os territórios do reino, que con-

---

[119] Assim, por exemplo, as obras de Antônio Alberto Alves Barbosa (*Da preclusão processual civil*), Manoel Caetano Ferreira Filho (*A preclusão no direito processual civil*), Maurício Giannico (*A preclusão no direito processual civil brasileiro*) e Fernando Rubin (*O instituto da preclusão na dinâmica do processo civil*).

[120] FERREIRA FILHO, Manoel Caetano. *A preclusão no direito processual civil*. Curitiba: Juruá, 1991, p. 17.

tavam com codificações diversas não só pela época em que haviam entrado em vigor, mas também por inspiração jurídico-política e por conteúdo. A operação foi concluída com notável rapidez e eficiência, mas, em particular quanto ao Código de Processo Civil, isso importou em que numerosos problemas de política legislativa fossem ignorados e negligenciados, ao invés de resolvidos.[121]

Observa Tesoriere que, no Código de 1865, os impedimentos previstos à atividade das partes e assinalados por Chiovenda eram meros impedimentos lógicos (como tais presentes nas legislações processuais de todo tempo e lugar), não sistematizados e nem idôneos a orientar o processo em uma direção publicística, dotando-o da necessária celeridade. O processo civil de 1865 era substancialmente inspirado no princípio oposto ao da preclusão, isto é, no princípio da liberdade.[122]

Como reflexo dessa liberdade, a instrução escrita era remetida integralmente às partes e não conhecia limitações quanto ao número de manifestações. A instrução era marcada, assim, por uma troca ilimitada de manifestações entre as partes (art. 165), destinada a concluir-se somente quando uma delas não respondesse à última manifestação do adversário (art. 173), enquanto a lei se limitava a fixar o termo de quinze dias para qualquer manifestação (art. 174). Encerrada a instrução, as partes podiam ainda trocar manifestações conclusivas, depois do que a causa podia, enfim, ser encaminhada à audiência (arts. 176 e 179).[123]

Em clara influência do Código de Processo Civil francês de 1807 (e contrariando alguns ordenamentos pré-unitários), o art. 490, parágrafos terceiro e quarto, admitia a dedução de novas exceções e a produção de novas provas em grau de apelação.[124] Vigorava, pois, a admissão quase que irrestrita de manifestações sucessivas e de incidentes inovadores, decorrência, na avaliação de Taruffo, de uma visão do processo como coisa das partes.[125]

Essa visão, no entanto, não foi óbice para as construções de Chiovenda a partir dos primeiros anos do século XX. Constatando que todo processo necessita de expedientes que lhe assegurem certa ordem e agilidade, Chiovenda identificou no Código de Processo Civil, a despeito de sua inspiração liberal, diversas hipóteses de preclusão,[126] sistematizando o instituto em sucessivos e aprofundados estudos (*supra*, 1.2).

Após alguns malsucedidos projetos, sobreveio o Código de 1940, o qual, já absorvendo o ensinamento chiovendiano, primou pela concentração e pela imediatidade. No que concerne ao regime das preclusões, a nova normativa se distanciou sensivelmente tanto daquela ab-rogada quanto daquela idealizada nos vários proje-

---

[121] TARUFFO, Michele. *La giustizia civile in Italia dal '700 a oggi*. Bologna: Il Mulino, 1980, p. 107.
[122] TESORIERE, Giovanni. *Contributo allo studio delle preclusioni nel processo civile*. Padova: CEDAM, 1983, p. 99.
[123] TARUFFO, op. cit., p. 115-116.
[124] Ibidem, p. 130.
[125] Ibidem, p. 143.
[126] CHIOVENDA, Giuseppe. *Instituições de direito processual civil*. Tradução de Paolo Capitanio. Campinas: Bookseller, 1998, v. III, p. 184-190.

tos de reforma. Nos trabalhos preparatórios, propôs-se claramente uma via intermediária entre o princípio da liberdade, típico do velho código, e os princípios da preclusão e da eventualidade, que caracterizavam algumas legislações estrangeiras. Na realidade, porém, acabou por se instaurar um sistema rígido, que praticamente desconhecia temperamentos.[127]

A premissa vigente era a necessidade de induzir as partes a propor nos atos introdutórios todas as suas demandas, exceções e deduções, de modo que as questões controversas fossem precisadas o quanto antes e o processo pudesse prosseguir até a decisão de mérito sem surpresas ou novidades que pudessem desviar ou complicar seu andamento. Isso implicava a preclusão obstativa de novas deduções no curso do processo e o ônus das partes de "colocar as cartas na mesa" na inicial e na contestação.[128]

Os impedimentos às atividades das partes resultaram, assim, rigorosos. Prova disso é que, conforme os arts. 183 e 184 do Código de 1940, a possibilidade de variar defesas e introduzir elementos novos no processo era fortemente limitada. Depois da primeira *udienza di trattazione*, somente poderiam ser produzidos novos documentos, postulados novos meios de prova e propostas novas exceções com autorização do juiz e na presença de motivos graves. O rigor do sistema também se aplicava ao juízo de apelação, relativamente ao qual o art. 345 estabelecia a proibição de deduzir pedidos novos (pena de rejeição mesmo de ofício), novas exceções e novos meios de prova (salvo, para as exceções e para as provas, na existência de graves motivos reconhecidos pelo juiz).[129]

A rigidez do procedimento não tardou a encontrar resistência, mas foi com a queda do fascismo que o repúdio se intensificou.[130] No princípio da preclusão, prevalece a aspiração de certeza sobre a aspiração de justiça – daí as críticas que, afastando um "atentado à justiça", conduziram à reforma de 1950.[131]

Pode-se dizer que o rígido regime de preclusões instaurado pelo Código de 1940 nasceu substancialmente morto. A reação, acolhida na jurisprudência, se desenvolveu pelo menos em três direções: tornando regra a exceção contemplada nos arts. 183 e 184; restringindo a aplicação de tais disposições ao procedimento de cognição perante o Tribunal, excluídos, portanto, aqueles perante o pretor ou o conciliador; e admitindo, enfim, que a mudança do objeto da lide e a modificação do pedido pudessem surgir depois da primeira e mesmo da segunda audiência, des-

---

[127] TESORIERE, Giovanni. *Contributo allo studio delle preclusioni nel processo civile.* Padova: CEDAM, 1983, p. 111-113.

[128] TARUFFO, Michele. *La giustizia civile in Italia dal '700 a oggi.* Bologna: Il Mulino, 1980, p. 267.

[129] TESORIERE, op. cit., p. 114-118.

[130] Claudio Consolo observa que o Código de 1940 recebeu o *slogan* de código fascista, embora não se tratasse nem disso nem de um diploma anti-liberal, mas apenas de um código mais atento à projeção publicística do processo sobre as relações privadas, o que não impediu, no entanto, a associação da rigidez do procedimento ao regime fascista, servindo de argumento à rejeição geral. (CONSOLO, Claudio. *Spiegazioni di diritto processuale civile.* Tomo 1. Bologna: Cisalpino, 2001, p. 23).

[131] ANDRIOLI, Virgilio. *Lezioni di diritto processuale civile.* Napoli: Casa Editrice Dott. Eugenio Jovene, 1973, v. 1, p. 359.

de que fossem observadas as regras do contraditório. O movimento foi tamanho que em poucos anos sobreveio a *novella* de 1950 (Lei nº 581), que constituiu verdadeira "contrarreforma".[132]

De modo particular, com os arts. 14, 15 e 36, foi subvertido todo o sistema de preclusões. Os arts. 183 e 184 passaram a admitir às partes modificar os pedidos,[133] exceções e conclusões precedentemente formuladas, produzir novos documentos, empregar novos meios de prova e propor novas exceções. No novo regime processual, as poucas preclusões subsistentes se identificavam com algumas atividades apenas, para as quais eram previstas modalidades específicas: assim, por exemplo, a exceção de incompetência em razão do lugar (derrogável) poderia ser proposta somente no momento da resposta, ou, em geral, no primeiro ato defensivo do juízo de 1º grau (art. 38). Quanto à apelação, foi conservada a proibição de apresentar pedidos novos, mas foram admitidos a proposição de novas exceções, a produção de novos documentos e o requerimento de novos meios de prova.[134]

Contudo, como observa Andrioli, não se justificava tão ferrenha oposição ao sistema de preclusões, que não constitui ameaça à justiça. Tudo se resolveria – segundo o doutrinador – com uma oportuna dosagem a contemplar as exigências contrapostas. Não tendo ocorrido tal dosagem, da reforma de 1950 se constataram deletérios efeitos à ordem do processo.[135]

Aponta Heitor Vitor Mendonça Sica que a *Novella* de 1990, aumentando sensivelmente o rigor do regime de preclusões vigente no processo civil italiano (de modo a alargar o espectro de incidência do instituto) e estabelecendo regras que separam o processo em fases razoavelmente estanques, suscitou uma revisitação do tema.[136] A doutrina italiana anota que o legislador de 1990/1995, na ótica de uma precisa regulamentação dos tempos de exercício dos poderes processuais, introduziu um sistema complexo de termos e preclusões às atividades das partes e do juiz,[137] introduzindo barreiras preclusivas graduais, mas ainda rígidas.[138]

O princípio da preclusão foi reintroduzido com o escopo de fixar no início do processo as questões controvertidas, evitando a diluição da *fase di trattazione*

---

[132] TESORIERE, Giovanni. *Contributo allo studio delle preclusioni nel processo civile*. Padova: CEDAM, 1983, p. 120.

[133] Segundo Evangelista e Iannelli, o que é consentido às partes é a simples modificação da demanda (*emendatio libelli*) e não a mutação desta (*mutatio libelli*), que, resultando na proposição de uma demanda nova, fica preclusa desde a primeira *udienza di trattazione*. (EVANGELISTA, Stefanomaria; IANNELLI, Domenico. *Manuale di procedura civile*. Torino: UTET, 1996, p. 158).

[134] TESORIERE, op. cit., p. 120-122.

[135] ANDRIOLI, op. cit., p. 359-360.

[136] SICA, Heitor Vitor Mendonça. *Preclusão processual civil*. 2. ed. São Paulo: Atlas, 2008, p. 82.

[137] COMASTRI, Michele. Osservazione in tema di cumulo processuale e sistema delle preclusioni nel processo ordinario di cognizione. *Rivista Trimestrale di Diritto e Procedura Civile*. Milano: Dott. A. Giuffrè, anno LIX, n. 3, p. 905, set. 2005. O termo empregado na obra é *decadenze*, parecendo evidente, no entanto, a possibilidade de compreender a referência a preclusões.

[138] CONSOLO, Claudio. *Spiegazioni di diritto processuale civile*. Tomo 1. Bologna: Cisalpino, 2001, p. 22.

em uma série de audiências com sucessivas alegações e retrocessos.[139] Satta e Punzi registram, porém, que a reforma introduzida com a Lei nº 353/90 comportou uma reintrodução parcial e atenuada do princípio da preclusão, que fora eliminado, sobretudo, com a modificação dos arts. 183 e 184, operada pela *Novella* de 1950. Tratou-se, no sentir dos doutrinadores, de uma reintrodução *parcial* e *atenuada* porque em algumas hipóteses o exercício do direito da parte continua, não obstante a peremptoriedade dos termos estabelecidos, ainda possível em virtude de uma mera "autorização" judicial, via *rimessione in termini*.[140]

Em que pese o tratamento dado à questão por Satta e Punzi, não se trata de atenuação tão substancial, mas de uma ressalva de bom-senso. A *rimessione in termini* só tem aplicação em certas circunstâncias, atendidos os critérios legais: pode a parte ver-se livre dos efeitos da preclusão se demonstrar ter incorrido na inobservância do termo por causa a si não imputável, como, por exemplo, na ocorrência de caso fortuito ou de força maior.[141] Nesse caso, o juiz, se tiver por verossímeis os fatos adotados como motivo do impedimento admite a prova do impedimento (art. 294, § 2º).[142] Tal hipótese, outrora constante do art. 114-bis,[143] foi recentemente alvo de modificação legislativa: a Lei nº 69 de 18 de junho de 2009 ab-rogou, por seu art. 46, nº 3, o art. 184-bis, que se inseria, um tanto inadequadamente, entre as disposições sobre a instrução do feito, transpondo a regra para o art. 153,[144] referente à improrrogabilidade dos prazos peremptórios, ao qual adicionou um parágrafo[145] para resguardar a *rimessione in termini*, agora esclarecida sua aplicação em qualquer fase processual, assumindo caráter de norma geral.[146]

A alteração legislativa tende a mitigar a imposição assumida rigidamente a partir do texto anterior à reforma, conservado no *caput*, que estabelece como regra geral a peremptoriedade dos prazos, que não podem ser abreviados ou prorrogados nem mesmo por acordo das partes. Contudo, mais exatamente do que de verdadeira inversão de tendência quanto ao tratamento da preclusão imposto pelo legislador de 1990, a doutrina avalia a alteração como manifestação da intenção do

---

[139] LUISO, Francesco Paolo. *Diritto processuale civile*. 3. ed. Milano: Giuffrè, 2000, v. II, p. 31.
[140] SATTA, Salvatore; PUNZI, Carmine. *Diritto processuale civile*. 13. ed. Padova: CEDAM, 2000, p. 277-278.
[141] COMOGLIO, Luigi Paolo; FERRI, Corrado; TARUFFO, Michele. *Lezioni sul processo civile*. 2. ed. Bologna: Il Mulino, 1998, p. 601.
[142] EVANGELISTA, Stefanomaria; IANNELLI, Domenico. *Manuale di procedura civile*. Torino: UTET, 1996, p. 217.
[143] O art. 184-bis assim dispunha sobre a rimessione in termini: "La parte che dimostra di essere incorsa in decadenze per causa ad essa non imputabile può chiedere al giudice istruttore di essere rimessa in termini. Il giudice provvede a norma dell'articolo 294, secondo e terzo comma."
[144] Art. 153: "I termini perentori non possono essere abbreviati o prorogati, nemmeno sull'accordo delle parti."
[145] "La parte che dimostra di essere incorsa in decadenze per causa ad essa non imputabile può chiedere al giudice istruttore di essere rimessa in termini. Il giudice provvede a norma dell'articolo 294, secondo e terzo comma."
[146] CONSOLO, Claudio. *Una buona "novella" al c.p.c:* la riforma del 2009 (con i suoi artt. 360 bis e 614 bis) va ben al di là della sola dimensione processuale. Primo piano processo civile. Corriere giuridico 6/2009. Disponível em: <www.ipsoa.it/shared/redirectDownload.aspx?NomeFile=P128_giur_2009_06_737.pdf>. Acesso: 21 out. 2009.

legislador de obter a rapidez do rito e das fases processuais das quais ele se compõe, e ainda a máxima simplificação possível das disposições processuais.[147]

Em que pese o registro doutrinário da introdução e manutenção da *rimessione in termine* como atenuação aos rigores da preclusão, não há como ignorar que sua aplicação se reserva a casos excepcionais, devidamente avaliados pelo juiz. A sobrevivência do instituto a uma reforma declaradamente voltada à economia e simplificação processual somente se compreende nesses termos, já que a recente evolução jurisprudencial aponta para um regime razoavelmente rígido de preclusões, visando à preservação dessa economia.

Das decisões da Corte de Cassação italiana se pode identificar orientação tendente a uma leitura mais rigorosa do sistema das preclusões, por vezes transposta, após algum amadurecimento, ao plano legislativo. Um exemplo dessa leitura, citado por Carlo Vellani, diz respeito aos limites de admissibilidade da produção documental em grau de apelação. A Corte de Cassação (*Sezioni unite*, nº 8203, 20/04/05) assentou que o art. 345, § 3º do CPC, com o texto dado pelo art. 32 da Lei nº 353/90, fixava no plano geral o princípio da inadmissibilidade dos "novos meios de prova". Em outras palavras, embora isso não se depreendesse claramente do texto legal, a Corte estabeleceu que a proibição dizia respeito também às provas pré-constituídas, tais como os documentos, cuja produção também deveria ficar subordinada à verificação da subsistência de uma causa não imputável, que houvesse impedido a parte de produzi-la em primeiro grau e à valoração da sua indispensabilidade. O precedente contrariou, à época, a jurisprudência majoritária, segundo a qual a proibição de admissão de novas provas não se estendia aos documentos, que, sendo provas pré-constituídas, podiam ser produzidos mesmo em segundo grau. A decisão, segundo o autor, recebeu aclamação, porque não é verdade que a apresentação de documentos não atrase o curso de um processo; a par do direito à contraprova, se podem suscitar incidentes de falsidade ou instâncias de verificação.[148]

Sepultando em definitivo a questão (e fazendo prevalecer a aplicação mais rigorosa da preclusão quanto à produção da prova documental), a Lei nº 69 de 18/06/09, no item 18,[149] determinou a alteração da redação do art. 345, § 3º, do CPC, inserindo expressamente a vedação de produção de novos documentos em sede de apelo, salvo nas excepcionais circunstâncias em que se admite a produção de novas provas.[150]

---

[147] AMENDOLAGINE, Vito. *Processo civile:* la riforma 2009 – Prima lettura sistematica alle novità introdotte dalla L. 18 giugno 2009, n. 69. Assago: Ipsoa, 2009, p. 43.

[148] VELLANI, Carlo. Le preclusioni nella fase introduttiva del processo ordinario. *Rivista Trimestrale di Diritto e Procedura Civile*. Milano, v. 62, n. 1, p. 154-155, mar. 2008.

[149] "18. All'articolo 345, terzo comma, primo periodo, del codice di procedura civile, dopo le parole: «nuovi mezzi di prova» sono inserite le seguenti: «e non possono essere prodotti nuovi documenti» e dopo la parola: «proporli» sono inserite le seguenti: «o produrli»."

[150] "Art. 345. Nel giudizio d'appello non possono proporsi domande nuove e, se proposte, debbono essere dichiarate inammissibili d'ufficio. Possono tuttavia domandarsi gli interessi, i frutti e gli accessori maturati dopo

Outro ponto destacado por Carlo Vellani é a interpretação dada pela Corte para a aplicação do princípio da não contestação, pelo qual o fato alegado tem-se por incontroverso se não negado ou expressamente contestado pela outra parte. A opinião majoritária era no sentido de que o fato fosse considerado pacífico somente diante de uma explícita admissão da parte adversa ou de uma defesa fundada sobre argumentos logicamente incompatíveis com a sua refutação. Em pelo menos duas oportunidades (Cass., sez. un., n° 761, 23/01/02; Cass., sez. un., n° 11353, 17/06/04), a Corte assentou que, em matéria de direitos disponíveis, o juiz deve considerar pacífico o fato não contestado sem nenhuma necessidade de prova, de forma realmente irreversível. Aspecto de relevo no pronunciamento das *sezioni* é a opção interpretativa segundo a qual ao juiz é impedido qualquer controle probatório sobre o fato não contestado, que é automaticamente extirpado do âmbito do *accertamento*, fenômeno irreversível, no sentido de que não são admissíveis contestações tardias. Parte da doutrina – ressalta o autor – é favorável a esse entendimento, à luz da exigência de simplificação do processo e de economia; outra prefere considerar que o efeito da não contestação, em vez de uma vinculação para o juiz de tomar por verdadeiros os fatos não contestados, se traduza na simples *relevatio ab onere probandi* a favor de quem o tenha alegado, não excluindo, portanto, que sobre aquele fato se possam admitir provas, se pleiteadas.[151]

Traçado esse panorama geral da preclusão na Itália, observa-se que, a despeito das críticas já dirigidas ao instituto – e talvez até mesmo em razão dessas críticas, que contribuíram para uma depuração do conceito e para uma aplicação prática mais refletida – a preclusão ainda é tema fundamental no estudo do direito processual italiano. Muito do que lá se desenvolveu acabou por aportar em terras brasileiras, influenciando fortemente nossos legisladores e doutrinadores.

2.2. FRANÇA

A ciência processual se sistematizou na França a partir do Código de Processo Civil napoleônico, de 1807. O diploma, impregnado pela ideologia liberal, se caracterizava pelo garantismo individual e pela ampla liberdade na atuação das partes, daí resultando um regime de poucas preclusões.[152]

---

la sentenza impugnata, nonché il risarcimento dei danni sofferti dopo la sentenza stessa. Non possono proporsi nuove eccezioni, che non siano rilevabili anche d'ufficio. Non sono ammessi nuovi mezzi di prova e non possono essere prodotti nuovi documenti, salvo che il collegio non li ritenga indispensabili ai fini della decisione della causa ovvero che la parte dimostri di non aver potuto proporli o produrli nel giudizio di primo grado per causa ad essa non imputabile. Può sempre deferirsi il giuramento decisorio."

[151] VELLANI, Carlo. Le preclusioni nella fase introduttiva del processo ordinario. *Rivista Trimestrale di Diritto e Procedura Civile*. Milano, v. 62, n. 1, p. 156-158, mar. 2008.

[152] SICA, Heitor Vitor Mendonça. *Preclusão processual civil*. 2. ed. São Paulo: Atlas, 2008, p. 52.

As partes, na vigência do Código de 1807, determinavam a ordem do procedimento. As alegações e as provas referentes ao mérito da causa só resultavam inadmissíveis quando pronunciada a sentença, vigorando ampla liberdade de ação.[153]

Já na vigência dessa codificação vigiam, no entanto, algumas disposições estabelecendo momentos, fases ou prazos para o exercício de certas faculdades processuais, embora a doutrina frequentemente descrevesse o fenômeno como hipótese de decadência (*déchéance*)[154] e alguns dos prazos assinalados no ordenamento processual, conquanto peremptórios, fossem extraordinariamente dilatados.[155]

A incompetência absoluta poderia ser arguida a qualquer tempo, assim como a conexão e a litispendência. A incompetência relativa, porém, deveria ser alegada no início do processo, pois seria coberta pelo silêncio do réu se este contestasse as questões de fundo sem alegar a incompetência, salvo se houvesse ressalvado que as contestava em caráter subsidiário, para o caso de se rejeitar a exceção de incompetência.[156] Ao menos no concernente a certas exceções, portanto, já se vislumbravam no antigo diploma notas preclusivas, exceções ao império da liberdade das partes.

Após algumas reformas, o antigo Código foi substituído pelo *Code de Procédure Civile* de 1975, ainda em vigor, cujas disposições, no que diz respeito ao tratamento da preclusão, revelam boa dose de flexibilidade em comparação a outros sistemas processuais.

Indicativo dessa maior flexibilidade, segundo observação de Heitor Vitor Mendonça Sica, se encontra no art. 72[157] do *Nouveau Code de Procédure Civile*, que rege os poderes do réu em apresentar suas *defesas de mérito* (ou *défenses au fond*) e prevê sejam elas opostas em qualquer etapa do processo.[158]

Igualmente se denota a liberdade dada aos litigantes nos dispositivos relativos à apelação. A regra geral é fixada pelo art. 562 do Código de Processo Civil:[159] tendo em vista seu efeito devolutivo, a apelação fica, em princípio, limitada ao que foi

---

[153] ROCHA, José de Moura. *Da preclusão e da atividade processual das partes*. Recife: Mousinho, 1959, p. 97.

[154] Empregando o termo, GLASSON, E. *Précis théorique et pratique de procédure civile*. Tomo 1. 2. ed. Paris: Librairie Générale de Droit & de Jurisprudence, 1908, p. 24. Conforme José de Moura Rocha, já se entreviam nessa fase alguns mecanismos para regulamentar o procedimento, como as nulidades, as penas pecuniárias e as *déchéances*, também designadas por *forclusion*, de feições mais próximas ao que se entende por preclusão, consagradas, por exemplo, nos arts. 660, 664 e 756. (ROCHA, José de Moura. *Da preclusão e da atividade processual das partes*. Recife: Mousinho, 1959, p. 97).

[155] Historia Glasson que, antes da Ordenação de 1667, o direito de apelar durava trinta anos. Essa ordenação reduziu o prazo para dez anos e estabeleceu, além disso, que o vencedor poderia, após três anos, notificar o adversário a apelar, devendo este, então, fazê-lo em seis meses (Ord. de 1667, tit. XXVII, art. 17). Contudo, percebeu-se, no período pós-Revolução, que esses prazos eram muito longos, eternizando os processos, ao ponto de poder deixar na incerteza várias gerações de uma mesma família. A Lei de 16-24 de agosto de 1790, tit. V, art. 14, fixou o prazo de apelação em três meses. O Código de Processo Civil absorveu esse prazo, que vigeu até a Lei de 3 de maio de 1862, que o reduziu a dois meses. (GLASSON, op. cit., p. 60.)

[156] GLASSON, op. cit., p. 696-703.

[157] Article 72. Les défenses au fond peuvent être proposées en tout état de cause.

[158] SICA, Heitor Vitor Mendonça. *Preclusão processual civil*. 2. ed. São Paulo: Atlas, 2008, p. 53.

[159] Article 562. L'appel ne défère à la cour que la connaissance des chefs de jugement qu'il critique expressément ou implicitement et de ceux qui en dépendent. La dévolution s'opère pour le tout lorsque l'appel n'est pas limité à certains chefs, lorsqu'il tend à l'annulation du jugement ou si l'objet du litige est indivisible.

julgado em primeira instância. Inovações são, *a priori*, inadmissíveis.¹⁶⁰ Contudo, o art. 563 do Código de Processo Civil estabelece a possibilidade de as partes empregarem meios novos, produzirem peças novas e mesmo provas novas para justificar, em grau de apelação, as pretensões submetidas ao primeiro grau.¹⁶¹

O art. 564 dispõe que as partes não podem submeter à Corte novas pretensões, salvo para opor compensação, refutar as pretensões adversas ou fazer julgar as questões nascidas da intervenção de um terceiro, ou da superveniência da revelação de um fato.¹⁶² Mas mesmo essa regra comporta temperamentos. As partes podem sempre explicitar as pretensões que estejam virtualmente compreendidas nos pedidos e defesas submetidos ao primeiro grau e acrescentar-lhes os pedidos que lhes sejam acessórios, consequentes ou complementares, conforme art. 566 do Código de Processo Civil.¹⁶³ Por fim, mesmo pleitos reconvencionais são admissíveis em grau de apelo se se vinculam às pretensões originárias por um liame suficiente.¹⁶⁴

Tamanha flexibilidade quanto às inovações em sede recursal se restringem, porém, à Corte de Apelação, não alcançando a Corte de Cassação, que é juízo de direito, e não de fato. Somente questões de direito são por esta última examinadas, de modo que, em tal sede, o problema não se põe: as inovações são, em princípio, inadmissíveis. Porém, por exceção, podem ser invocados pela primeira vez diante da Corte de Cassação, salvo disposição contrária, questões que se possam considerar de puro direito e aquelas nascidas da própria decisão atacada (art. 619)¹⁶⁵.¹⁶⁶

Esse breve exame permite concluir que a preclusão não despertou na França o mesmo interesse que suscitou em países como a Itália e o Brasil, embora também se faça presente no sistema francês, de forma atenuada.

2.3. ESTADOS UNIDOS

Antes de mais nada, evitando-se a armadilha das traduções apressadas, é importante compreender que o termo *preclusion* – embora traduza também um empe-

---

¹⁶⁰ TAHRI, Cédric. *Procédure civile*. Rosny-sous-Bois: Bréal, 2007, p. 118.

¹⁶¹ Article 563. Pour justifier en appel les prétentions qu'elles avaient soumises au premier juge, les parties peuvent invoquer des moyens nouveaux, produire de nouvelles pièces ou proposer de nouvelles preuves.

¹⁶² Article 564. Les parties ne peuvent soumettre à la cour de nouvelles prétentions si ce n'est pour opposer compensation, faire écarter les prétentions adverses ou faire juger les questions nées de l'intervention d'un tiers, ou de la survenance ou de la révélation d'un fait.

¹⁶³ TAHRI, op. cit., p. 118. Article 566. Les parties peuvent aussi expliciter les prétentions qui étaient virtuellement comprises dans les demandes et défenses soumises au premier juge et ajouter à celles-ci toutes les demandes qui en sont l'accessoire, la conséquence ou le complément.

¹⁶⁴ TAHRI, op. cit., p. 118. Article 567. Les demandes reconventionnelles sont également recevables en appel.

¹⁶⁵ Article 619. Les moyens nouveaux ne sont pas recevables devant la Cour de cassation. Peuvent néanmoins être invoqués pour la première fois, sauf disposition contraire : 1° Les moyens de pur droit ; 2° Les moyens nés de la décision attaquée.

¹⁶⁶ TAHRI, op. cit., p. 119 e 169.

cilho à prática de certos atos ou à rediscussão de certos temas – assume significado abrangente e mais afeito à noção de coisa julgada, amplamente examinada em trabalhos doutrinários, que à de preclusão, relegada a papel pouco expressivo pela doutrina norte-americana.

Observa David Shapiro que, por já se ter dito que "faz do preto branco", a doutrina da *preclusion* (compreendida, como visto, de forma ampla), conquanto universalmente respeitada, é bastante impopular. No entanto, ressalva, há poderosas razões militando em seu favor, pois o reconhecimento da definitividade dos julgamentos e de sua imunidade à reabertura é fundamental para que uma Corte possa ser assim chamada. Qualquer sistema de justiça, pondera, deve atentar não apenas para a verdade e a precisão, mas também para evitar custos, inclusive o relevante custo, menos tangível para o sistema, que é a perda de prestígio resultante de julgamentos inconsistentes ou conflitantes.[167]

O termo *preclusion* é de emprego relativamente recente, vindo a substituir gradativamente as expressões consagradas pela doutrina tradicional, ainda bastante empregadas. A doutrina tradicional divide *former adjudication* em dois conceitos: *res judicata* e *estoppel by judgment*. A *res judicata* impede o demandante de reeditar uma ação que já foi decidida; também impede o demandado de suscitar qualquer nova defesa para desafiar a autoridade de um julgamento anterior. *Estoppel by judgment* impede rediscussão de qualquer questão, independentemente de a segunda ação ter ou não o mesmo pedido que a primeira, se aquela questão particular foi contestada e decidida na primeira ação. Outrossim, *estoppel by judgment* pode se subdividir em duas categorias: *direct estoppel* e *collateral estoppel*.

Quando o empecilho à rediscussão de uma questão é criado por um julgamento anterior sobre pedido distinto, tem-se *collateral estoppel*,[168] a modalidade mais comum de efeito preclusivo gerado pela decisão de uma questão.[169] Quando o julgamento anterior invocado como *estoppel* e a demanda atual têm a mesma *cause of action*, tem-se *direct estoppel*,[170] hipótese menos frequente de efeito preclusivo, reservada às raras situações em que se admite uma segunda ação versando sobre o mesmo pedido de outra já julgada.[171] Como normalmente demandas posteriores sobre pedidos já decididos são extintas integralmente por *res judicata*, reserva-se a expressão *direct estoppel* para as situações em que a primeira ação foi extinta sem julgamento de mérito (ex: competência).[172]

---

[167] SHAPIRO, David L. *Preclusion in civil actions*. New York: Foundation Press, 2001, p. 12-17.
[168] FRIEDENTHAL, Jack H.; KANE, Mary Kay; MILLER, Arthur R. *Civil procedure*. 4th ed. St. Paul: Thompson West, 2005, p. 646.
[169] SHAPIRO, op. cit., p. 11.
[170] FRIEDENTHAL, KANE, MILLER, op. cit., p. 646.
[171] SHAPIRO, David L. *Preclusion in civil actions*. New York: Foundation Press, 2001, p. 11.
[172] FRIEDENTHAL; KANE; MILLER, op. cit., p. 647.

Mas essa terminologia não é unânime. Algumas cortes, na esteira da doutrina mais recente, passaram a usar indistintamente *res judicata* ou *claim preclusion* e *collateral estoppel* ou *issue preclusion*.

Na nomenclatura mais atual, portanto, *claim preclusion* descreve a situação na qual um julgamento anterior impede uma segunda ação sobre o mesmo pedido,[173] mesmo que tenham sobrevindo provas adicionais ou avançado as teorias legais.[174] A *claim preclusion*, conclui Heitor Vitor Mendonça Sica, seria o que entre nós se entende por *coisa julgada material*, ou seja, o efeito que recobre a sentença final, que efetivamente decide o mérito do litígio e projeta efeitos para fora do processo, seja quando a ação recebe o julgamento de procedência (*merger*), seja quando o de improcedência (*bar*).[175]

A doutrina tradicional acerca da *claim preclusion* costumava defender, ainda, que, para ter esse efeito, o julgamento tinha de ser de mérito (*on the merits*). Modernamente, porém, tem-se afastado a exigência de um julgamento *on the merits* por se tratar de expressão equívoca, a sugerir que *somente* o julgamento dado após uma análise exaustiva das questões suscitadas teria o condão de gerar *claim preclusion*, o que, segundo consenso atual, não é verdadeiro.[176] Assume-se hoje que a *claim preclusion* impede às partes rediscutir questões que *foram* ou *poderiam ter sido* suscitadas na primeira ação, de modo que não é necessário que um julgamento seja *on the merits* para ser preclusivo, sendo imperioso apenas demonstrar-se que o procedimento na primeira ação assegurou ao demandante oportunidade justa de chegar ao mérito.[177]

A ideia de *issue preclusion*, por outro lado, não se vincula ao pedido. Quando uma questão de fato ou de direito é efetivamente discutida e decidida por um julgamento válido e final, e a decisão sobre tal questão é essencial ao julgamento, ela é conclusiva em uma ação posterior entre as mesmas partes, seja sobre o mesmo pedido ou sobre pedido distinto.[178]

O instituto conhecido por *issue preclusion* (ou *collateral estoppel*) poderia, assim, ter aplicação muito ampla, o que seria, de certo modo, perigoso, uma vez que uma questão pode ressurgir em contextos inesperados, podendo ocorrer de uma questão que parecera trivial em uma primeira demanda vir a ser crucial em uma ação posterior. Em virtude desse potencial para a surpresa, limita-se a aplicação da *issue preclusion* a questões efetivamente discutidas em ação anterior. Esse requisito mitiga o perigo de surpresa, limitando o efeito preclusivo a questões que tenham recebido a atenção dos litigantes. Em acréscimo, a questão tem de ter sido necessária ao

---

[173] SHAPIRO, op. cit., p. 10.
[174] JAMES JR, Fleming; HAZARD JR, Geoffrey C.; LEUBSDORF, John. *Civil procedure*. 5th ed. New York: Foundation Press, 2001, p. 684.
[175] SICA, Heitor Vitor Mendonça. *Preclusão processual civil*. 2. ed. São Paulo: Atlas, 2008, p. 68.
[176] SHAPIRO, op. cit., p. 40.
[177] JAMES JR; HAZARD JR; LEUBSDORF, op. cit., p. 676-702.
[178] SHAPIRO, David L. *Preclusion in civil actions*. New York: Foundation Press, 2001, p. 46.

primeiro julgamento, assegurando que a Corte tenha entendido sua definição como significativa e digna de atenção.[179]

Há, em conclusão, três diferenças marcantes entre *claim preclusion* (ou *res judicata*) e *issue preclusion* (ou *collateral estoppel*). A *claim preclusion* impede a rediscussão de pedidos; a *issue preclusion* impede rediscussão sobre questões. A *claim preclusion* se aplica independentemente de ter havido ou não contestação sobre a matéria; a *issue preclusion* opera apenas quando uma questão foi plenamente discutida. Por fim, a *claim preclusion* impede apenas demandas posteriores sobre a mesma causa de pedir; a *issue preclusion* pode impedir a rediscussão das mesmas questões em demandas posteriores com qualquer *cause of action*.[180]

Do exame desses conceitos, percebe-se que as formas de *preclusion* analisadas a fundo na doutrina norte-americana não correspondem exatamente ao que entre nós se entende por preclusão. Embora a *issue preclusion* recaia sobre questões resolvidas no curso do feito, nem por isso se poderia identificar o conceito com o de preclusão, pois, como adverte Heitor Vitor Mendonça Sica, a *issue preclusion* incide sobre questões que têm conteúdo de direito material (e não processual), como são, notadamente, as questões prejudiciais. Nem as normas processuais nem a literatura processual dão maior atenção à estabilização das decisões que versem sobre matéria processual.[181]

Em que pese não tenha merecido isolamento e estudo científico como instituto de direito processual, no entanto, não seria exato afirmar que o direito norte-americano desconhece a preclusão. Tanto a preclusão dirigida ao juiz (preclusão de questões) quanto a preclusão dirigida às partes (perda de faculdades) estão presentes naquele ordenamento, ainda que sem a devida sistematização.

Conceito que se pode entender próximo ao da preclusão de questões é o tratado em doutrina como *law of the case*, que impede a reapreciação de questões dentro de uma mesma relação processual.

A doutrina da *law of the case* impede a rediscussão de questões decididas em fases passadas de um mesmo processo e foi concebida para manter a coerência, pôr fim ao litígio sobre certas matérias e manter o prestígio dos tribunais.[182] Quando um tribunal houver decidido uma questão de direito (pois a decisão sobre questões fáticas não estabelece *law of the case*), essa conclusão legal governará as fases subsequentes do mesmo processo.[183]

---

[179] FRIEDENTHAL, Jack H.; KANE, Mary Kay; MILLER, Arthur R. *Civil procedure.* 4th ed. St. Paul: Thompson West, 2005, p. 653.
[180] Ibidem, p. 651-652.
[181] SICA, Heitor Vitor Mendonça. *Preclusão processual civil.* 2. ed. São Paulo: Atlas, 2008, p. 69.
[182] TEPLY, Larry L; WHITENN, Ralph U.; McLAUGHLIN, Denis F. *Cases, text and problems on civil procedure.* 2nd. ed. Buffalo: William S. Hein & Co., Inc., 2002, p. 1090.
[183] HERR, David F.; HAYDOCK, Roger S.; STEMPEL, Jeffrey W. *Motion practice.* 4th ed. New York: Aspen Publishers, 2004, § 16.06.

A regra se aplica a uma questão de direito que, tendo sido decidida em um estágio anterior do processo, se apresenta novamente em um estágio posterior. A solução dada na primeira oportunidade em que a Corte houver se defrontado com a questão deverá ser tratada como correta em todos os estágios subsequentes do processo. Um mesmo tribunal, portanto, tratará suas próprias decisões como conclusivas nos procedimentos subsequentes. Assim, por exemplo, se uma determinada questão for decidida por um tribunal ao julgar recurso sobre decisão interlocutória, o mesmo tribunal, em respeito à *law of the case*, deverá, em princípio, manter a orientação sobre essa questão ao julgar recurso interposto contra a decisão final. Diz-se "em princípio" porque há algum espaço de discricionariedade para as cortes reverem o entendimento estabelecido anteriormente (por exemplo, quando o souberem passível de reforma em grau recursal), salvo se emanado de corte superior.[184]

Como visto, aproxima-se a *law of the case* à ideia de uma preclusão para o juiz, que não deverá contradizer entendimentos já externados sobre um mesma questão jurídica. Na prática, porém, a doutrina não tem o mesmo rigor da *res judicata* (*claim preclusion*) ou da *collateral estoppel* (*issue preclusion*). Como já observou a Suprema Corte, a doutrina da *law of the case* expressa meramente a prática dos tribunais de geralmente se recusarem a reabrir o que já foi decidido, não um limite a seu poder.[185]

Quanto à preclusão de faculdades das partes, em virtude da falta de exercício oportuno, não se trata de questão à qual empreste maior atenção a doutrina. O fenômeno, no entanto, ocorre também no sistema norte-americano, como se infere do exame de algumas das chamadas *Federal Rules of Civil Procedure*.

A *Rule 6* é dedicada aos prazos processuais e à sua contagem. O item b, (1), (B), contém regra análoga à constante do art. 183 do Código de Processo Civil brasileiro, estabelecendo que a Corte pode, por motivo justificado, estendê-los se a omissão da parte for escusável.[186]

A *Rule 8* elenca uma série de defesas e exceções, incumbindo o réu de apresentá-las no prazo de resposta.[187] *Claim preclusion* e *issue preclusion*, aliás, são consideradas *affirmative defenses* e, portanto, se não suscitadas pelo réu no momento

---

[184] JAMES JR, Fleming; HAZARD JR, Geoffrey C.; LEUBSDORF, John. *Civil procedure*. 5th ed. New York: Foundation Press, 2001, p. 679.

[185] FRIEDENTHAL, Jack H.; KANE, Mary Kay; MILLER, Arthur R. *Civil procedure*. 4th ed. St. Paul: Thompson West, 2005, p. 650.

[186] *Rule 6. Computing and Extending Time; Time for Motion Papers* (a) COMPUTING TIME. The following rules apply in computing any time period specified in these rules or in any local rule, court order, or statute: (...) (b) EXTENDING TIME. (1) In General. When an act may or must be done within a specified time, the court may, for good cause, extend the time: (...) (B) on motion made after the time has expired if the party failed to act because of excusable neglect.

[187] Rule 8. *General Rules of Pleading* (c) AFFIRMATIVE DEFENSES. (1) In General. In responding to a pleading, a party must affirmatively state any avoidance or affirmative defense, including: accord and satisfaction; arbitration and award; assumption of risk; contributory negligence; discharge in bankruptcy; duress; estoppel; failure of consideration; fraud; illegality; injury by fellow servant; laches; license; payment; release; res judicata; statute of frauds; statute of limitations; and waiver.

oportuno, podem ser relevadas pelo tribunal.[188] Em ambos os casos, não havendo tempestiva alegação da parte e sobrevindo decisão contrária, prevalece a segunda decisão (*"last-in-time" rule*).[189]

Em que pesem as marcantes distinções em relação ao sistema pátrio, é possível observar que também o processo norte-americano possui institutos análogos ao da preclusão, concebidos com o propósito de ordenar o procedimento e de dar agilidade ao trâmite processual.

2.4. PORTUGAL

Seguindo a tendência mundial das codificações, Portugal sepultou as Ordenações em 1876, com a criação de um Código pautado sobre princípios privatistas, com limitada atuação do juiz e marcado por formas solenes.[190]

O Código de 1939 incorporou a concentração no processo e impôs limites claros ao poder das partes de alterar o objeto litigioso, abraçando o princípio da eventualidade. Os arts. 146 e 147 estabeleciam claramente a figura da preclusão temporal (embora não com esse nome).[191]

No diploma de 1961, ainda em vigor após sucessivas reformas, o art. 145.2 regrou a preclusão temporal, estabelecendo a necessidade de observância dos prazos assinalados em lei para a prática dos atos processuais. No entanto, na linha do princípio da cooperação,[192] o art. 145.5 (com a redação do Decreto-Lei n. 324, de 27 de dezembro de 2003) estabeleceu a possibilidade de ser praticado o ato processual, independentemente de justo impedimento, dentro dos três primeiros dias úteis subsequentes ao seu termo, condicionando sua validade ao pagamento das multas ali discriminadas. Demais disso, apesar de o art. 147.1 estabelecer como regra geral a improrrogabilidade dos prazos processuais, também é permitida a prorrogação de prazos peremptórios mediante acordo das partes, por uma vez e por igual período (art. 147.2). O resultado prático é que o legislador português deixou a prorrogação de prazos ao alvedrio das partes, sem que o órgão jurisdicional tenha voz ativa no ponto.[193]

A partir da década de 1980, acentuaram-se em Portugal movimentos reformadores, cuja tônica foi a busca da simplificação e da modernização das formas

---

[188] SHAPIRO, David L. *Preclusion in civil actions*. New York: Foundation Press, 2001, p. 71.
[189] SICA, Heitor Vitor Mendonça. *Preclusão processual civil*. 2. ed. São Paulo: Atlas, 2008, p. 69.
[190] Ibidem, p. 65.
[191] Ibidem, p. 66.
[192] OLIVEIRA, Carlos Alberto Alvaro de. *Do formalismo no processo civil – proposta de um formalismo-valorativo*. 3. ed. São Paulo: Saraiva, 2009, p. 214.
[193] MITIDIERO, Daniel Francisco. *Comentários ao Código de Processo Civil*. Tomo II (Arts. 154 a 269). São Paulo: Memória Jurídica, 2005, p. 126.

de atuar, traduzindo-se em uma Justiça despida de grandes formalidades, segura e criativa, com especial destaque para a celeridade e a economia processual.[194] Na década seguinte, esses clamores se fizeram ouvir com ainda mais intensidade, operando efeitos na própria estrutura do processo civil português, que, desde 1961, vinha expressamente pautado pelo princípio da *estabilidade da instância*, de acordo com o qual as partes só poderiam alterar o objeto litigioso em casos excepcionais. O sistema de estabilidade do objeto litigioso sofreu profundas modificações por meio de reformas legislativas operadas em 1995 e 1996, que entraram em vigor em 1º de janeiro de 1997.[195]

A linha eleita pelas reformas para implementar as novas diretrizes de desburocratização e modernização combinou a acentuação da inquisitoriedade do magistrado (assim compreendido também o tribunal) e a atenuação da preclusão na alegação de fatos,[196] resultando daí significativa flexibilização do regime de preclusões no processo civil português.

No que respeita às faculdades das partes, apesar de mantido o dispositivo que determina a estabilização da instância após a citação (art. 268), as reformas legislativas estabeleceram variados casos em que essa regra pode ser atenuada. Nessa linha, o art. 272 permite a alteração do pedido e da causa de pedir, em qualquer instância, se houver acordo entre as partes, exceto quando o tumulto daí resultante for inconvenientemente grande; o art. 273, independentemente de acordo, permite a ampliação do pedido e da causa de pedir até a réplica e o art. 508.1.b permite o "aperfeiçoamento" das alegações na fase de saneamento.[197]

Por outro lado, em inovação tocante tanto aos poderes do juiz quanto às faculdades das partes, a reforma deixou claro, no art. 264, o intuito de aumentar os poderes do tribunal sobre a matéria de fato e de flexibilizar sua alegação pelas partes, distinguindo entre fatos essenciais, instrumentais e complementares (ou concretizadores).

Fatos *essenciais* são aqueles que integram a causa de pedir ou o fundamento da exceção e cuja falta determina a inviabilidade da ação ou da exceção; os fatos *instrumentais*, probatórios ou acessórios são aqueles que indiciam os fatos essenciais e que podem ser utilizados para prova indiciária destes últimos; fatos *complementares* ou concretizadores são aqueles cuja falta não constitui motivo de inviabilidade da ação ou da exceção, mas que participam de uma causa de pedir ou de uma exceção complexa e que, por isso, são indispensáveis à procedência da ação ou da exceção.[198]

---

[194] TEIXEIRA, Sálvio de Figueiredo. As reformas no processo civil, em Portugal e no Brasil. *Juriscível do STF*, São Joaquim da Barra, Legis Summa, v. 143, p. 37, 1984.
[195] SICA, Heitor Vitor Mendonça. *Preclusão processual civil*. 2. ed. São Paulo: Atlas, 2008, p. 66.
[196] SOUSA, Miguel Teixeira de. Aspectos do novo processo civil português. *Revista de Processo*, n. 86, p. 175, abr./jun. 1997.
[197] SICA, op. cit., p. 67.
[198] SOUSA, op. cit., p. 178.

A distinção é relevante para o regime da preclusão. De acordo com o art. 264.2, podem ser considerados fatos instrumentais não alegados. O momento da sua relevância processual não é o da alegação da matéria de fato, mas o da apresentação ou requerimento dos meios de prova: é neste momento que devem ser invocados os fatos instrumentais que se pretendem demonstrar com esses meios de prova (arts. 552.2, 557.1, 612, 633 e 789). Portanto, a preclusão da sua alegação só ocorre quando não for possível indicar ou requerer os meios de prova (arts. 508-A.2.a, 512.1 e 787) ou alterar os que anteriormente foram apresentados ou requeridos (arts. 512-A.1 e 787). Quanto aos fatos complementares, não se cogita de preclusão quando não alegados nos articulados, uma vez que o art. 264, n. 3 permite a sua consideração quando só sejam adquiridos durante a instrução e discussão da causa. Os fatos essenciais, por fim, devem ser invocados nos articulados (art. 264.1), mas sua omissão não acarreta necessariamente preclusão da sua alegação posterior. O regime permite que o tribunal, na fase da condensação, convide as partes a suprir as insuficiências na exposição da matéria de fato verificadas em seus articulados (art. 508.1.b), de modo que, se a falta de alegação do fato essencial não implicar uma total ininteligibilidade da causa de pedir ou do fundamento da exceção, essa omissão ainda pode ser sanada nesse momento.[199]

Finalmente, no tocante à preclusão de questões processuais, o sistema português é simples: fazem "caso julgado formal" as decisões tomadas no curso do processo, acerca das quais não foi interposto pela parte o competente recurso de agravo (art. 672). Tem-se, então, a *contrario sensu*, que as decisões irrecorríveis são revogáveis ou modificáveis a qualquer tempo.[200]

2.5. ESPANHA

A primeira Ley de Enjuiciamiento Civil espanhola veio a lume em 1855. De forte influência liberal (como, aliás, a generalidade dos diplomas da mesma época), era marcada pela liberdade das partes para deduzir os meios de ataque, defesa e produção de provas, cabendo-lhes ditar o impulso do processo. A sobrevinda de uma nova Ley de Enjuiciamiento Civil em 1881 não trouxe nenhuma inovação significativa que pudesse alterar esse cenário, por ser mera decorrência da unificação dos juízos comerciais e civis ocorrida em 1868.[201]

Alteração de relevo viria com o Real Decreto de 2 de Abril de 1924. Até então, fruto da concepção privada de processo, tinha-se na Espanha uma *Justicia rogada*, não apenas no sentido de que sem demanda não poderia haver jurisdição,

---

[199] SOUSA, Miguel Teixeira de. Aspectos do novo processo civil português. *Revista de Processo*, n. 86, p. 178-181, abr./jun. 1997.
[200] SICA, Heitor Vitor Mendonça. *Preclusão processual civil*. 2. ed. São Paulo: Atlas, 2008, p. 67-68.
[201] Ibidem, p. 63.

mas também no sentido de que para que se avançasse no procedimento era necessário que as partes assim o solicitassem. No intuito de corrigir os inevitáveis retardamentos que daí advinham, o Real Decreto estabeleceu prazos processuais e consagrou o sistema do impulso oficial, incumbindo o juiz de dar ao processo o curso correspondente.[202]

A esta altura, como se extrai da obra de Juan Montero Aroca, a preclusão já tinha plena vigência na LEC, que estabelecia prazos preclusivos para a apresentação de documentos (art. 506), para a contestação (arts. 530 e 541), para a réplica (art. 546) e para a prova (art. 553) e estabelecia a cumulação eventual das exceções dilatórias a um só tempo e em um mesmo escrito (art. 536), regras essas fruto da compreensão de que uma certa dose de preclusão se há de encontrar em todos os procedimentos, sejam quais forem os princípios básicos que os informem.[203] Na avaliação de José de Moura Rocha, a preclusão apareceu no direito espanhol de forma bastante rígida.[204]

A Ley de Enjuiciamiento Civil sofreu ainda várias reformas, em especial em 1984 e 1991, até ser substituída por outra apenas em 2000. Após tantos anos de vigência do vetusto diploma, a Ley de Enjuiciamiento Civil de 2000 veio com o objetivo declarado de tornar o processo mais efetivo, dando à almejada efetividade o sentido de garantir uma "resposta mais pronta" e de dotar o processo de uma maior capacidade de "transformação real das coisas".[205] O meio que encontrou o legislador para garantir a efetividade foi privilegiar a imediação, a concentração e a oralidade.[206]

Como corolário da concentração, a atual LEC consagrou, em vários dispositivos, a regra da eventualidade, que já aparecia desde o Real Decreto de 1924 como solução técnica para evitar os efeitos consumativos da preclusão: havendo, no mesmo momento processual, várias alegações a realizar, várias exceções a opor ou várias provas a articular, devem-se acumulá-las todas de uma vez.[207]

---

[202] SOTELO, José L. Vázquez; ARNAIZ, Alejandro Saiz; PERALES, Enrique Bonete; CARRILLO, Marc; FERRAJOLI, Luigi; OLIVARES, Gonzalo Quintero; SOTELO, José L. Vázquez; BAAMONDE, Maria Emilia Casas; PARAMIO, Ludolfo; BARATTA, Alessandro; MALDONADO, Aurelio Luna; RODRÍGUEZ, Marceliano Gutiérrez. *Responsa iurisperitorum digesta*. Salamanca: Ediciones Universidad de Salamanca, 2000, v. 1, p. 145-146.

[203] AROCA, Juan Montero. *Introducción al derecho procesal – jurisdicción, acción y proceso*. Madrid: Tecnos, 1976, p. 266-268.

[204] ROCHA, José de Moura. *Da preclusão e da atividade processual das partes*. Recife: Mousinho, 1959, p. 86.

[205] Eis significativo trecho de sua Exposição de Motivos: "Justicia civil efectiva significa, por consustancial al concepto de Justicia, plenitud de garantías procesales. Pero tiene que significar, a la vez, una respuesta judicial más pronta, mucho más cercana en el tiempo a las demandas de tutela, y con mayor capacidad de transformación real de las cosas. Significa, por tanto, un conjunto de instrumentos encaminados a lograr un acortamiento del tiempo necesario para una definitiva determinación de lo jurídico en los casos concretos, es decir, sentencias menos alejadas del comienzo del proceso, medidas cautelares más asequibles y eficaces, ejecución forzosa menos gravosa para quien necesita promoverla y con más posibilidades de éxito en la satisfacción real de los derechos e intereses legítimos".

[206] SICA, Heitor Vitor Mendonça. *Preclusão processual civil*. 2. ed. São Paulo: Atlas, 2008, p. 63.

[207] SOTELO, José L. Vázquez; ARNAIZ, Alejandro Saiz; PERALES, Enrique Bonete; CARRILLO, Marc; FERRAJOLI, Luigi; OLIVARES, Gonzalo Quintero; SOTELO, José L. Vázquez; BAAMONDE, Maria Emilia Casas;

O art. 400.1 da LEC estabelece a preclusão de alegação de fatos e de fundamentos jurídicos, impondo ao autor deduzi-los todos de uma só vez.[208] O objetivo desse dispositivo é evitar a desnecessária proliferação de pretensões em processos separados que poderiam fazer-se valer em um mesmo processo. Tecnicamente, o que o art. 400 da LEC dispõe é que se o autor pode fundar seu pedido em mais de uma causa de pedir – todas existentes no momento da propositura da ação –, tem o ônus processual de fazê-lo, sob pena de preclusão.[209]

O art. 412 da LEC, ainda na linha da concentração e da obediência à regra da eventualidade, proíbe a *mutatio libelli*. Não se trata de proibição absoluta de novas alegações, mas sim de vedação a modificações substanciais.[210] O significado do dispositivo é que nem ao demandante é permitido exercitar novas ações, nem ao demandado opor novas exceções. Duas são as razões dessa regra: em primeiro lugar, garantir o direito de defesa da parte contrária; em segundo lugar, estabelecer uma regra de preclusão à determinação do objeto do processo com a finalidade de garantir sua ordenada tramitação. No entanto, essas duas finalidades não se veem ameaçadas pelo fato de que as partes possam fazer alegações complementares que não impliquem modificações substanciais.[211]

De resto, há na atual LEC diversas regras limitadoras da atuação das partes, que fica subordinada à observância de termos e prazos. Conforme o art. 134.1, os prazos processuais são, de regra, improrrogáveis,[212] estando a preclusão temporal expressamente prevista no art. 136,[213] segundo o qual, passado o prazo assinalado em lei, a parte perderá a oportunidade de praticar o ato de que se trate. Essa dispo-

---

PARAMIO, Ludolfo; BARATTA, Alessandro; MALDONADO, Aurelio Luna; RODRÍGUEZ, Marceliano Gutiérrez. *Responsa iurisperitorum digesta*. Salamanca: Ediciones Universidad de Salamanca, 2000, v. 1, p. 146-147.

[208] Artículo 400. Preclusión de la alegación de hechos y fundamentos jurídicos. 1. Cuando lo que se pida en la demanda pueda fundarse en diferentes hechos o en distintos fundamentos o títulos jurídicos, habrán de aducirse en ella cuantos resulten conocidos o puedan invocarse al tiempo de interponerla, sin que sea admisible reservar su alegación para un proceso ulterior. La carga de la alegación a que se refiere el párrafo anterior se entenderá sin perjuicio de las alegaciones complementarias o de hechos nuevos o de nueva noticia permitidos en esta Ley en momentos posteriores a la demanda ya la contestación.

[209] GIMÉNEZ, Ignacio Díez-Picazo; SANTOS, Andrés de La Oliva. (Coord.) *Derecho procesal civil:* el proceso de declaración. 3. ed. Madrid: Centro de Estudios Ramón Areces, 2004, p. 277.

[210] Artículo 412. Prohibición del cambio de demanda y modificaciones admisibles. 1. Establecido lo que sea objeto del proceso en la demanda, en la contestación y, en su caso, en la reconvención, las partes no podrán alterarlo posteriormente. 2. Lo dispuesto en el apartado anterior ha de entenderse sin perjuicio de la facultad de formular alegaciones complementarias, en los términos previstos en la presente Ley.

[211] GIMÉNEZ, Ignacio Díez-Picazo; SANTOS, Andrés de La Oliva. (Coord.) *Derecho procesal civil:* el proceso de declaración. 3. ed. Madrid: Centro de Estudios Ramón Areces, 2004, p. 284.

[212] Artículo 134. Improrrogabilidad de los plazos. 1. Los plazos establecidos en esta Ley son improrrogables. 2. Podrán, no obstante, interrumpirse los plazos y demorarse los términos en caso de fuerza mayor que impida cumplirlos, reanudándose su cómputo en el momento en que hubiera cesado la causa determinante de la interrupción o demora. La concurrencia de fuerza mayor habrá de ser apreciada por el tribunal, de oficio o a instancia de la parte que la sufrió, con audiencia de las demás.

[213] Artículo 136. Preclusión. Transcurrido el plazo o pasado el término señalado para la realización de un acto procesal de parte se producirá la preclusión y se perderá la oportunidad de realizar el acto de que se trate. El Secretario Judicial dejará constancia del transcurso del plazo por medio de diligencia y acordará lo que proceda o dará cuenta al tribunal a fin de que dicte la resolución que corresponda.

sição se aplica a todas as situações em que se fixam prazos às partes, indistintamente, o que acentua a característica preclusiva do processo civil espanhol.[214]

A revelia, por exemplo, também traz consigo a preclusão, impedindo que o réu que compareça posteriormente pratique atos para os quais o prazo já expirou (art. 499 da LEC).[215] Há, no entanto, uma exceção: o demandado declarado revel que, por qualquer causa a si não imputável, tenha comparecido em momento posterior ao próprio para a produção da prova, poderá pedir em segunda instância que se pratiquem todos os meios de prova que convenham ao seu direito (art. 460.3 da LEC).[216]

O art. 265.1 da LEC[217] impõe que a inicial e a contestação se façam acompanhar dos documentos já existentes por ocasião do ajuizamento ou da resposta, ou seja, das provas pré-constituídas. Trata-se de um ônus que, não observado, acarreta a inviabilidade de exercício posterior, o que evidencia o caráter preclusivo da estipulação.[218]

A apresentação de documentos em momento não inicial do processo só se admite excepcionalmente, na forma do art. 270.1,[219] quando forem posteriores à

---

[214] SICA, Heitor Vitor Mendonça. *Preclusão processual civil*. 2. ed. São Paulo: Atlas, 2008, p. 63-65.

[215] Artículo 499. Comparecencia posterior del demandado. Cualquiera que sea el estado del proceso en que el demandado rebelde comparezca, se entenderá con él la sustanciación, sin que ésta pueda retroceder en ningún caso.

[216] Artículo 460. Documentos que pueden acompañarse al escrito de interposición. Solicitud de pruebas. 1. Sólo podrán acompañarse al escrito de interposición los documentos que se encuentren en alguno de los casos previstos en el artículo 270 y que no hayan podido aportarse en la primera instancia. 2. En el escrito de interposición se podrá pedir, además, la práctica en segunda instancia de las pruebas siguientes: 1ª Las que hubieren sido indebidamente denegadas en la primera instancia, siempre que se hubiere intentado la reposición de la resolución denegatoria o se hubiere formulado la oportuna protesta en la vista. 2ª Las propuestas y admitidas en la primera instancia que, por cualquier causa no imputable al que las hubiere solicitado, no hubieren podido practicarse, ni siquiera como diligencias finales. 3ª Las que se refieran a hechos de relevancia para la decisión del pleito ocurridos después del comienzo del plazo para dictar sentencia en la primera instancia o antes de dicho término siempre que, en este último caso, la parte justifique que ha tenido conocimiento de ellos con posterioridad.

[217] Artículo 265. Documentos y otros escritos y objetos relativos al fondo del asunto. 1. A toda demanda o contestación habrán de acompañarse: 1º Los documentos en que las partes funden su derecho a la tutela judicial que pretenden. 2º Los medios e instrumentos a que se refiere el apartado 2 del artículo 299, si en ellos se fundaran las pretensiones de tutela formuladas por las partes. 3º Las certificaciones y notas sobre cualesquiera asientos registrales o sobre el contenido de libros registro, actuaciones o expedientes de cualquier clase. 4º Los dictámenes periciales en que las partes apoyen sus pretensiones, sin perjuicio de lo dispuesto en los artículos 337 y 339 de esta Ley. En el caso de que alguna de las partes sea titular del derecho de asistencia jurídica gratuita no tendrá que aportar con la demanda o con la contestación el dictamen, sino simplemente anunciarlo de acuerdo con lo que prevé el apartado 1 del artículo 339. 5º Los informes, elaborados por profesionales de la investigación privada legalmente habilitados, sobre hechos relevantes en que aquéllas apoyen sus pretensiones.

[218] GIMÉNEZ, Ignacio Díez-Picazo; SANTOS, Andrés de La Oliva. (Coord.) *Derecho procesal civil*: el proceso de declaración. 3. ed. Madrid: Centro de Estudios Ramón Areces, 2004, p. 279.

[219] Artículo 270. Presentación de documentos en momento no inicial del proceso. 1. El tribunal después de la demanda y la contestación, o, cuando proceda, de la audiencia previa al juicio, sólo admitirá al actor o al demandado los documentos, medios e instrumentos relativos al fondo del asunto cuando se hallen en alguno de los casos siguientes: 1º Ser de fecha posterior a la demanda o a la contestación o, en su caso, a la audiencia previa al juicio, siempre que no se hubiesen podido confeccionar ni obtener con anterioridad a dichos momentos procesales. 2º Tratarse de documentos, medios o instrumentos anteriores a la demanda o contestación o, en su caso, a la audiencia previa al juicio, cuando la parte que los presente justifique no haber tenido antes conocimiento de

inicial, contestação ou audiência preliminar; quando a parte justifique não ter deles tomado conhecimento anteriormente ou quando não tenham sido obtidos anteriormente por causas não imputáveis à parte, sempre que assim houver sido consignado oportunamente, com indicação do arquivo, protocolo, lugar ou registro em que se encontrem, na forma do art. 265.2.

No tocante às atividades do juiz, a LEC não emprega o termo *preclusión*. Inequivocamente, no entanto, veda o retrocesso, a reapreciação ou o desdizer-se, como resta claro da leitura do seu art. 207. O item 2 do aludido dispositivo dispõe serem "firmes" as decisões contra as quais a lei não dá às partes recurso algum ou aquelas para as quais já se tenha expirado o prazo recursal sem oportuna impugnação e os itens 3 e 4 dizem que o juiz ou tribunal deve se ater a tais decisões,[220] produzindo-se, pois, sua imutabilidade. Já o art. 214 dispõe sobre a impossibilidade de se alterarem julgamentos já proferidos, salvo para aclaramento ou correção de erro material, este último caso comportando modificação a qualquer tempo.[221]

Desse breve exame se observa ser a preclusão instituto muito conhecido e de amplo espectro de atuação no processo civil espanhol, que, primando por claras diretrizes de ordem e de segurança, se apresenta hoje bastante rígido na sua aplicação.

---

su existencia. 3º No haber sido posible obtener con anterioridad los documentos, medios o instrumentos, por causas que no sean imputables a la parte, siempre que haya hecho oportunamente la designación a que se refiere el apartado 2 del artículo 265, o en su caso, el anuncio al que se refiere el número 4 o del apartado primero del artículo 265 de la presente Ley.

[220] Artículo 207. Resoluciones definitivas. Resoluciones firmes. Cosa juzgada formal. 1. Son resoluciones definitivas las que ponen fin a la primera instancia y las que decidan los recursos interpuestos frente a ellas. 2. Son resoluciones firmes aquéllas contra las que no cabe recurso alguno bien por no preverlo la ley, bien porque, estando previsto, ha transcurrido el plazo legalmente fijado sin que ninguna de las partes lo haya presentado. 3. Las resoluciones firmes pasan en autoridad de cosa juzgada y el tribunal del proceso en que hayan recaído deberá estar en todo caso a lo dispuesto en ellas. 4. Transcurridos los plazos previstos para recurrir una resolución sin haberla impugnado, quedará firme y pasada en autoridad de cosa juzgada, debiendo el tribunal del proceso en que recaiga estar en todo caso a lo dispuesto en ella.

[221] Artículo 214. Invariabilidad de las resoluciones. Aclaración y corrección. 1. Los tribunales no podrán variar las resoluciones que pronuncien después de firmadas, pero sí aclarar algún concepto oscuro y rectificar cualquier error material de que adolezcan. 2. Las aclaraciones a que se refiere el apartado anterior podrán hacerse de oficio dentro de los dos días hábiles siguientes al de la publicación de la resolución, o a petición de parte o del Ministerio Fiscal formulada dentro del mismo plazo, siendo en este caso resuelta por el tribunal dentro de los tres días siguientes al de la presentación del escrito en que se solicite la aclaración. 3. Los errores materiales manifiestos y los aritméticos en que incurran las resoluciones judiciales podrán ser rectificados en cualquier momento.

3. Fundamentos e princípios informadores

3.1. ORDENAÇÃO, FORMALISMO E DEVIDO PROCESSO LEGAL

Segundo observado por Betti, a preclusão é manifestação típica da autorresponsabilidade das partes, e, ao mesmo tempo, garantia de um ordenado e rápido desenvolvimento do processo, nas diretivas que lhe são marcadas pela sua própria lógica.[222] O instituto da preclusão desempenha papel fundamental na disciplina interna do processo, garantindo seu avanço contínuo e evitando agires desordenados, que comprometeriam seus resultados.

Embora a jurisdição seja inerte, a depender de provocação do interessado, o processo, uma vez instaurado, não pode ficar à mercê das partes, em virtude do predomínio do interesse público sobre o particular, a exigir que a relação processual, uma vez iniciada, se desenvolva e conclua no mais breve tempo possível, exaurindo-se, assim, o dever estatal de prestar o serviço jurisdicional. O Estado moderno não apenas retira dos interessados a solução privada dos conflitos (vedação da autotutela e monopólio da jurisdição), mas impõe limites à atividade individual também no curso do processo, a fim de que este prossiga com rapidez e regularidade. A preclusão é expressão desses limites.[223]

A razão de ser do instituto se prende em boa parte a imperativos de ordem, impondo a obediência a formas e termos preestabelecidos, não por exacerbado culto ao rito, mas por respeito às garantias fundamentais das próprias partes. A ideia subjacente à preclusão é a de que o procedimento não deve ser interrompido ou embaraçado, mas caminhar sempre avante, de forma ordenada e proba, vedando-se atuações extemporâneas, contraditórias (maliciosas) ou repetitivas.[224]

---

[222] BETTI, Emilio. *Diritto processuale civile italiano*. 2. ed. Roma: Foro Italiano, 1936, p. 59.
[223] CINTRA, Antônio Carlos Araújo; GRINOVER, Ada Pellegrini; DINAMARCO, Cândido Rangel. *Teoria geral do processo*. 22. ed. São Paulo: Malheiros, 2006, p. 350.
[224] DIDIER JÚNIOR, Fredie. *Curso de direito processual civil*. 10. ed. Salvador: JusPodivm, 2008, p. 271-272. (Teoria geral do processo e processo de conhecimento; v. 1).

Dentre os fundamentos da preclusão, sobressai, portanto, a necessidade de ordenação, obtida por meio da obediência às formalidades que conferem ao processo um movimento constante e lógico. Por impor óbices às atividades dos sujeitos processuais, a preclusão poderia ser vista, em uma análise mais rasa e simplória, como entrave à realização dos objetivos do processo, pois "no ambiente cultural brasileiro, quando se fala em 'formalismo' geralmente não se tem em mente o seu sentido positivo, mas apenas e tão somente o negativo".[225]

Não há razão, no entanto, para se adotar visão tão estreita. Como já lembrava Montesquieu, ao abrir o Livro 29 da obra "O Espírito das Leis", "as formalidades da Justiça são necessárias para a liberdade".[226] O instituto da preclusão tem um de seus principais alicerces firmado justamente nessa compreensão, bem sintetizada por Carlos Alberto Alvaro de Oliveira:

> O formalismo processual contém, portanto, a própria idéia do processo como organização da desordem, emprestando previsibilidade a todo o procedimento. Se o processo não obedecesse a uma ordem determinada, cada ato devendo ser praticado a seu devido tempo e lugar, fácil entender que o litígio desembocaria numa disputa desordenada, sem limites ou garantias para as partes, prevalecendo ou podendo prevalecer a arbitrariedade e a parcialidade do órgão judicial ou a chicana do adversário.[227]

Segundo Chiovenda, a ideia central da preclusão parte de que a organização jurídica não se limita a regular as atividades processuais e a sua forma, mas regula o próprio desenvolvimento da relação processual, estabelecendo uma ordem legal entre essas atividades. O objetivo do legislador é dar maior precisão ao processo, tornar possível a declaração definitiva dos direitos e garantir seu exato cumprimento. Com este fim, explica, o legislador adota também outras medidas, reprimindo as dilações na instrução ou no desenvolvimento do feito, impondo penalidades, reprimindo coisas supérfluas e negando a repetição de atos inúteis. Mas mais eficazmente atende a tal fim por meio da preclusão.[228]

Ao fixar limites lógicos ou temporais à prática dos atos processuais, a preclusão atua criando um formalismo sadio, que confere segurança às partes. A lei traça um modelo dos atos do processo, sua sequência e seu encadeamento, oferecendo com isso a garantia de que cada procedimento terá conformidade com o caminho preestabelecido.[229] A obediência à forma, aí, atua como fator de segurança, com arrimo na percepção de que as formas se justificam apenas enquanto ligadas a algum conteúdo, a algum *valor* considerado importante.[230]

---

[225] OLIVEIRA, Carlos Alberto Alvaro de. *Do formalismo no processo civil – proposta de um formalismo-valorativo*. 3. ed. São Paulo: Saraiva, 2009, p. XIII.
[226] MONTESQUIEU, Charles de Secondat, Baron de. *O espírito das leis*. São Paulo: Martins Fontes, 1993, p. 619.
[227] OLIVEIRA, op. cit., p. 09.
[228] CHIOVENDA, Giuseppe. *Princípios de derecho procesal civil*. Tomo II. Madrid: Reus, 1925, p. 357-358.
[229] DINAMARCO, Cândido Rangel. *A instrumentalidade do processo*. 12. ed. São Paulo: Malheiros, 2005, p. 154.
[230] OLIVEIRA, Carlos Alberto Alvaro de. *Do formalismo no processo civil – proposta de um formalismo-valorativo*. 3. ed. São Paulo: Saraiva, 2009, p. 08.

Não é difícil compreender que há valores caros ao sistema processual por trás do formalismo imposto pelas regras concernentes à preclusão. As formas processuais – ensina Liebman – respondem a uma necessidade de ordem, de certeza e de eficiência, e a sua escrupulosa observância representa uma garantia de regular e leal desenvolvimento do processo e de respeito aos direitos das partes.[231] O formalismo é, pois, elemento fundador tanto da efetividade quanto da segurança do processo, sendo que a efetividade decorre do seu poder organizador e ordenador (capaz de afastar a desordem, o caos e a confusão que não colaboram para um processo ágil e eficaz) e a segurança deriva do seu poder disciplinador.[232]

A preclusão tem íntima relação com o formalismo processual: sua adoção mais ou menos rígida conduz a maior ou menor elasticidade processual, a maior ou menor liberdade das partes, influenciando a própria atividade do órgão judicial na condução do processo.[233] É, pois, instituto fundamental para o bom desenvolvimento do processo, constituindo "uma das principais técnicas para a estruturação do procedimento e, pois, para a delimitação das regras que compõem o formalismo processual", tendo o mérito de evitar o retrocesso e a insegurança jurídica.[234]

Assim como a coisa julgada, também a preclusão assume a tarefa de garantir aos litigantes pisar terreno sólido. A necessidade de observância das regras concernentes à preclusão decorre de imperativos de pacificação e de segurança jurídica, no sentido de que as partes possam contar com um sistema preestabelecido. Desvios ou omissões quanto a esse plano de trabalho constituem violações à garantia constitucional do devido processo legal.[235]

É, de fato, estreita a vinculação do instituto da preclusão com a observância do devido processo legal, princípio fundamental do processo civil, base sobre a qual todos os outros princípios se sustentam.[236] Os limites propostos pelo presente estudo impedem maior aprofundamento sobre o conteúdo desta que é considerada "a síntese de todas as garantias estabelecidas para a realização dos direitos",[237] sendo necessário, no entanto, dedicar-lhe algumas linhas.

Abstraindo-se a conhecida duplicidade de acepções da cláusula[238] e elegendo-se seu aspecto processual como o que mais diretamente interessa ao tema ora

---

[231] LIEBMAN, Enrico Tullio. *Manuale di diritto processuale civile*. v. 1. 4. ed. Milano: Giuffrè, 1984, p. 201.
[232] OLIVEIRA, op. cit., p. 77.
[233] Ibidem, p. 201.
[234] DIDIER JÚNIOR, Fredie. *Curso de direito processual civil*. 10. ed. Salvador: JusPodivm, 2008, p. 271. (Teoria geral do processo e processo de conhecimento; v. 1).
[235] DINAMARCO, Cândido Rangel. *A instrumentalidade do processo*. 12. ed. São Paulo: Malheiros, 2005, p. 154.
[236] NERY JÚNIOR, Nelson. *Princípios do processo civil na Constituição Federal*. 6. ed. São Paulo: Revista dos Tribunais, 2000, p. 31. Segundo o autor, "tendo adotado o princípio, sequer seria necessário que a Constituição Federal consagrasse as demais garantias asseguradoras de um processo e uma sentença justa".
[237] PORTO, Sérgio Gilberto; USTÁRROZ, Daniel. *Lições de direitos fundamentais no processo civil – o conteúdo processual da Constituição Federal*. Porto Alegre: Livraria do Advogado, 2009, p. 121.
[238] A doutrina e a jurisprudência atualmente desmembram a garantia constitucional do devido processo legal (art. 5º, LIV da Constituição Federal) em dois aspectos ou modalidades, tratando de devido processo legal em sentido

proposto, pode-se compreender o devido processo legal como uma fórmula que envolve o conjunto das garantias que asseguram às partes o exercício de suas faculdades e poderes processuais e aos órgãos judiciais o exercício da jurisdição, configurando salvaguarda do próprio processo. Compreende-se no princípio o direito ao procedimento adequado, aderente à realidade social.[239] Em síntese, em que pese a dificuldade de definição, parece acertado entender que o devido processo legal "no plano processual, representa a asseguração do exercício judicial de todas as garantias constitucionalmente reconhecidas pela ordem jurídica"[240] e "compreende a estruturação correta do procedimento".[241]

É direito constitucional do cidadão o cumprimento pelo Estado do procedimento legal previsto na ordem jurídica processual. O respeito ao procedimento traduz a forma legítima de outorgar a jurisdição justa propugnada pela Constituição; sua inobservância, por outro lado, constitui violação do princípio da legalidade e da garantia do devido processo legal formal.[242] Na síntese de Fredie Didier Júnior, "o devido processo legal em sentido formal é, basicamente, o direito a ser processado e a processar de acordo com normas previamente estabelecidas para tanto".[243]

---

formal ou processual e em sentido substancial ou material, pois, como afirma Juarez Freitas, a Constituição Federal, com a norma do art. 5º, LIV, quis assegurar um processo justo e de resultados justos (meios e fins). (FREITAS, Juarez. *A interpretação sistemática do direito*. 4. ed. São Paulo: Malheiros, 2004, p. 279). O aspecto formal é o que mais diretamente interessa ao estudo ora desenvolvido, a ele se dedicando, no presente capítulo, algumas linhas. O aspecto material da cláusula do devido processo se vincula ao chamado princípio da proporcionalidade (DIDIER JÚNIOR, Fredie. *Curso de direito processual civil*. 10. ed. Salvador: *Jus*Podivm, 2008, p. 34. (Teoria geral do processo e processo de conhecimento; v. 1)), que compreende três subprincípios ou momentos metodológicos: adequação, necessidade e proporcionalidade em sentido estrito. Inicialmente, verificando o pressuposto da adequação, deve o intérprete aferir se a medida questionada representa o meio certo para realização de um fim. Examina-se a conformidade ou validade do fim, verificando-se se a medida é suscetível de atingi-lo (BONAVIDES, Paulo. *Curso de direito constitucional*. 16. ed. São Paulo: Malheiros, 2005, p. 396-397). O pressuposto da adequação exige, pois, que as medidas adotadas mostrem-se aptas a atingir os objetivos pretendidos (MENDES, Gilmar Ferreira. *Direitos fundamentais e controle de constitucionalidade*. 2. ed. São Paulo: Celso Bastos, 1999, p. 43). O segundo passo metodológico ou pressuposto a examinar, de acordo com o princípio da proporcionalidade, é o necessidade. De acordo com a exigência da necessidade, de todas as medidas que igualmente servem à obtenção de um fim, cumpre eleger aquela menos nociva aos interesses do cidadão (BONAVIDES, op. cit., p. 397). Finalmente, há que se perquirir sobre a proporcionalidade em sentido estrito, também chamada razoabilidade, pois mesmo uma medida adequada e necessária poderá ser desproporcional (SARLET, Ingo Wolfgang. Constituição, proporcionalidade e direitos fundamentais: o direito penal entre proibição de excesso e de insuficiência. *Boletim da Faculdade de Direito da Universidade de Coimbra*. (Separata). Coimbra, 2005, v. LXXXI, p. 365). A proporcionalidade em sentido estrito traduz-se na justa medida (CANOTILHO, José Joaquim Gomes. *Direito constitucional e teoria da Constituição*. 7. ed. Coimbra: Almedina, 2003, p. 457). Um juízo definitivo sobre a proporcionalidade ou razoabilidade da medida há de resultar da rigorosa ponderação entre o significado da intervenção para o atingido e os objetivos perseguidos. (MENDES, op. cit., p. 44).

[239] CINTRA, Antônio Carlos Araújo; GRINOVER, Ada Pellegrini; DINAMARCO, Cândido Rangel. *Teoria geral do processo*. 22. ed. São Paulo: Malheiros, 2006, p. 88.

[240] PORTO, Sérgio Gilberto. *Ação rescisória atípica*. São Paulo: Revista dos Tribunais, 2009, p. 183.

[241] OLIVEIRA, Carlos Alberto Alvaro de. *Do formalismo no processo civil – proposta de um formalismo-valorativo*. 3. ed. São Paulo: Saraiva, 2009, p. 102.

[242] PORTO, Sérgio Gilberto. *A crise de eficiência do processo*. In: FUX, Luiz; NERY JÚNIOR, Nelson; WAMBIER, Teresa Arruda Alvim (Coord.) *Processo e constituição*: estudos em homenagem ao Professor José Carlos Barbosa Moreira. São Paulo: Revista dos Tribunais, 2006, p. 189.

[243] DIDIER JÚNIOR, Fredie. *Curso de direito processual civil*. 10. ed. Salvador: *Jus*Podivm, 2008, p. 39. (Teoria geral do processo e processo de conhecimento; v. 1).

Dentre essas normas, estão as concernentes à preclusão, idealizadas para conferir ao processo um caminho ordenado.

Assim, a observância da ordem processual e das formas do procedimento, com prevalência da cláusula *due process of law*, é penhor de segurança para os contendores.[244]

Em que pese sejam evidentes as virtudes da obediência às regras formais, bem verdade que nem por isso devem elas se sobrepor aos objetivos maiores do processo. No fundo, o princípio representa a expressão constitucional do formalismo processual: "o informalismo excessivo (em que as partes perigam soçobrar ao arbítrio e ao poder do Estado) e o excesso de formalismo (em que o conteúdo – o direito material e a justiça – corre o risco de periclitar por razões de forma) estabelecem os seus limites extremos".[245]

Embora inegável a relevância do formalismo processual por seu poder ordenador, há que se atentar, pois, para o perigo dos extremos, dos procedimentos excessivamente rígidos ou das interpretações intransigentes. Há que se ter presente, como vem ponderando a moderna doutrina do direito processual, que toda a organização e a estrutura do processo encontram sua razão de ser nos valores e princípios constitucionais por ele incorporados e que a técnica processual destina-se a assegurar o justo processo, assim entendido aquele desejado pelo legislador ao estabelecer o modelo constitucional ou devido processo constitucional.[246]

O manejo das técnicas processuais voltadas à ordenação do processo, assim, não pode estar inteiramente distanciado de uma visão teleológica, que repudia a compreensão das regras processuais como fins em si mesmas e as insere, ao revés, como instrumentos a serviço da realização dos verdadeiros fins (materiais) do processo. Não é nova no universo doutrinário essa perspectiva instrumentalista, ao menos em sua nuance mais difundida.

Como assinala Dinamarco, o aspecto negativo da instrumentalidade do processo já é uma conquista metodológica da atualidade, uma tomada de consciência de que ele não é fim em si mesmo e portanto as suas regras não têm valor absoluto que sobrepuje as do direito substancial e as exigências sociais de pacificação de conflitos e conflitantes.[247]

A esse aspecto negativo, no entanto, soma-se uma segunda faceta da instrumentalidade: "O endereçamento positivo do raciocínio instrumental conduz à ideia de efetividade do processo, entendida como capacidade de exaurir os objetivos que o legitimam no contexto jurídico-social e político".[248]

---

[244] DINAMARCO, Cândido Rangel. *A instrumentalidade do processo*. 12. ed. São Paulo: Malheiros, 2005, p. 329.

[245] OLIVEIRA, Carlos Alberto Alvaro de. *Do formalismo no processo civil – proposta de um formalismo-valorativo*. 3. ed. São Paulo: Saraiva, 2009, p. 103.

[246] BEDAQUE, José Roberto dos Santos. *Efetividade do processo e técnica processual*. 2. ed. São Paulo: Malheiros, 2007, p. 26.

[247] DINAMARCO, Cândido Rangel. *A instrumentalidade do processo*. 12. ed. São Paulo: Malheiros, 2005, p. 326.

[248] Ibidem, p. 326.

Nessa perspectiva, há que se evitar, tanto quanto possível, que as formas sejam um entrave ou um obstáculo à plena consecução do escopo do processo, que sufoquem a substância do direito.[249] Ao processo cabe a realização dos projetos do direito material. A instrumentalidade do processo pauta-se na premissa de que o direito é valor que deve presidir a criação, a interpretação e a aplicação das regras processuais.[250] A instrumentalidade do sistema processual é alimentada pela visão dos resultados que dele se esperam, em nome dos quais devem ser empreendidos um correto direcionamento do sistema e uma adequação do instrumental que o compõe.[251]

No que diz respeito ao regime das preclusões, forte expressão do formalismo processual, também é válida a lição. É de Galeno Lacerda o alerta de que "a mecanização do processo, através de têrmos rígidos, eivados do automatismo das preclusões; o amor à forma, em detrimento da substância e da finalidade do ato, constituem manifestações de um direito pouco evoluído",[252] mas já na obra de Chiovenda, responsável por lançar as primeiras luzes de ciência sobre o instituto, registravam-se os inconvenientes do excesso e da falta de preclusões.[253]

Encontrar a medida adequada à rigidez do procedimento é tarefa que exige cautela. Ainda que se devam ter presentes os inconvenientes do culto à forma, há que se recordar, com Alves Barbosa, que a preclusão é instituto dos mais importantes, no qual repousa a eficiência do processo, estabelecendo ordem, disciplina e lógica.[254] Como adverte Bedaque, é missão do processualista buscar fórmulas para simplificar o processo, mas com o cuidado de não comprometer alguns valores essenciais à segurança, pois a forma, na medida certa, é fator de garantia.[255]

Solução adequada, para Galeno Lacerda, deve subordinar a preclusão à natureza da questão versada, dosando-se as necessidades de economia e certeza com os preceitos da justiça, dentro de um esquema imposto pelas exigências da realidade.[256] A proposta é tão sensata quanto complexa, como evidencia a prática processual (*infra*, capítulo 5).

---

[249] LIEBMAN, Enrico Tullio. *Manuale di diritto processuale civile*. 4. ed. Milano: Giuffrè, 1984, v. 1, p. 201.
[250] DIDIER JÚNIOR, Fredie. *Curso de direito processual civil*. 10. ed. Salvador: *Jus*Podivm, 2008, p. 58. (Teoria geral do processo e processo de conhecimento; v. 1).
[251] DINAMARCO, op. cit., p. 183.
[252] LACERDA, Galeno. *Despacho saneador*. 2. ed. Porto Alegre: Fabris, 1985, p. 155-156.
[253] CHIOVENDA, Giuseppe. Cosa giudicata e competenza. In: *Saggi di diritto processuale civile*. Milano: Giuffrè, 1993, v. 2, p. 414.
[254] BARBOSA, Antônio Alberto Alves. *Da preclusão processual civil*. São Paulo: Revista dos Tribunais, 1955, p. 48.
[255] BEDAQUE, José Roberto dos Santos. *Efetividade do processo e técnica processual*. 2. ed. São Paulo: Malheiros, 2007, p. 25.
[256] LACERDA, Galeno. *Despacho saneador*. 2. ed. Porto Alegre: Fabris, 1985, p. 156.

3.2. CELERIDADE, RAZOÁVEL DURAÇÃO E EFETIVIDADE DO PROCESSO

Atormenta os tribunais o problema da morosidade do processo, de causas tão investigadas e debatidas quanto perenes e resistentes. Não se trata de preocupação nova, nem de exclusividade nacional, constituindo, ao revés, a motivação de incessantes esforços entre nós e alhures. Comoglio, lembrando que o tema preocupava já no Direito Romano, qualifica a excessiva duração do processo como o "vício congênito" ou o "pecado original" dos principais modelos de procedimento, em qualquer latitude e em qualquer época.[257] Nada a estranhar que a história do processo civil, a partir do iluminismo europeu, tenha sido marcada pelo esforço em tornar o processo mais racional, menos complicado e, sobretudo, mais célere.[258]

José Rogério Cruz e Tucci, em conhecida obra em que aborda com invulgar profundidade a questão do tempo no processo, afirma que o problema da excessiva duração do processo judicial é tão antigo quanto o próprio direito processual: "desde o nascimento do processo de conotação pública, no direito romano pós-clássico, vêm testemunhados os efeitos desfavoráveis que a demora no término das demandas acarreta para a justiça".[259] A partir dessa constatação, vencida uma etapa em que a ciência processual ainda se afirmava como tal (e por isso privilegiava o aspecto meramente técnico, atribuindo ao tempo menor importância), logo se percebeu a necessidade de questionar a real capacidade do processo de atender às necessidades dos jurisdicionados, no que o tempo assume papel importante, impondo-se examinar como esse fator repercute sobre a efetiva proteção do direito material.[260]

A indesejável morosidade não tem, certamente, uma causa única. De um lado, a massificação das relações leva ao que Araken de Assis qualifica como uma crise de demanda: "A pessoa na sociedade pós-moderna, devidamente etiquetada (consumidor, contribuinte, cidadão, e assim por diante, conforme a situação), assume a condição de litigante inveterado e intransigente. Reivindica direitos reais ou hipotéticos com ardor e pertinácia".[261] De outro lado, parece clara a carência de uma resposta estatal adequada ao problema, motivando incessantes reformas das normas processuais, a revelar, na avaliação de Sérgio Gilberto Porto, "o reconhecimento expresso da existência de uma crise de eficiência do processo".[262]

---

[257] COMOGLIO, Luigi Paolo. La durata ragionevole del processo e le forme alternative di tutela. *Rivista di Diritto Processuale*. Padova, v. 62, n. 3, p. 591-592, magg.-giugno 2007.
[258] TARUFFO, Michele. *La giustizia civile in Italia dal '700 a oggi*. Bologna: Il Mulino, 1980, p. 10-11.
[259] CRUZ E TUCCI, José Rogério. *Tempo e processo*. São Paulo: Revista dos Tribunais, 1997, p. 16.
[260] MARINONI, Luiz Guilherme. *Curso de processo civil*, v. 1: teoria geral do processo. São Paulo: Revista dos Tribunais, 2006, p. 187.
[261] ASSIS, Araken de. Duração razoável do processo e reformas da lei processual civil. In: FUX, Luiz; NERY JÚNIOR, Nelson; WAMBIER, Teresa Arruda Alvim (Coord.). *Processo e constituição*: estudos em homenagem ao Professor José Carlos Barbosa Moreira. São Paulo: Revista dos Tribunais, 2006, p. 199-200.
[262] PORTO, Sérgio Gilberto. *A crise de eficiência do processo*. In: FUX, Luiz; NERY JÚNIOR, Nelson; WAMBIER, Teresa Arruda Alvim (Coord.). *Processo e constituição*: estudos em homenagem ao Professor José Carlos Barbosa Moreira. São Paulo: Revista dos Tribunais, 2006, p. 180.

Fruto da compreensão de que a excessiva lentidão da Justiça desafia a própria credibilidade do Estado Democrático de Direito, a Emenda Constitucional nº 45/04 inseriu expressamente a razoável duração do processo no rol dos direitos fundamentais do art. 5º da Constituição Federal. A explicitação do princípio, no sentir de Araken de Assis, não constitui novidade surpreendente nem mudança radical nos propósitos da tutela jurídica prestada pelo Estado brasileiro; a emenda constitucional, segundo observa, se limitou a declarar um princípio implícito na Constituição Federal.[263] De fato, como lembra Sérgio Gilberto Porto, a garantia já podia ser reconhecida na ordem constitucional brasileira por força do § 2º do art. 5º da Constituição Federal e do art. 8º, nº 1, da Convenção Americana sobre Direitos Humanos,[264] mas o novo *status* que se dá ao tema obriga a uma reflexão sobre seu significado.

Não se trata, por certo, de expressão vazia a traduzir mera esperança ou recomendação. É sabido que as normas consagradoras de direitos fundamentais podem apresentar maior ou menor densidade normativa, o que torna variável a forma de expressão de sua aplicabilidade imediata, assegurada pelo art. 5º, § 1º, da Constituição Federal. Todavia, é também cediço que todas as normas constitucionais sempre são dotadas de um mínimo de eficácia e, no caso dos direitos fundamentais, à luz do citado art. 5º, § 1º (a ser interpretado como um "mandado de otimização"), pode-se afirmar que aos poderes públicos incumbe o dever de extrair das normas que os consagram a maior eficácia possível.[265]

Como direito fundamental que é, a razoável duração do processo não deve, pois, ser encarada como simples expressão de um ideal, competindo aos órgãos jurisdicionais conferir-lhe a eficácia que seu *status* está a exigir. Definir o conteúdo da garantia constitucional, no entanto, não é tarefa fácil.

Relacionando-a com institutos similares existentes no direito comparado (por exemplo, no art. 20, nº 3, da Constituição portuguesa, no art. 111, segunda parte, da Constituição italiana e no art. 24, segunda parte, da Constituição espanhola), Daniel Mitidiero extrai da garantia o imperativo de se empregarem meios que garantam a celeridade da tramitação do processo para que se adjudique aos seus sujeitos uma tutela jurisdicional tempestiva.[266]

O tempo ideal de tramitação de um processo não pode ser estabelecido *a priori* nem obedecer a fórmulas estanques. A justiça da decisão depende, em grande

---

[263] ASSIS, Araken de. Duração razoável do processo e reformas da lei processual civil. In: FUX, Luiz; NERY JÚNIOR, Nelson; WAMBIER, Teresa Arruda Alvim (Coord.). *Processo e constituição*: estudos em homenagem ao Professor José Carlos Barbosa Moreira. São Paulo: Revista dos Tribunais, 2006, p. 195.

[264] PORTO, Sérgio Gilberto. *Lições de direitos fundamentais no processo civil*: o conteúdo processual da Constituição Federal. Porto Alegre: Livraria do Advogado, 2009, p. 100.

[265] SARLET, Ingo Wolfgang. *A eficácia dos direitos fundamentais*. 9. ed. Porto Alegre: Livraria do Advogado, 2008, p. 285-289.

[266] MITIDIERO, Daniel Francisco. *Elementos para uma teoria contemporânea do processo civil brasileiro*. Porto Alegre: Livraria do Advogado, 2005, p. 63.

medida, de reflexão e cautela, sendo-lhe prejudicial o açodamento. Daí a pertinência da observação de José Rogério Cruz e Tucci:

> Não se pode olvidar, nesse particular, a existência de dois postulados que, em princípio, são opostos: o da segurança jurídica, exigindo, como já salientado, um lapso temporal razoável para a tramitação do processo, e o da efetividade deste, reclamando que o momento da decisão final não se procrastine mais do que o necessário. Obtendo-se um equilíbrio destes dois regramentos – segurança/celeridade –, emergirão as melhores condições para garantir a justiça no caso concreto, sem que, assim, haja diminuição no grau de efetividade da tutela jurisdicional.[267]

Não se pode, naturalmente, compreender o princípio da tempestividade da tutela jurisdicional como imposição de construção de processos instantâneos, mas sim como um compromisso com a construção de um sistema processual em que não haja dilações indevidas.[268] O problema da razoável duração por certo não é de solução singela, nem se resolve com raciocínios simplistas, como a redução de prazos ou a supressão de direitos das partes. Como – na oportuna ressalva de Araken de Assis – nem sempre o processo rápido traduz processo justo, impõe-se abreviá-lo para melhorá-lo, o que não se obtém sonegando outros tantos direitos fundamentais a uma das partes ou a ambas.[269]

Trata-se, isso sim, de assegurar ao jurisdicionado – mais do que o acesso à justiça e ao processo – a verificação de um *tempo justo* para a consecução do escopo que lhe é reservado.[270] Nessa linha, Sérgio Gilberto Porto relaciona a tempestividade da prestação jurisdicional à sua real utilidade:

> A compreensão do comando constitucional passa pela idéia de utilidade da jurisdição. Efetivamente, deverá o processo ter duração que não importe no fenecimento do direito posto em causa, vale dizer: a jurisdição deverá agir e concretizar o direito controvertido dentro de um tempo apto ao gozo desse direito. Do contrário, a promessa constitucional de acesso jurisdicional não alcança a realidade, prejudicando a confiança social na administração da justiça.[271]

Em outras palavras, não se pode conceber que a tutela jurisdicional tarde ao ponto de se tornar inócua. Já registrou a doutrina que o simples ato de postergar o exame de uma pretensão, prática bastante comum entre os magistrados, pode constituir violação à garantia, quando o provimento postulado for de tal maneira

---

[267] CRUZ E TUCCI, José Rogério. *Tempo e processo*. São Paulo: Revista dos Tribunais, 1997, p. 66.
[268] CÂMARA, Alexandre Freitas. *Lições de direito processual civil*. 18. ed. Rio de Janeiro: Lumen Juris, 2008, p. 58.
[269] ASSIS, Araken de. Duração razoável do processo e reformas da lei processual civil. In: FUX, Luiz; NERY JÚNIOR, Nelson; WAMBIER, Teresa Arruda Alvim (Coord.) *Processo e constituição*: estudos em homenagem ao Professor José Carlos Barbosa Moreira. São Paulo: Revista dos Tribunais, 2006, p. 196.
[270] CRUZ E TUCCI, op. cit., p. 87-88.
[271] PORTO, Sérgio Gilberto. *Lições de direitos fundamentais no processo civil*: o conteúdo processual da Constituição Federal. Porto Alegre: Livraria do Advogado, 2009, p. 103.

urgente que a postergação acabe por esvaziar o conteúdo e o sentido prático da decisão vindoura.[272]

Como observa Marinoni, esse direito fundamental vincula o Poder Judiciário, obrigando-o a organizar adequadamente a distribuição da justiça, a compreender e a adotar as técnicas processuais idealizadas para garantir a tempestividade da tutela jurisdicional e a não praticar atos (omissivos ou comissivos) que retardem injustificadamente o processo.[273] A lição, conquanto precisa, não elimina a dificuldade de se avaliar, em termos práticos, o que constitui um retardamento *indevido*, uma dilação exagerada. O prazo razoável de duração do processo não pode ser medido em dias, semanas, meses ou anos. Somente ao final do processo, após se considerar sua extensão total e definitiva, se pode examinar se ela foi razoável.[274]

Na verdade, como reconhece a doutrina, é impossível fixar *a priori* uma regra específica, determinante das violações à garantia da tutela jurisdicional dentro de um prazo razoável, o que motivou a Corte Europeia dos Direitos do Homem a fixar três critérios que, segundo as circunstâncias de cada caso concreto, devem ser consideradas na apreciação do tempo razoável de duração de um determinado processo. De acordo com a construção, somente será possível verificar a ocorrência de uma indevida dilação processual a partir da análise: a) da complexidade do assunto; b) do comportamento dos litigantes e de seus procuradores; e c) da atuação do órgão jurisdicional.[275] Em síntese, como também reconhecido entre nós, o que se deva entender por razoável depende das condições objetivas e subjetivas da causa, pois somente à luz do caso concreto, com a análise dos sujeitos e do direito posto em causa, se poderá aquilatar qual o tempo razoável para a efetivação da prestação jurisdicional.[276]

A compreensão de que a duração razoável somente se pode aferir diante das circunstâncias do caso concreto e atende às particularidades da causa se prende a um valor cada vez mais caro ao processo civil, que é a relação de equilíbrio entre o tempo e o resultado do processo, traduzida na ideia de efetividade. A ciência processual assiste, nos últimos anos, a uma radical mudança de perspectivas, voltada ao processo de resultados, em que o instrumento estatal de solução de controvérsias deve proporcionar, a quem se encontra em situação de vantagem no plano

---

[272] MITIDIERO, Daniel Francisco. *Elementos para uma teoria contemporânea do processo civil brasileiro*. Porto Alegre: Livraria do Advogado, 2005, p. 64.

[273] MARINONI, Luiz Guilherme. *Curso de processo civil*, v. 1: teoria geral do processo. São Paulo: Revista dos Tribunais, 2006, p. 222.

[274] PASTOR, Daniel R. Acerca del derecho fundamental al plazo razonable de duración del proceso penal. *Revista Brasileira de Ciências Criminais*. São Paulo, n. 52, p. 204, jan./fev. 2005.

[275] CRUZ E TUCCI, José Rogério. *Tempo e processo*. São Paulo: Revista dos Tribunais, 1997, p. 67-68.

[276] PORTO, Sérgio Gilberto. *Lições de direitos fundamentais no processo civil*: o conteúdo processual da Constituição Federal. Porto Alegre: Livraria do Advogado, 2009, p. 101.

jurídico-substancial, a possibilidade de usufruir concretamente dos efeitos dessa proteção.[277]

A busca da efetividade, conforme Barbosa Moreira, significa que "em toda a extensão da possibilidade prática, o resultado do processo há de ser tal que assegure à parte vitoriosa o gozo pleno da específica utilidade a que faz jus segundo o ordenamento" e, ao mesmo tempo, que se possa atingir semelhante resultado com o mínimo dispêndio de tempo e de energias.[278] Processo efetivo, portanto, é aquele que, observando o equilíbrio entre os valores segurança e celeridade, proporciona às partes o resultado desejado pelo direito material.[279] Não basta, pois, o resultado rápido, como se observa na definição de Dinamarco:

> (...) a efetividade do processo, entendida como se propõe, significa a sua almejada aptidão para eliminar insatisfações, com justiça e fazendo cumprir o direito, além de valer como meio de educação geral para o exercício e respeito aos direitos e canal de participação dos indivíduos nos destinos da sociedade e assegurar-lhes a liberdade. Sempre, como se vê, é a visão dos objetivos que vem iluminar os conceitos e oferecer condições para o aperfeiçoamento do sistema.[280]

Mais do que célere, portanto, deve o processo ser eficiente, dotado de aptidão para desempenhar, do melhor modo possível, sua função própria ou, em outras palavras, para atingir da maneira mais perfeita o seu fim específico.[281] Nessa perspectiva, vem à tona a indispensável adaptabilidade dos instrumentos que propiciam a tutela jurisdicional à finalidade desta, já que a efetividade é obtida pela adequação do instrumento ao seu escopo.[282]

Nessa linha de pensamento, é inegável o papel salutar que assume o instituto da preclusão, que, como impulsionadora do processo, constitui técnica a serviço do direito à efetividade.[283] A preclusão – como instituto hábil a organizar o procedimento e impor limites à atuação das partes, coibindo abusos – é talvez um dos mais antigos e difundidos instrumentos de combate à demora excessiva da prestação jurisdicional, diante da evidência de que a inexistência de limites à atuação das partes e do juiz e de um esquema predeterminado e ordenado contribuiria apenas para acrescentar ao processo desnecessárias e fastidiosas delongas. O manejo ade-

---

[277] BEDAQUE, José Roberto dos Santos. *Efetividade do processo e técnica processual*. 2. ed. São Paulo: Malheiros, 2007, p. 17.

[278] BARBOSA MOREIRA, José Carlos. *Efetividade do processo e técnica processual. Temas de direito processual*. Sexta série. São Paulo: Saraiva, 1997, p. 18.

[279] BEDAQUE, José Roberto dos Santos. *Efetividade do processo e técnica processual*. 2. ed. São Paulo: Malheiros, 2007, p. 49.

[280] DINAMARCO, Cândido Rangel. *A instrumentalidade do processo*. 12. ed. São Paulo: Malheiros, 2005, p. 331.

[281] BARBOSA MOREIRA, José Carlos. A efetividade do processo de conhecimento. *Revista de Processo*. São Paulo: Revista dos Tribunais, n. 74, ano 19, p. 128, abr./jun. 1994.

[282] ARMELIN, Donaldo. Tutela jurisdicional diferenciada. *Revista de Processo*. São Paulo: Revista dos Tribunais, n. 65, p. 45, jan./mar. 1992.

[283] DIDIER JÚNIOR, Fredie. *Curso de direito processual civil*. 10. ed. Salvador: *Jus*Podivm, 2008, p. 272. (Teoria geral do processo e processo de conhecimento; v. 1).

quado das regras sobre preclusão tem o claro condão de imprimir ao processo o ritmo cabível a uma duração razoável.

Face aos reclamos cada vez mais intensos da sociedade por celeridade, Maurício Giannico, em monografia dedicada ao tema da preclusão, afirma que uma visão moderna desta necessariamente deve estar alinhada com a tendência universal de acelerar a entrega da tutela jurisdicional, destacando a celeridade como um dos fundamentos do instituto. Por isso, conclui, "a presença do instituto no universo processual legitima-se, acima de tudo, em virtude do compromisso estatal com a rápida, justa e adequada composição dos litígios".[284]

A associação da preclusão ao tema da celeridade processual não é incomum. Com muita propriedade, Riccio observa que, no processo, estão em jogo duas exigências contrastantes: de uma parte, o interesse na apuração da verdade; de outra, o interesse na rapidez, na boa-fé e na economia processual. Por isso, leciona, tem de haver uma aplicação temperada da preclusão, pois o Estado tem necessidade de justiça, mas tem também inderrogável necessidade de que o processo se desenvolva o mais rapidamente possível.[285] E à preclusão, como lembra Eduardo Grasso, é comumente reconhecida a função de possibilitar o ordenado, racional e célere desenvolvimento do processo.[286] Também Carlos Alberto Alvaro de Oliveira situa a preclusão como técnica que pode e deve ser empregada com o objetivo de impedir a demora do processo, ao lado da regra da eventualidade e da imposição de prazos peremptórios.[287]

As normas sobre preclusão podem ser aplicadas de modo a atacar o problema da morosidade. O processo é também técnica e esta implica estabelecer os meios a que se deve recorrer para se atingirem determinados fins, que, no processo, hão de ser práticos, e não teóricos.[288]

3.3. SEGURANÇA JURÍDICA, PROTEÇÃO DA CONFIANÇA E PROIBIÇÃO DE *VENIRE CONTRA FACTUM PROPRIUM*

Evitar a contradição e a desordem no processo, que resultariam da traição da confiança das partes, da surpresa desconcertante, da deslealdade processual. Esse é também um dos escopos do instituto da preclusão, traduzido na segurança jurídica

---

[284] GIANNICO, Maurício. *A preclusão no direito processual civil brasileiro*. 2. ed. São Paulo: Saraiva, 2007, p. 83-84.
[285] RICCIO, Stefano. *La preclusione processuale penale*. Milano: Giuffrè, 1951, p. 7.
[286] GRASSO, Eduardo. Interpretazione della preclusione e nuovo processo civile in primo grado. *Rivista di Diritto Processuale*. Padova: CEDAM, v. 48, p. 639, jul./set. 1993.
[287] OLIVEIRA, Carlos Alberto Alvaro de. *Do formalismo no processo civil – proposta de um formalismo-valorativo*. 3. ed. São Paulo: Saraiva, 2009, p. 84.
[288] ARMELIN, Donaldo. Tutela jurisdicional diferenciada. *Revista de Processo*. São Paulo: Revista dos Tribunais, n. 65, p. 45, jan./mar. 1992.

(mais exatamente na proteção da confiança) e na boa-fé (em especial na vedação de comportamentos contraditórios).

A segurança é um dos valores informadores do direito positivo. A própria razão de ser da ordem jurídica repousa, em grande medida, no sentido de certeza e paz social. Como pondera Luis Recasens Siches, é certo que o Direito deve encarnar valores superiores, como o de justiça; que deve ser veículo de realização de tais valores na vida social; que não se justifica senão na medida em que sirva a esses valores; mas é certo também que o Direito não surge como mero exercício de devoção a valores superiores, senão como resposta a uma urgência de segurança. O sentido germinal do Direito – observa – deriva, pois, da segurança da vida social, de uma iniludível urgência de certeza.[289]

O clamor das pessoas por segurança constitui um valor fundamental de todo e qualquer Estado de Direito.[290] A ideia de segurança jurídica está ligada ao direito da pessoa à estabilidade em suas relações jurídicas, direito que se articula com a garantia da tranquilidade jurídica que as pessoas almejam, com a sua certeza de que as relações jurídicas não podem ser alteradas numa imprevisibilidade que as deixe instáveis e inseguras.[291] Como anota Canotilho, "o homem necessita de segurança para conduzir, planificar e conformar autónoma e responsavelmente a sua vida".[292]

Direito seguro nem sempre é direito justo, mas certo é que um direito inseguro é, por regra, também um direito injusto.[293] Na insegurança e na desordem, não há como o cidadão programar sua conduta ou projetar seu futuro. A segurança jurídica exige um patamar mínimo de continuidade do direito, assumindo, na perspectiva subjetiva, o significado de proteção da confiança do cidadão nesta continuidade da ordem jurídica, no sentido de uma segurança individual das suas próprias posições jurídicas.[294]

Há uma nítida tensão entre os valores justiça e segurança jurídica, porque o direito positivo aspira impor-se com uma incondicional verdade e obrigatoriedade,

---

[289] SICHES, Luis Recasens. *Vida humana, sociedad y derecho.* 2. ed. México: Fondo de Cultura Económica, 1945, p. 209.
[290] SARLET, Ingo Wolfgang. A eficácia do direito fundamental à segurança jurídica: dignidade da pessoa humana, direitos fundamentais e proibição de retrocesso social no direito constitucional brasileiro. In: ROCHA, Cármen Lúcia Antunes. (Coord.). *Constituição e segurança jurídica:* direito adquirido, ato jurídico perfeito e coisa julgada – estudos em homenagem a José Paulo Sepúlveda Pertence. Belo Horizonte: Fórum, 2004, p. 85-86.
[291] ROCHA, Cármen Lúcia Antunes. O princípio da coisa julgada e o vício de inconstitucionalidade. In: ROCHA, Cármen Lúcia Antunes. (Coord.). *Constituição e segurança jurídica:* direito adquirido, ato jurídico perfeito e coisa julgada – estudos em homenagem a José Paulo Sepúlveda Pertence. Belo Horizonte: Fórum, 2004, p. 168.
[292] CANOTILHO, José Joaquim Gomes. *Direito constitucional e teoria da Constituição.* 7. ed. (2. reimp.). Coimbra: Almedina, 2003, p. 257.
[293] SILVA, José Afonso da. Constituição e segurança jurídica. In: ROCHA, Cármen Lúcia Antunes. (Coord.). *Constituição e segurança jurídica:* direito adquirido, ato jurídico perfeito e coisa julgada – estudos em homenagem a José Paulo Sepúlveda Pertence. Belo Horizonte: Fórum, 2004, p. 16.
[294] SARLET, Ingo Wolfgang. A eficácia do direito fundamental à segurança jurídica: dignidade da pessoa humana, direitos fundamentais e proibição de retrocesso social no direito constitucional brasileiro. In: ROCHA, Cármen Lúcia Antunes. (Coord.). *Constituição e segurança jurídica:* direito adquirido, ato jurídico perfeito e coisa julgada – estudos em homenagem a José Paulo Sepúlveda Pertence. Belo Horizonte: Fórum, 2004, p. 96.

independentemente da sua justiça.[295] Assim é, também, na seara processual: embora deva estar a serviço da efetividade e da justiça, o processo estará sempre – inevitavelmente – a serviço da pacificação social, só alcançada, muitas vezes, com o sacrifício da própria busca da justiça, que não pode se perpetuar eternamente.

As regras processuais, tanto quanto as de direito material, também têm por base a obtenção da segurança, traduzida na previsibilidade da ordem estabelecida pelo legislador. A segurança jurídica é assegurada no processo por normas que, conhecidas de antemão, estabelecem limites e diretrizes à atuação das partes e ao próprio desenvolvimento da relação processual, garantindo certa dose de certeza, ao menos, no tocante ao percurso a ser percorrido. Que as "regras do jogo" sejam desde logo bem conhecidas, que as partes possam vislumbrar a tramitação que terá a relação processual antes mesmo de iniciá-la, é garantia de segurança jurídica no plano processual.

A preclusão é instituto que contribui fortemente para a consecução desse ideal de segurança da relação jurídica processual. Embora haja quem destaque entre seus fundamentos a busca da verdade real,[296] o principal sentido do instituto está, a bem da verdade, no valor segurança jurídica, que prevalece sobre o valor justiça.[297] O processo, para atingir sua finalidade, deve ter um desenvolvimento ordenado, coerente e regular, com isso assegurando a certeza das situações processuais e também a estabilidade das mesmas.[298] Tesoriere com razão destaca que a preclusão constitui expressão de uma exigência de certeza, prevalente sobre a própria exigência de justiça.[299]

Ao dar uma disciplina ordenada à prática dos atos processuais, a preclusão atende também aos reclamos da segurança jurídica, no sentido de assegurar a certeza de que o processo não andará à deriva, não trará reviravoltas e surpresas, mas seguirá sempre adiante, obedecendo à sequência prevista em lei. Com sua marca de evolução ordenada e seu forte sentido de não contradição, a preclusão é instituto essencial à ordem jurídica. Em sua base se identificam não apenas os clamores de ordenação formal, celeridade e efetividade, mas também de certeza e segurança, quer na relação entre o Estado-juiz e as partes do processo, quer na relação entre estas.

Em relação ao juiz, tem-se que a vedação (reconhecida ao menos na generalidade das situações) a que o julgador redecida questões ou venha a desdizer-se repousa em princípio que constitui viés ou dimensão do princípio da segurança

---

[295] SILVA, José Afonso da. Constituição e segurança jurídica. In: ROCHA, Cármen Lúcia Antunes. (Coord.). *Constituição e segurança jurídica:* direito adquirido, ato jurídico perfeito e coisa julgada – estudos em homenagem a José Paulo Sepúlveda Pertence. Belo Horizonte: Fórum, 2004, p. 16.

[296] GIANNICO, Maurício. *A preclusão no direito processual civil brasileiro.* 2. ed. São Paulo: Saraiva, 2007, p. 83.

[297] PESSOA, Flávia Moreira Guimarães. Pedido de reconsideração e preclusão *pro judicato* no processo civil. *Revista IOB de Direito Civil e Processual Civil.* São Paulo, v. 7, n. 42, p. 105, jul./ago. 2006.

[298] MARCATO, Antônio Carlos. Preclusões: limitação ao contraditório? *Revista de Processo.* São Paulo: Revista dos Tribunais, v. 5, n. 17, p. 105-106, jan./mar. 1980.

[299] TESORIERE, Giovanni. *Contributo allo studio delle preclusioni nel processo civile.* Padova: CEDAM, 1983, p. 12.

jurídica, qual seja, o princípio da proteção da confiança legítima. A proteção da confiança se liga aos componentes subjetivos da segurança, designadamente a calculabilidade e previsibilidade dos indivíduos em relação aos efeitos jurídicos dos atos dos poderes públicos (inclusive o juiz). A segurança e a proteção da confiança exigem, no fundo, fiabilidade, clareza, racionalidade e transparência dos atos do poder, de forma que em relação a eles o cidadão veja garantida a segurança nas suas disposições pessoais e nos efeitos jurídicos dos seus próprios atos.[300] Nessa medida, parece claro que a preclusão para o juiz (preclusão de questões) tutela a confiança legítima do jurisdicionado, que espera poder contar com um determinado plano de tramitação do processo e com coerência na sua condução.

Na relação entre as partes, há muito superada a concepção privatística do processo, erguem-se hoje, contra o excessivo voluntarismo, ideias e institutos de elevada carga ética.[301] É o caso da preclusão. Como lembra Fredie Didier Júnior, a preclusão não serve somente à ordem, à segurança e à celeridade do processo, não constitui apenas "mola impulsionadora do processo". Tem também fundamentos ético-políticos, na medida em que busca preservar a boa-fé e a lealdade no itinerário processual, apresentando-se como técnica a serviço do direito fundamental à segurança jurídica, do direito à efetividade e da proteção à boa-fé.[302] A mesma opinião expressa Ada Pellegrini Grinover, para quem o instituto da preclusão possui – ao lado de um fundamento jurídico – um fundamento ético, de modo não apenas a proporcionar uma mais rápida solução do litígio, mas a tutelar a boa-fé no processo.[303]

Cuida-se, mais do que da boa-fé em sua dimensão subjetiva – a vedar o emprego de práticas maliciosas –, de aplicação de sua faceta objetiva, criadora de deveres, que aparece como "regra de conduta fundada na honestidade, na retidão, na lealdade e, principalmente, na consideração para com os interesses do 'alter', visto como um membro do conjunto social que é juridicamente tutelado. Aí se insere a consideração para com as expectativas legitimamente geradas, pela própria conduta, nos demais membros da comunidade".[304]

Ensina Ruy Rosado de Aguiar Júnior que "A boa fé tem duas funções principais: cria deveres secundários de conduta (anexos ou acessórios); impõe limites ao exercício de direitos".[305] Corolário da boa-fé objetiva é a proibição de *venire contra*

---

[300] CANOTILHO, José Joaquim Gomes. *Direito constitucional e teoria da constituição*. 7. ed. (2. reimp.). Coimbra: Almedina, 2003, p. 257.
[301] MARTINS-COSTA, Judith. A ilicitude derivada do exercício contraditório de um direito: o renascer do *venire contra factum proprium*. *Revista Forense*. Rio de Janeiro: Forense, v. 100, n. 376, p. 109, nov./dez. 2004.
[302] DIDIER JÚNIOR, Fredie. *Curso de direito processual civil*. 10. ed. Salvador: *Jus*Podivm, 2008, p. 272. (Teoria geral do processo e processo de conhecimento; v. 1).
[303] GRINOVER, Ada Pellegrini. Interesse da União. A preclusão e o órgão judicial. In: *A marcha do processo*. Rio de Janeiro: Forense Universitária, 2000, p. 235.
[304] MARTINS-COSTA, Judith. *A boa-fé no direito privado*. 2. tir. São Paulo: Revista dos Tribunais, 2000, p. 412.
[305] AGUIAR JÚNIOR, Ruy Rosado de. *Extinção dos contratos por incumprimento do devedor*. Rio de Janeiro: Aide, 1991, p. 243.

factum proprium, que de perto guarda relação com a preclusão para as partes, ou seja, com a preclusão que impõe limites às faculdades processuais.

A locução *venire contra factum proprium* traduz o exercício de uma posição jurídica em contradição com o comportamento exercido anteriormente. A proibição imposta pela boa-fé considera dois comportamentos da mesma pessoa, lícitos em si e diferidos no tempo. O primeiro – *o factum proprium* – é, porém, contrariado pelo segundo, configurando surpresa que se tem por inadmissível.[306]

Mais do que contradição e surpresa, para que uma conduta possa ser repudiada com base na vedação de *venire contra factum proprium*, como leciona Menezes Cordeiro, é preciso que haja um primeiro fato gerador de confiança e a adesão do confiante a esse fato, ou seja, o assentar, por parte dele, de aspectos importantes da sua atividade posterior sobre a confiança gerada (um determinado "investimento de confiança"), de tal forma que a supressão do fato provoque uma iniquidade sem remédio.[307]

Em lição esclarecedora sobre o assunto, escreve Ruy Rosado de Aguiar Júnior:

> A teoria dos atos próprios, ou a proibição de *venire contra factum proprium* protege uma parte contra aquela que pretenda exercer uma posição jurídica em contradição com o comportamento assumido anteriormente. Depois de criar uma certa expectativa, em razão de conduta seguramente indicativa de determinado comportamento futuro, há quebra dos princípios de lealdade e de confiança se vier a ser praticado ato contrário ao previsto, com surpresa e prejuízo à contraparte.[308]

A proibição de *venire contra factum proprium* representa, pois, uma "vedação genérica à deslealdade",[309] um modo de exprimir a reprovação por exercícios inadmissíveis de direitos e posições jurídicas. Perante comportamentos contraditórios, a ordem jurídica protege a pessoa que teve por boa, com justificação, a atuação pretérita afinal contrariada.[310]

Abordando especificamente a relação entre a vedação ao *venire contra factum proprium* e o instituto da preclusão, anota Pedro Henrique Pedrosa Nogueira que essa vedação também se faz presente no processo e está diretamente ligada à preclusão lógica (*infra*, 4.1.2). Segundo defende, o princípio da vedação ao comportamento contraditório no processo se insere no âmbito do princípio processual da boa-fé objetiva, que impõe aos sujeitos do processo atuar com lealdade e probidade, sem trair a confiança gerada nos outros sujeitos processuais em razão de

---

[306] CORDEIRO, António Manuel da Rocha e Menezes. *Da boa fé no direito civil*. 3. reimp. Coimbra: Almedina, 2007, p. 742-745.
[307] Ibidem, p. 758.
[308] AGUIAR JÚNIOR, Ruy Rosado de. *Extinção dos contratos por incumprimento do devedor*. Rio de Janeiro: Aide, 1991, p. 248-249.
[309] MARTINS-COSTA, Judith. A ilicitude derivada do exercício contraditório de um direito: o renascer do *venire contra factum proprium*. *Revista Forense*. Rio de Janeiro: Forense, v. 100, n. 376, p. 110, nov./dez. 2004.
[310] CORDEIRO, op. cit., p. 769.

seu comportamento anterior. A extinção de um poder ou direito processual pela prática de uma conduta incompatível com o exercício desse poder ou direito exemplifica a vedação ao comportamento contraditório no processo.[311]

Muitos são os exemplos de situações em que a lei processual rechaça comportamentos entre si contraditórios, restando inviabilizado o segundo pela prática do primeiro. Dentre essas situações, que serão melhor abordadas linhas adiante, opera-se a preclusão lógica, que Marinoni e Mitidiero qualificam como "manifestação inequívoca da proibição do *venire contra factum proprium* no processo e, assim, da proteção que o sistema jurídico brasileiro empresta à boa-fé na sua dimensão objetiva, à segurança jurídica e à confiança legítima nas relações que nele têm lugar".[312]

Não se trata de vincular, permanentemente, as pessoas aos comportamentos uma vez assumidos, mas de imputar aos autores respectivos as situações de confiança que de livre vontade tenham suscitado.[313] Como bem observa Judith Martins-Costa, "embora não se possa eliminar da condição humana a contradição, pode o Direito regrá-la, sancionando, em certas hipóteses, os seus efeitos danosos na esfera jurídica alheia".[314]

Do exposto, conclui-se que a preclusão tem também um sentido ético, de proteger a confiança e a boa-fé daquele que se conduziu em conformidade com o plano estabelecido pelo legislador processual e que, por isso, não pode ser surpreendido pelo agir contraditório do juiz ou da parte adversa.

---

[311] NOGUEIRA, Pedro Henrique Pedrosa. Notas sobre preclusão e *venire contra factum proprium*. *Revista de Processo*, n. 168, p. 343, fev. 2009.

[312] MARINONI, Luiz Guilherme; MITIDIERO, Daniel Francisco. Propriedade industrial. Boa-fé objetiva. Proteção da confiança. Proibição do *venire contra factum proprium* no processo. Dever de não conhecer do recurso. *Revista Brasileira de Direito Processual*. Belo Horizonte, ano 16, n. 61, p. 186-187, jan./mar. 2008.

[313] CORDEIRO, António Manuel da Rocha e Menezes. *Da boa fé no direito civil*. 3. reimp. Coimbra: Almedina, 2007, p. 756.

[314] MARTINS-COSTA, Judith. A ilicitude derivada do exercício contraditório de um direito: o renascer do *venire contra factum proprium*. *Revista Forense*. Rio de Janeiro: Forense, v. 100, n. 376, p. 113, nov./dez. 2004.

4. Espécies de preclusão

4.1. A FORMULAÇÃO DE CHIOVENDA

É comum na doutrina encontrar-se menção às modalidades de preclusão temporal, lógica e consumativa, atribuindo-se tal classificação a Chiovenda.[315]

De fato, a já clássica tripartição bem se amolda à formulação de Chiovenda,[316] embora não se possa, a rigor, atribuir-lhe o feito de haver classificado e batizado as hipóteses que descreveu. Deve-se a Riccio a primeira proposta de classificação das diversas modalidades de preclusão, muito embora a doutrina posterior tenha acolhido apenas em parte sua sistematização.

Partindo do conceito chiovendiano, Riccio classifica a preclusão em quatro modalidades: temporal, ordinatória, lógica e consumativa. Segundo sua concepção, a preclusão temporal surge do inexercício de uma faculdade para cujo cumprimento era estabelecido um momento processual; a preclusão ordinatória nasce do irregular exercício de uma faculdade, em inobservância de determinada forma; a preclusão lógica deriva da impossibilidade de conciliar uma atividade ou faculdade com outra já exercitada; a preclusão consumativa, por fim, decorre de já se haver uma vez exercido validamente a faculdade com o atingimento do escopo.[317]

A doutrina processual, como se vê, não agasalhou inteiramente a proposta classificatória de Riccio. Sua preclusão ordinatória é criticada por não merecer tratamento autônomo em relação à preclusão consumativa, pois, como bem pondera

---

[315] Nesse sentido, confiram-se: GIANNICO, Maurício. *A preclusão no direito processual civil brasileiro*. 2. ed. São Paulo: Saraiva, 2007, p. 113; RUBIN, Fernando. *O instituto da preclusão na dinâmica do processo civil*. Dissertação de Mestrado defendida perante a Universidade Federal do Rio Grande do Sul, 2009, p. 101. (Orientador Prof. Dr. Carlos Alberto Alvaro de Oliveira).

[316] Relembre-se a lição do mestre italiano: "Entendo por preclusão a perda, ou extinção, ou consumação de uma faculdade processual que se sofre pelo fato: (a) ou de não se haver observado a ordem prescrita em lei ao uso de seu exercício, como os prazos peremptórios, ou a sucessão legal das atividades e das exceções; (b) ou de se haver realizado uma atividade incompatível com o exercício da faculdade, como a propositura de uma exceção incompatível com outra, ou a realização de um ato incompatível com a intenção de impugnar uma sentença; (c) ou de já se haver validamente exercido a faculdade (consumação propriamente dita)". (CHIOVENDA, Giuseppe. *Instituições de direito processual civil*. Tradução de Paolo Capitanio. Campinas: Bookseller, 1998, v. III, p. 184).

[317] RICCIO, Stefano. *La preclusione processuale penale*. Milano: Giuffrè, 1951, p. 14.

Fernando Rubin, o conceito desta última abarca não só o exercício válido/preciso do ato processual, mas também o exercício inválido/impreciso,[318] como adiante se verá (*infra*, 4.1.3).

Bem compreendida e depurada a lição de Chiovenda, consagrou-se a classificação tripartida da preclusão em temporal, lógica e consumativa.

4.1.1. Preclusão temporal

O processo se desenvolve no tempo, percorrendo um certo *iter*, um caminho preestabelecido. Um dos meios para disciplinar esse caminho é dado pelos prazos, que são os períodos de tempo estabelecidos para o válido cumprimento de um ato processual.[319] A fixação de prazos é medida essencial a toda e qualquer ordem jurídica, sem a qual ficariam as partes à mercê dos caprichos uma da outra, eternizando-se indesejavelmente os litígios, que assim não teriam curso ordenado.

Como observa Hélio Tornaghi, a melhor maneira de acelerar o processo sem atropelá-lo, conciliando a rapidez com a justiça, consiste na fixação do tempo para a prática de cada ato. A marcação de prazos – assinala – decorre da necessidade de se harmonizarem a justiça e a economia, a segurança e a rapidez. Quer a lei que o processo seja ordenado, mas sem retardamento e sem gastos excessivos, de modo a obter-se uma sentença justa com o máximo de garantia e o mínimo de esforço.[320] A tanto se presta a fixação de prazos processuais, cuja inobservância traz como consequência a mais corriqueira forma de preclusão, chamada *temporal*, calcada exatamente no seu decurso infrutuoso.[321]

É frequente o emprego indistinto dos vocábulos *termo* e *prazo* para exprimirem a mesma ideia. Entretanto, as palavras não são sinônimas. Como esclarece Pedro Batista Martins, termo é o momento em que começa a fluência do prazo (termo inicial ou *dies a quo*), ou em que este se deva extinguir (termo final ou *dies ad quem*). Prazo, diversamente, é o lapso de tempo compreendido entre o termo inicial e o final.[322]

Prazos são, portanto, os *lapsos de tempo* dentro dos quais a lei ordena, ou permite, ou proíbe a prática de um ato, podendo ser classificados, conforme conhecida fórmula doutrinária, em próprios ou impróprios, aqueles concedidos às partes e estes fixados em lei para a prática de atos pelo juiz, pelo escrivão, pelo oficial de

---

[318] RUBIN, Fernando. *O instituto da preclusão na dinâmica do processo civil*. Dissertação de Mestrado defendida perante a Universidade Federal do Rio Grande do Sul, 2009, p. 102. (Orientador Prof. Dr. Carlos Alberto Alvaro de Oliveira).
[319] LIEBMAN, Enrico Tullio. *Manuale di diritto processuale civile*. 4. ed. Milano: Giuffrè, 1984, v. 1, p. 208.
[320] TORNAGHI, Hélio. *Comentários ao Código de Processo Civil*. São Paulo: Revista dos Tribunais, 1975, v. 2, p. 57-58.
[321] COUTURE, Eduardo Juan. *Fundamentos del derecho procesal civil*. 3. ed. (póstuma). Buenos Aires: Roque Depalma, 1958, p. 197.
[322] BATISTA MARTINS, Pedro. *Comentários ao Código de Processo Civil*. 2. ed. Rio de Janeiro – São Paulo: Forense, 1960, v. I, p. 106.

justiça, etc.[323] Distintas são as consequências da inobservância caso se cuide de prazos próprios ou de prazos impróprios.

A preclusão temporal só ocorre quando se tratar de inobservância de prazos próprios,[324] pois apenas nesses casos o fato de se descurar da prática tempestiva produz consequências e efeitos de caráter processual, já que aos prazos impróprios se reservam consequências não processuais, de ordem disciplinar,[325] ou seja, de natureza eventual e meramente administrativa (arts. 193 a 199 do Código de Processo Civil).[326]

Como observa Dinamarco, é natural que assim seja, pois o juiz (como, de resto, os demais personagens sujeitos aos prazos impróprios) não defende interesses pessoais no processo, mas cumpre deveres: "Seria contrário à ética e ao senso-comum a definitiva dispensa de cumprimento de um dever, em razão do seu não cumprimento no prazo".[327]

Outra classificação relevante – tanto quanto equívoca e controversa – é a que distingue entre prazos peremptórios e dilatórios.

Segundo a lição proposta por José Frederico Marques, na vigência do Código de Processo Civil de 1939, a peremptoriedade do prazo não seria incompatível com a prorrogabilidade. Caracterizar-se-ia a peremptoriedade, apenas, pela circunstância de o prazo se findar fatalmente, sem necessidade de um ato qualquer da parte que determinasse essa extinção. A possível intervenção da parte, portanto, não atuaria sobre a duração do prazo, mas sobre seu modo de extinção.[328]

Essa concepção, no entanto, não parece conforme aos termos da lei processual. Sem arriscar-se a uma conceituação científica de cada categoria de prazos ou a um (fatalmente falho) elenco de situações, dispõem os arts. 181 e 182 do Código de Processo Civil, simplesmente, que os prazos dilatórios são prorrogáveis por acordo de vontade entre as partes, ao passo que os peremptórios não o são. Em outras palavras, os prazos dilatórios são lapsos temporais que admitem diminuição ou alargamento por obra jurisdicional, via requerimento das partes, contrapondo-se aos prazos peremptórios, que, em princípio, repelem qualquer tipo de alargamento ou diminuição.[329]

---

[323] TORNAGHI, Hélio. *Comentários ao Código de Processo Civil*. São Paulo: Revista dos Tribunais, 1975, v. 2, p. 58.
[324] CINTRA, Antônio Carlos Araújo; GRINOVER, Ada Pellegrini; DINAMARCO, Cândido Rangel. *Teoria geral do processo*. 22. ed. São Paulo: Malheiros, 2006, p. 346.
[325] MARQUES, José Frederico. *Instituições de direito processual civil*. 3. ed. Rio de Janeiro: Forense, 1966, v. II, p. 266.
[326] ARRUDA ALVIM, José Manoel de. *Manual de direito processual civil*. 11. ed. São Paulo: Revista dos Tribunais, 2007, v. I, p. 491.
[327] DINAMARCO, Cândido Rangel. *Instituições de direito processual civil*. 4. ed. São Paulo: Malheiros, 2004, v. II, p. 533.
[328] MARQUES, op. cit., p. 270. Lopes da Costa ensinava o mesmo: "Todos os prazos são peremptórios. No sentido que lhes deu o Código: findarem automàticamente, sem necessidade de declaração do juiz, mediante provocação da parte contrária". (LOPES DA COSTA, Alfredo de Araújo. *Manual elementar de direito processual civil*. Rio de Janeiro: Forense, 1956, p. 114).
[329] MITIDIERO, Daniel Francisco. *Comentários ao Código de Processo Civil*. T. II (Arts. 154 a 269). São Paulo: Memória Jurídica, 2005, p. 125. Embora no passado tenham proliferado incontáveis classificações, a doutrina mais

Nesse contexto, relevante é que se identifiquem os prazos cuja prorrogação pode e quais aqueles cuja prorrogação não pode ser obtida por acordo entre as partes, tarefa para a qual a lei não fornece solução alguma.

Vicente Greco Filho, embora opinando que melhor seria que a lei não houvesse feito essa classificação, julga possível traçar uma orientação geral. Para o processualista, é possível entender como peremptórios (improrrogáveis por convenção) os prazos que importam em ônus imediato e direto à parte, instituídos pelo interesse público no andamento regular do processo e que têm como fundamento o próprio equilíbrio do contraditório, como os prazos para responder e para recorrer. Quando o prazo é instituído no interesse da parte, pode ser entendido como dilatório, citando o exemplo do prazo marcado pelo juiz para a realização da perícia, mesmo porque o interesse público é no sentido de que ela se realize de maneira correta e perfeita, sem precipitação.[330]

Interpretando os arts. 181 e 182, há quem não faça distinção entre os conceitos de prazos *peremptórios* e prazos *preclusivos*.[331]

Para Humberto Theodoro Júnior, no entanto, "todos os prazos processuais, mesmo os dilatórios, são preclusivos".[332] Nelton dos Santos, na mesma linha, entende incorreta a afirmação de que apenas os prazos peremptórios são fatais e preclusivos. Segundo advoga, a leitura do art. 183 do Código de Processo Civil deixa claro que os prazos em geral – e não apenas os peremptórios – quando descumpridos, dão ensejo à preclusão, embora deva o juiz admitir a prática do ato, em nome da instrumentalidade, se o processo ainda não avançou.[333]

Abandonando celeumas menos relevantes e prestigiando a compreensão que melhor orienta a prática forense, é feliz a síntese dada à questão por Heitor Vitor Mendonça Sica:

> Está fora de qualquer dúvida o fato de que, de um lado, os prazos *preclusivos* são aqueles cujo transcurso impõe a perda do direito que era cabente à parte, e *não preclusivos* aqueles cujo escoamento não traz conseqüência alguma a ela (haja vista permanecer hígido

---

recente, rendendo-se ao texto da lei e valorizando somente as classificações que se revestem de utilidade prática, tem feito referência apenas a prazos dilatórios e peremptórios, distinguindo-os quanto à prorogabilidade ou não, como é o caso de Vicente Greco Filho (GRECO FILHO, Vicente. *Direito processual civil brasileiro*. 16. ed. São Paulo: Saraiva, 2003, v. 2, p. 21). Cassio Scarpinella Bueno (BUENO, Cassio Scarpinella. *Curso sistematizado de direito processual civil*. 2. ed. São Paulo: Saraiva, 2008, v. 1, p. 435).

[330] GRECO FILHO, op. cit., p. 22. Antonio Dall'Agnol anota serem exemplos de prazos peremptórios o prazo recursal e o prazo de resposta. (DALL'AGNOL, Antonio. *Comentários ao Código de Processo Civil*. São Paulo: Revista dos Tribunais, 2000, v. 2, p. 325).

[331] Segundo Couture, alguns autores e a jurisprudência costumam se referir a prazos peremptórios como fatais ou preclusivos. (COUTURE, Eduardo Juan. *Fundamentos del derecho procesal civil*. 3. ed. (póstuma). Buenos Aires: Roque Depalma, 1958, p. 177). Entre nós, Moniz de Aragão refere que "prazos preclusivos são os peremptórios, no curso dos quais deve ser praticado algum ato processual" (MONIZ DE ARAGÃO, Egas Dirceu. *Comentários ao Código de Processo Civil*. 10. ed. Rio de Janeiro: Forense, 2005, v. II, p. 96).

[332] THEODORO JÚNIOR, Humberto. *Curso de direito processual civil*. 49. ed. Rio de Janeiro: Forense, 2008, v. 1, p. 256.

[333] SANTOS, Nelton dos. MARCATO, Antônio Carlos (Coord.). *Código de Processo Civil interpretado*. 3. ed. São Paulo: Atlas, 2008, p. 501.

o poder de exercitá-lo válida e eficazmente depois). Mas é preciso notar que a dicotomia entre prazos *preclusivos* e *não preclusivos* não se deve à natureza do prazo em si, mas sim às conseqüências previstas na lei para o caso de transcurso *in albis* do prazo.

De outro lado, há a questão da possibilidade ou não de prorrogação por convenção das partes. O art. 181 permite que os dilatórios sejam alterados por convenção das partes e o art. 182 veda qualquer efeito dessa convenção aos peremptórios.

O melhor modo de entender a questão é recorrer à fonte das normas contidas nos arts. 181 e 182 do CPC – ou seja, o processo italiano – que nos conduz à idéia de que os prazos peremptórios, por não poderem se sujeitar a uma alteração convencional pelas partes, obrigam-nas a respeitá-los, sob pena de preclusão). De outro lado, os prazos dilatórios, por suportarem que haja alteração, não estariam associados a nenhuma preclusão.[334]

Em síntese, é a preclusão temporal a perda de uma faculdade processual oriunda de seu não exercício no prazo fixado pela lei processual. Em virtude da preclusão temporal, a fase anterior do procedimento fica superada e o movimento processual se encaminha, por meio de outros atos, em direção ao instante final do processo.[335] Sua disciplina legal se encontra no art. 183 do Código de Processo Civil, ao dispor que com o decurso de qualquer prazo, "extingue-se, independentemente de declaração judicial, o direito de praticar o ato".

Pode a preclusão temporal, no entanto, ser elidida provando a parte a ocorrência de justa causa, que é, *ex vi legis*, "o evento imprevisto, alheio à vontade da parte, e que a impediu de praticar o ato por si ou por seu mandatário" (art. 183, § 1º, do Código de Processo Civil). Para ser reputada justa, a causa há de ser, concomitantemente, alheia à vontade da parte e resultante de evento imprevisto. Ausente um desses requisitos, não se autorizará a devolução do prazo.[336] Em que pesem algumas críticas à redação do texto legal, que se satisfez com o evento *imprevisto* quando para alguns deveria exigir o evento *imprevisível*,[337] parece clara a interpretação de que a falta da prática tempestiva de um ato processual só pode ser relevada quando decorrer de fato que escape à atuação da parte e que por ela não possa ser evitado, isto é, de fato que torne sua falta, em uma palavra, escusável.[338]

Expirado o prazo preclusivo fixado em lei sem que seja praticado o ato, e não sendo apresentada pelo interessado justificativa que configure justa causa, inviabilizada ficará, inexoravelmente, a prática proveitosa do ato processual,[339] pelo simples decurso *in albis* do lapso temporal respectivo, que constitui a preclusão temporal.

---

[334] SICA, Heitor Vitor Mendonça. *Preclusão processual civil*. 2. ed. São Paulo: Atlas, 2008, p. 132.

[335] MARQUES, José Frederico. *Instituições de direito processual civil*. 3. ed. Rio de Janeiro: Forense, 1966, v. II, p. 286.

[336] MONIZ DE ARAGÃO, Egas Dirceu. *Comentários ao Código de Processo Civil*. 10. ed. Rio de Janeiro: Forense, 2005, v. II, p. 109.

[337] TORNAGHI, Hélio. *Comentários ao Código de Processo Civil*. São Paulo: Revista dos Tribunais, 1975, v. 2, p. 72.

[338] Cabe mencionar que o Projeto de Código de Processo Civil em tramitação no Congresso Nacional altera o conceito de justa causa, afastando a imprevisibilidade ao conceituá-la como "o evento alheio à vontade da parte e que a impediu de praticar o ato por si ou por mandatário" (art. 179).

[339] Como bem observa Dinamarco, "o decurso de prazos preclusivos nem sempre *impede* que a parte realize fisicamente o ato. Simplesmente, não obterá os efeitos que ele produziria, se no prazo". (DINAMARCO, Cândido Rangel. *Instituições de direito processual civil*. 4. ed. São Paulo: Malheiros, 2004, v. II, p. 552).

4.1.2. Preclusão lógica

A preclusão, como se observou ao delinear seu conceito (*supra*, 1.2), não decorre apenas ou necessariamente da inobservância de um prazo. Das palavras de Chiovenda se colhe que também configura preclusão a perda de uma faculdade processual pelo fato de se haver realizado uma atividade incompatível com o exercício da faculdade.[340] Constitui a preclusão lógica, segundo a classificação elaborada a partir dos ensinamentos do mestre italiano, a "impossibilidade em que se encontra a parte de praticar determinado ato, ou postular certa providência judicial em razão da incompatibilidade existente entre aquilo que agora a parte pretende e sua própria conduta processual anterior".[341]

A contradição, a incoerência e a inconstância são inimigas de um processo ordenado e célere e, sobretudo, da boa-fé que deve nele imperar. Não deve se prestar o sistema processual a armadilhas, ardis ou manobras maliciosas, não sendo desejável que as partes possam surpreender constantemente uma à outra com condutas antagônicas, que se mostrem descompassadas com as posições assumidas em momentos anteriores. Nessa percepção repousa a ideia da preclusão lógica.

Tem-se preclusão lógica quando um ato não mais pode ser praticado pelo fato de se ter praticado outro que, pela lei, é definido como incompatível com este, ou quando esta circunstância (incompatibilidade) deflui inequivocamente do sistema.[342] Essa figura é inspirada na renúncia tácita[343] e significa que, quando faltar coerência ou, mais exatamente, quando entre dois ou mais atos da série houver incompatibilidade, o ato sucessivo não pode ser praticado e, caso o seja, não pode ser levado em consideração.[344] O instituto da preclusão carrega em si, além de um escopo de ordem e lógica, forte carga ética, que coíbe comportamentos processuais contraditórios e tumultuários.

Assim, como assinala Fredie Didier Júnior, a preclusão lógica está intimamente ligada à vedação ao *venire contra factum proprium* (regra que proíbe o comportamento contraditório), inerente à cláusula geral de proteção da boa-fé, exposta linhas atrás entre os fundamentos do instituto (*supra*, 2.3). A preclusão lógica incide sobre o comportamento contraditório, impedindo que ele produza qualquer efeito.[345]

---

[340] CHIOVENDA, Giuseppe. *Instituições de direito processual civil*. Tradução de Paolo Capitanio. Campinas: Bookseller, 1998, v. III, p. 184.

[341] SILVA, Ovídio Araújo Baptista da. *Curso de processo civil*. 4. ed. São Paulo: Revista dos Tribunais, 1998, v. 1, p. 209.

[342] ARRUDA ALVIM, José Manoel de. *Manual de direito processual civil*. 11. ed. São Paulo: Revista dos Tribunais, 2007, v. 1, p. 498.

[343] BEDAQUE, José Roberto dos Santos. *Efetividade do processo e técnica processual*. 2. ed. São Paulo: Malheiros, 2007, p. 127.

[344] VERDE, Giovanni. *Profili del processo civile – parte generale*. 4. ed. Napoli: Jovene Editore Napoli, 1994, p. 332.

[345] DIDIER JÚNIOR, Fredie. *Curso de direito processual civil*. 10. ed. Salvador: *Jus*Podivm, 2008, p. 275. (Teoria geral do processo e processo de conhecimento; v. 1).

4.1.3. Preclusão consumativa

Também da sistematização de Chiovenda se extrai uma terceira modalidade de preclusão, decorrente "de já se haver validamente exercido a faculdade (consumação propriamente dita)".[346] A lição é seguida sem maiores ressalvas pela doutrina, que reiteradamente denomina de *preclusão consumativa* o fato impeditivo (fundado na regra *non bis in idem*) que obsta a prática do ato processual quando a faculdade correspondente já foi exercida validamente.[347]

A expressão *validamente*, no entanto, embora presente já na lição de Chiovenda, parece ser repetida mais por hábito do que por cabimento. Pouco importa, a bem da verdade, a validade (em sentido técnico) do primeiro ato praticado. Não é possível repeti-lo ou aperfeiçoá-lo porque já se consumou, quer válida, quer invalidamente, como bem ressalva Maurício Giannico:

> Exercido determinado ônus processual, mesmo que de modo inválido, ainda assim está-se diante da perda da possibilidade de novamente exercê-lo. Opera-se a preclusão, pois, pela *consumação* pura e simples do ato processual, não sendo relevante apurar, para fins de conceituação do instituto, se tal ato se encontra inquinado ou não de eventuais vícios, defeitos ou irregularidades.[348]

De fato, desnecessário parece, ao se cuidar de preclusão consumativa, enveredar-se por caminhos tão tortuosos como são os da teoria das invalidades processuais. Para que ocorra a consumação obstativa da reedição do ato, basta sua prática. Daí porque também não parece satisfatória a definição de Vicente Greco Filho, para quem ocorre a preclusão consumativa "quando a parte esgota a oportunidade de praticar determinado ato, praticando-o de uma das maneiras alternativamente previstas em lei, como possíveis, ficando proibida de praticá-lo de outra maneira".[349] Em verdade, para que se configure preclusão consumativa, basta que já tenha sido praticado o ato (válida ou invalidamente) para que se impeça a nova prática, seja de maneira distinta, seja da mesma maneira.

---

[346] CHIOVENDA, Giuseppe. *Instituições de direito processual civil*. Tradução de Paolo Capitanio. Campinas: Bookseller, 1998, v. III, p. 184.

[347] MARQUES, José Frederico. *Instituições de direito processual civil*. 3. ed. Rio de Janeiro: Forense, 1966, v. II, p. 286. FREITAS, Elmano Cavalcanti de. Da preclusão. *Revista Forense*, v. 240, p. 26, out./nov./dez. 1972; CARREIRA ALVIM, J. E. *Teoria geral do processo*. 11. ed. Rio de Janeiro: Forense, 2006, p. 256.

[348] GIANNICO, Maurício. *A preclusão no direito processual civil brasileiro*. 2. ed. São Paulo: Saraiva, 2007, p. 52-53. Corrobora esse entendimento Edval Borges Segundo, para quem é irrelevante para a verificação da preclusão consumativa a presença de qualquer vício. (BORGES SEGUNDO, Edval. Preclusão: uma técnica jurídica processual. *Revista do Programa de Pós-Graduação em Direito da Universidade Federal da Bahia*. Salvador: UFBA, n. 16, p. 200, 2008). Em sentido oposto, porém, Bedaque entende que, se o ato é defeituoso, a parte pode saná-lo, se ainda não esgotado o prazo previsto em lei para sua prática. Sustenta que a parte, ao antecipar-se, buscou contribuir para a celeridade do processo e não deve ser penalizada. Nessa linha, somente o exercício válido do direito implicaria consumação do ato e impediria fosse ele praticado novamente. (BEDAQUE, José Roberto dos Santos. *Efetividade do processo e técnica processual*. 2. ed. São Paulo: Malheiros, 2007, p. 145-147.) A tese, no entanto, é francamente minoritária, não encontrando, ademais, acolhida nos tribunais que invariavelmente se pronunciam no sentido da ocorrência de preclusão consumativa mesmo quando falta ao ato já praticado algum requisito formal.

[349] GRECO FILHO, Vicente. *Direito processual civil brasileiro*. 16. ed. São Paulo: Saraiva, 2003, v. 2, p. 23.

Fala-se, pois, em preclusão consumativa, quando se pratica o ato processual previsto em lei, não sendo possível, depois de consumado o ato, praticá-lo novamente. Com o ato anterior devidamente realizado, o efeito jurídico do mesmo resta perfectibilizado, consumado.[350] Daí a observação de Arruda Alvim de que preclusão lógica, rigorosamente, é também consumativa, já que a circunstância de a prática de um ato processual se ter verificado envolve consumação, que, no contexto da preclusão lógica, quer dizer que o mesmo ato não pode ser repetido e que, ainda, outro ato ou outros atos, que pudessem ter sido praticados no lugar daquele não mais poderão sê-lo.[351]

Em suma, por mais que a tentação de aperfeiçoar o ato já praticado se faça presente, semelhante providência é impedida pela preclusão consumativa, cujo escopo maior é preservar a ordem e a celeridade do processo. Realizado o ato, como observa Moniz de Aragão – "não será possível pretender tornar a praticá-lo, ou acrescentar-lhe elementos que ficaram de fora e nele deveriam ter sido incluídos, ou retirar os que, inseridos, não deveriam tê-lo sido".[352]

4.2. PRECLUSÃO PARA O JUIZ

4.2.1. Sujeição do juiz à preclusão

A sujeição do juiz à preclusão, como já visto, era vislumbrada já por Chiovenda, embora o insigne processualista a tenha omitido naquela que pretendia ver consagrada como a mais completa conceituação do instituto (*supra*, 1.2).

Acolhida no Brasil a teoria chiovendiana, ainda que com pertinentes ressalvas à incompletude do conceito, muito se discutiu, desde a vigência do Código de Processo Civil de 1939, se nosso sistema positivara a vedação ao juiz de pronunciar-se mais de uma vez sobre a mesma questão, de desdizer-se ou de contradizer-se.

O questionamento se punha diante do art. 289 do Código revogado e se põe ainda diante do art. 471 do atual Código de Ritos. Segundo previsto em ambos os diplomas, nenhum juiz poderia *decidir novamente as questões já decididas, relativas à mesma lide*,[353] salvo em situações excepcionais, expressamente previstas.

A alusão a "questões" é suficiente para que boa parte da doutrina vislumbre a regulação expressa, no ordenamento processual brasileiro, da preclusão para o juiz.

---

[350] LORETO, Luis. El instituto de la preclusión en el derecho procesal civil venezolano. *Revista de Processo*. São Paulo: Revista dos Tribunais, n. 33, ano 9, p. 228, jan./mar. 1984.

[351] ARRUDA ALVIM, José Manoel de. *Manual de direito processual civil*. 11. ed. São Paulo: Revista dos Tribunais, 2007, v. 1, p. 498.

[352] MONIZ DE ARAGÃO, Egas Dirceu. Preclusão (Processo Civil). In: OLIVEIRA, Carlos Alberto Alvaro de. *Saneamento do processo*: estudos em homenagem ao Prof. Galeno Lacerda. Porto Alegre: Fabris, 1989, p. 180.

[353] O Projeto de Lei nº 8.046/2010, que institui o novo Código de Processo Civil, mantém, no art. 486, a mesma redação.

Comentando os ensinamentos de Chiovenda, Liebman, na vigência do Código de 1939, afirmou que a regra do art. 289 estendia-se também ao "despacho interlocutório *stricto sensu*", "no sentido de que se forma sobre as questões nêle decididas, qualquer que seja sua natureza, uma preclusão que impede ressuscitar a discussão sôbre elas no curso do mesmo processo, ressalvada ùnicamente a possibilidade dum recurso, quando fôr permitido".[354]

Segundo Pontes de Miranda, no art. 471 do Código de Processo Civil estão em causa a coisa julgada formal e a preclusão, referindo-se a lei ao "trânsito em julgado no mesmo processo". Conforme sua interpretação, o dispositivo põe por princípio a preclusividade das resoluções judiciais, só havendo exceções a essa regra nas hipóteses que os incisos elencam.[355]

Na doutrina atual, Humberto Theodoro Júnior é um dos que emprestam essa mesma interpretação ao dispositivo, afirmando que, quando o juiz enfrenta uma questão incidental e a soluciona por meio de decisão interlocutória, a incidência do art. 471 do Código de Processo Civil forma, também para o órgão judicial, a preclusão, de modo a impedi-lo, fora das vias recursais, de voltar ao reexame da mesma questão em novos pronunciamentos no processo.[356]

Para Sérgio Gilberto Porto, igualmente, as questões a que se refere a lei processual são todas as questões da lide, isto é, todas as dúvidas conhecidas e enfrentadas pelo juízo. Assim, toda a matéria que tenha se caracterizado como ponto de controvérsia no curso da lide, ensejando dúvida e que, por decorrência, tenha provocado decisão jurisdicional de natureza interlocutória, adquire estabilidade, vedando nova decisão.[357]

Com base na própria localização dos dispositivos nos códigos, no entanto, não são poucos os que defendem exatamente o contrário, preconizando que o alvo do legislador, ao vedar novo julgamento, era apenas a coisa julgada material, rejeitando, assim, a ideia de que a preclusão para o juiz esteja consagrada no ordenamento processual pátrio, ao menos expressamente.

Conforme Antônio Carlos de Araújo Cintra, questões relativas à lide são sempre questões de mérito, e o juiz só as decide em sentença, de modo que a nova

---

[354] Trata-se de comentário de Enrico Tullio Liebman à obra "Instituições de direito processual civil", de Giuseppe Chiovenda. (CHIOVENDA, Giuseppe. *Instituições de direito processual civil*. 3. ed. Tradução da 2ª edição italiana por J. Guimarães Menegale, acompanhada de notas pelo Prof. Enrico Tullio Liebman. São Paulo: Saraiva, 1969, v. I, p. 378).

[355] PONTES DE MIRANDA, Francisco Cavalcanti. *Comentários ao Código de Processo Civil, tomo V*: arts. 444 a 475. 3. ed. Rio de Janeiro: Forense, 1997, p. 146-147.

[356] THEODORO JÚNIOR, Humberto. *Curso de direito processual civil*. 49. ed. Rio de Janeiro: Forense, 2008, v. 1, p. 544.

[357] PORTO, Sérgio Gilberto. *Comentários ao Código de Processo Civil*. v. 6. São Paulo: Revista dos Tribunais, 2000, p. 206. Nesse mesmo sentido, interpretando o art. 471 como consagrador da preclusão para o juiz no ordenamento processual civil brasileiro, opinam Moniz de Aragão (*Sentença e coisa julgada*. Rio de Janeiro: Aide, 1992, p. 264), Daniel Amorim Assumpção Neves (*Breves apontamentos sobre o instituto da preclusão*. DIDIER JÚNIOR, Fredie. (Org.). *Leituras complementares de processo civil*. 4. ed. Salvador: JusPodivm, 2006, p. 331) e Sálvio de Figueiredo Teixeira (*Código de Processo Civil anotado*. 7. ed. São Paulo: Saraiva, 2003, p. 330).

decisão de questões já decididas proibida pelo art. 471 do Código de Processo Civil se limita ao momento posterior à prolação de sentença.[358] De acordo com essa corrente, também defendida por boa parte da doutrina, o art. 471 apenas explicita a repercussão concreta da coisa julgada material (imutabilidade dos efeitos naturais da sentença), que é a impossibilidade de o juiz da causa, ou qualquer outro, voltar a apreciar o pedido já decidido relativamente a certa lide.[359]

Seguindo essa segunda linha, José Rogério Cruz e Tucci lembra que o art. 289 do Código de 1939 praticamente foi transposto do Projeto Mortara italiano, que, em seu art. 291, preceituava: "Nessun giudice può tornare a decidere le questioni già decise con una sentenza, quando riguardano medesima lite...". Diante disso, opina que o que vinha mesmo vetado era o novo julgamento de questão sobre o próprio *meritum causae*, significando que o mesmo *thema decidendum* não poderia ser novamente suscitado com fundamento em tal questão, quer o juiz a tivesse decidido, quer não.[360]

Em que pese ponderável a advertência, a verdade é que o argumento histórico pode ser tanto favorável quanto contrário à tese que restringe a vedação de novo julgamento à coisa julgada material. Informa a doutrina que o art. 511 do Anteprojeto Buzaid dispunha no *caput* que *"nenhum juiz decidirá novamente as questões já decididas* em sentença definitiva, *relativas à mesma lide, salvo...".*[361] Se é verdade que a alusão à sentença esteve presente na primeira redação do art. 471 do Código de 1973, não é menos verdade que o legislador preferiu suprimi-la, o que dificilmente se poderia entender como um gesto irrefletido.

Embora amplamente debatida em doutrina, a interpretação a ser dada ao art. 471 do Código de Processo Civil é discussão, até certo ponto, estéril, por não ser determinante ao reconhecimento da existência de preclusão também para o juiz. Com razão, defende João Batista Lopes que a proibição de o juiz decidir novamente as questões já decididas independe de regra legal expressa, porque o princípio do *ne bis in idem* deve ser compreendido como ínsito no sistema, sob pena de se instaurar regime de insegurança e intranquilidade para as partes e desprestígio para a função jurisdicional, pelo que conclui ser inviável a reapreciação de questões já decididas pelo juiz sem recurso.[362]

---

[358] CINTRA, Antônio Carlos de Araújo. *Comentários ao Código de Processo Civil*. 3. ed. Rio de Janeiro: Forense, 2008, v. IV, p. 324.

[359] MACHADO, Antônio Cláudio da Costa. *Código de Processo Civil interpretado*. 7. ed. Barueri: Manole, 2008, p. 491.

[360] CRUZ E TUCCI, José Rogério. Sobre a eficácia preclusiva da decisão declaratória de saneamento. In: OLIVEIRA, Carlos Alberto Alvaro de. (Org.). *Saneamento do processo:* estudos em homenagem ao Prof. Galeno Lacerda. Porto Alegre: Fabris, 1989, p. 276-277.

[361] Trata-se de nota de Ada Pellegrini Grinover na obra "Eficácia e autoridade da sentença e outros estudos sobre a coisa julgada", de Enrico Tullio Liebman. (LIEBMAN, Enrico Tullio. *Eficácia e autoridade da sentença e outros estudos sobre a coisa julgada*. Tradução de Alfredo Buzaid e Benvindo Aires; trad. textos posteriores à edição de 1945 e notas relativas ao direito brasileiro vigente de Ada Pellegrini Grinover. 4. ed. Rio de Janeiro: Forense, 2006, p. 66).

[362] LOPES, João Batista. Os poderes do juiz e o aprimoramento da prestação jurisdicional. *Revista de Processo*. São Paulo: Revista dos Tribunais, n. 35, p. 33, jul./set. 1984.

Mais do que a interpretação do art. 471 do Código de Processo Civil, portanto, é o socorro à principiologia processual que faz a tese favorável ao reconhecimento de que a preclusão também se aplica ao órgão julgador granjear cada vez mais adeptos.[363]

Embora parte da doutrina ainda se mostre tímida ao reconhecê-la,[364] a aplicação da figura da preclusão também ao juiz traduz uma necessidade inegável. A ela devem se submeter as decisões interlocutórias, sob pena de se instalar o tumulto na marcha do processo e de se criarem intoleráveis quebras ao tratamento igualitário das partes, com sério comprometimento do dever de dar célere andamento à causa.[365] Esse entendimento repousa, em grande parte, nas garantias dos jurisdicionados, que devem poder ter segurança em que não poderá haver a modificação de decisão anterior quando, por exemplo, o julgador simplesmente tenha mudado de opinião ou, como mais comum, ocorrer a troca de juízes.[366]

O sistema processual possui freios e impõe limites também ao juiz quanto à possibilidade de retificação e de alteração de posições assumidas em decisões anteriores. A finalidade maior da atuação jurisdicional não seria atendida se se admitissem infindáveis contramarchas no processo, que não pode ser fruto da insegurança do órgão julgador, decidindo e revendo, sem respaldo legal (fora das exceções previstas pelo ordenamento), suas decisões.[367] Ao juiz, que personifica o Estado no exercício da função jurisdicional, também não deve ser concedida a livre atuação, com decisões pendulares que tumultuem o processo e tragam insegurança.[368]

---

[363] Nesse sentido, entre tantos outros: OLIVEIRA, Carlos Alberto Alvaro de; MITIDIERO, Daniel. *Curso de processo civil*. São Paulo: Atlas, 2009, v. 1, p. 85; MARQUES, José Frederico. *Manual de direito processual civil. Processo de conhecimento – 1ª parte*. São Paulo: Saraiva, 1974, v. II, p. 170; GONÇALVES, Marcus Vinícius Rios. *Novo curso de direito processual civil*. 2. ed. São Paulo: Saraiva, 2005, v. 1, p. 246; FONTES, Renata Barbosa. Preclusão *pro judicato*. *Revista da Procuradoria Geral do INSS*. Brasília, v. 4, n. 3, p. 25, 1997; VASCONCELOS, Antônio Vital Ramos de. O pedido de reconsideração e a preclusividade das decisões judiciais. *Revista da Ajuris*. Porto Alegre, n. 40, p. 157, jul. 1987.

[364] Cássio Scarpinella Bueno, sem afirmar peremptoriamente que o órgão judicial também se sujeita à preclusão, assim trata do tema: "nada há de equivocado em entender que o magistrado fica sujeito a determinadas *estabilizações* expressas na lei para determinadas decisões judiciais proferidas a partir do legítimo exercício jurisdicional. Assim, por exemplo, nos arts. 471 e 473; de forma menos clara, nos arts. 273, § 4º, 807, e, até mesmo, no art. 810, que se justificam pelos princípios do devido processo legal, do contraditório e da ampla defesa e, superiormente, pelo princípio da segurança jurídica". (BUENO, Cassio Scarpinella. *Curso sistematizado de direito processual civil*. 2. ed. São Paulo: Saraiva, 2008, v. 1, p. 447-448). Embora pertinentes as anotações do processualista, a cautela na abordagem da questão parece exagerada, podendo-se admitir, sem maiores dificuldades, que tais "estabilizações" nada mais são do que hipóteses de incidência da preclusão.

[365] THEODORO JÚNIOR, Humberto. A preclusão no processo civil. *Revista dos Tribunais*. São Paulo: Revista dos Tribunais, v. 784, p. 23, fev. 2001.

[366] GOMES JÚNIOR, Luiz Manoel; CHUEIRI, Miriam Fecchio. Preclusão *pro judicato* e seus limites. Segurança jurídica x necessidade de uma conduta ativa do julgador. *Revista de Processo*. São Paulo: Revista dos Tribunais, n. 160, ano 33, p. 283, jun. 2008.

[367] SOUZA JÚNIOR, Sidney Pereira de. A preclusão *pro judicato* na produção de provas e a "limitação" do poder instrutório do juiz (art. 130 do CPC). (Comentários ao REsp 345.436-SP). *Revista de Processo*. São Paulo: Revista dos Tribunais, n. 158, ano 33, p. 265-266, out. 2008.

[368] NEVES, Daniel Amorim Assumpção. *Preclusões para o juiz*: preclusão *pro iudicato* e preclusão judicial no processo civil. São Paulo: Método, 2004, p. 30.

Se a preclusão para as partes tem entre seus fundamentos imperativos de coerência e de segurança, com mais razão ainda a preclusão para o juiz se justifica na preservação da ordem do processo e da certeza nas relações processuais. Não admitir que o juiz se sujeita à preclusão é legitimar a surpresa traidora da confiança do jurisdicionado.

Estabelecido que a preclusão atinge também o juiz, resta perquirir a quais modalidades de preclusão está sujeito.

Há consenso quanto a não se aplicar ao órgão julgador a preclusão temporal. Os prazos fixados ao juiz pela lei processual, como já visto (*supra*, 4.1.1), são impróprios, não decorrendo de sua inobservância qualquer consequência processual. Ainda que certos doutrinadores defendam uma revisão dessa concepção, argumentando que os prazos para o juiz não podem ser anódinos,[369] o fato é que a preclusão temporal, com o sentido que tem para as partes, não se aplica ao juiz.

No que diz respeito à preclusão consumativa, não há maior dificuldade em se admitir sua aplicação aos atos judiciais. Uma vez praticado o ato decisório, não é dado ao juiz, em regra, tornar a decidir.

Ponto mais polêmico diz respeito à aplicação da preclusão lógica para o juiz. Admite-a Daniel Amorim Assumpção Neves, citando o caso da limitação do litisconsórcio possibilitada pelo art. 46, parágrafo único do Código de Processo Civil, entendendo que, se não houve a limitação e o processo já foi instruído, faltando apenas sentença, não cabe mais a limitação, ocorrendo uma preclusão lógica para o juiz.[370] Tem o apoio de Fredie Didier Júnior, que, quanto à incidência também da preclusão lógica, cita como exemplo a impossibilidade de o juiz julgar antecipadamente a lide e concluir pela improcedência pelo fato de o autor não ter produzido prova de suas alegações.[371]

Fernando Rubin entende viável pensar na hipótese de preclusão lógica, "sob a perspectiva de que é vedado ao magistrado desrespeitar as disposições processuais vigentes, tumultuando o procedimento com decisões incompatíveis de impulsionamento".[372] Assim, preconiza que, se o autor, em réplica, requereu justificadamente a prova oral, inclusive apresentando rol, e o juiz a deferiu, não pode, sem novas circunstâncias justificadoras, intimar posteriormente o demandante para melhor explicar a pertinência da prova, sob pena de indeferimento.[373]

---

[369] DIDIER JÚNIOR, Fredie. *Curso de direito processual civil*. 10. ed. Salvador: *Jus*Podivm, 2008, p. 282. (Teoria geral do processo e processo de conhecimento; v. 1).

[370] NEVES, Daniel Amorim Assumpção. *Preclusões para o juiz:* preclusão *pro iudicato* e preclusão judicial no processo civil. São Paulo: Método, 2004, p. 42-43.

[371] DIDIER JÚNIOR, Fredie. *Curso de direito processual civil*. 10. ed. Salvador: *Jus*Podivm, 2008, p. 274. (Teoria geral do processo e processo de conhecimento; v. 1).

[372] RUBIN, Fernando. *O instituto da preclusão na dinâmica do processo civil*. Dissertação de Mestrado defendida perante a Universidade Federal do Rio Grande do Sul, 2009, p. 121. (Orientador Prof. Dr. Carlos Alberto Alvaro de Oliveira).

[373] Ibidem, p. 122.

No mesmo sentido, entende Luiz Rodrigues Wambier que a preclusão para o juiz pode assumir a feição de preclusão consumativa e, eventualmente, a de preclusão lógica. Segundo sustenta, em casos excepcionais seria possível cogitar desta última modalidade, pois o juiz, a não ser diante de novas alegações ou de fatos novos, não pode, em princípio, decidir contraditoriamente, cabendo à parte, se isso ocorrer, o controle pela via recursal.[374]

Em que pese se compreendam e muito se respeitem as opiniões acima transcritas, que partem da acertada premissa de que o órgão julgador não deve se contradizer, não parece exato o trato de tais hipóteses como de preclusão lógica. Nas situações aventadas pelos autores mencionados, o juiz não perde uma possibilidade nem um poder em função de haver adotado um comportamento anterior incompatível, mas sim em função de já haver decidido. O que cria o óbice, enfim, não é a contradição em si, mas o fato de já haver sido praticado o ato decisório.

Nesse sentido, têm razão os doutrinadores que defendem que a preclusão consumativa é a única a que se sujeita o juiz. Assim afirmam, dentre outros, Carlos Francisco Büttenbender,[375] Daniel Francisco Mitidiero[376] e Manoel Caetano Ferreira Filho, esclarecendo o último que, embora se pudesse pensar em preclusão lógica no sentido de ser vedado ao juiz, após proferida decisão, voltar atrás e decidir em sentido contrário, o que ocorre em tal hipótese é a preclusão consumativa do poder de praticar o ato decisório.[377]

No caso das faculdades das partes, a preclusão lógica se distingue nitidamente da preclusão consumativa. A perda da faculdade processual, no primeiro caso, se deve à própria contradição, à prática de um ato incompatível com outro posterior. No caso dos poderes do juiz, ao revés, não há essa distinção: havendo decidido, é o que basta para que não possa, em regra, tornar a decidir, pouco importando, aí, a contradição, que se subsume na consumação do ato.

O presente trabalho abordará a preclusão para o juiz, situando-a academicamente, por todo o exposto, como preclusão consumativa.

4.2.2. Opção terminológica: a controversa expressão "preclusão *pro judicato*"

Como já se viu linhas atrás (*supra*, 1.2), na árdua tarefa de conceituar a preclusão, não foi inteiramente feliz Chiovenda, seu maior sistematizador, pois, embora demonstrando a aplicabilidade da mesma aos atos do juiz ao longo de sua obra,

---

[374] WAMBIER, Luiz Rodrigues. *Curso avançado de processo civil*. 7. ed. São Paulo: Revista dos Tribunais, 2005, p. 205. (Teoria geral do processo e processo de conhecimento; v. 1).
[375] BÜTTENBENDER, Carlos Francisco. *Direito probatório, preclusão & efetividade processual*. 3. tir. Curitiba: Juruá, 2008, p. 131.
[376] MITIDIERO, Daniel Francisco. *Comentários ao Código de Processo Civil*. Tomo II (Arts. 154 a 269). São Paulo: Memória Jurídica, 2005, p. 137.
[377] FERREIRA FILHO, Manoel Caetano. *A preclusão no direito processual civil*. Curitiba: Juruá, 1991, p. 25.

involuntariamente omitiu-a ao formular o que pretendia fosse a definição completa do instituto. Em função justamente da equivocada ideia de que pelo conceito chiovendiano o juiz não estivesse submetido à preclusão, a doutrina subsequente tratou da hipótese como uma preclusão *sui generis*.

No afã de distinguir a preclusão relativa ao agir do juiz, Stefano Riccio, na obra *La Preclusione Processuale Penale*, propôs o emprego da expressão preclusão *pro judicato*, embora essa nomenclatura houvesse sido cunhada originalmente por Enrico Redenti para designar fenômeno absolutamente distinto. A essa apropriação se deve a imprecisão terminológica de que cuida o presente capítulo.

Riccio inicia suas considerações esclarecendo que a preclusão *pro judicato* constitui, segundo Redenti, fenômeno colateral e afim à sentença propriamente dita e que merece ser separadamente considerado. Segundo o conceito original, portanto, a expressão se reserva a casos nos quais o juiz emana um provimento sobre a ação exercitada diante de si sem emitir um *accertamento* propriamente dito, produzindo-se, porém, um resultado prático similar ao da autoridade de coisa julgada.[378]

Lembra Riccio que Redenti exemplifica sua construção com o caso em que um credor age executivamente com base em um título executivo extrajudicial e a execução chega a seu fim sem que o devedor haja suscitado oposição. Ainda que esta não seja tempestivamente oposta, o decreto não adquire autoridade de coisa julgada, por faltar-lhe um exame completo e exauriente; para Redenti, enfim, se verifica aí uma preclusão com efeitos análogos aos da sentença.[379]

Contudo, objetando que Redenti confunde a preclusão com a coisa julgada, já que a primeira opera exclusivamente no interior do processo e tem essência na extinção e consumação de um poder processual da parte, Riccio propõe um emprego inteiramente novo para a expressão preclusão *pro judicato*. Nesse sentido, conclui que se poderia utilmente empregá-la nos casos nos quais a decisão cria uma preclusão, sem gerar a autoridade e os efeitos da coisa julgada, como nos provimentos de natureza exclusivamente processual.[380]

Segundo Riccio, não se pode falar de verdadeira e própria preclusão quando não se tem extinção ou consumação de um poder processual das partes, mas exercício de um poder pelo juiz. E se o efeito do provimento é limitado ao processo – conclui –, esse efeito é apenas preclusivo, podendo-se conceber a preclusão em relação à atividade do juiz quanto aos provimentos de conteúdo exclusivamente processual, dando-se a essa forma peculiar de preclusão o nome de preclusão *pro judicato*.[381]

A formulação de Riccio foi recepcionada, entre nós, por autorizada doutrina, o que explica a difusão da expressão preclusão *pro judicato* para designar a preclusão

---

[378] RICCIO, Stefano. *La preclusione processuale penale*. Milano: Giuffrè, 1951, p. 99.
[379] Ibidem, p. 99-100.
[380] Ibidem, p. 100.
[381] Ibidem, p. 102-103.

que atinge os poderes do juiz. José Frederico Marques, mesmo observando a reutilização por Riccio da expressão cunhada por Redenti para nomear situação diversa, adota a construção do primeiro:

> Pode-se falar de preclusão *pro judicato* em relação a decisões de conteúdo exclusivamente processual, uma vez que, em tais pronunciamentos, impossível será aludir-se à coisa julgada por ausência de resolução judicial sôbre o mérito da causa. Nessa preclusão, além de exaurir-se o direito processual da parte, cria-se um impedimento ou limitação ao juiz. E como a preclusão 'vera e propria' não pode alcançar os podêres do juiz, mas tão-só as faculdades processuais das partes, fala-se de *preclusão pro judicato*.[382]

Enfim, como bem destaca Daniel Amorim Assumpção Neves, o grande equívoco de Riccio, seguido por doutrinadores italianos e brasileiros, foi empregar expressão já cunhada com sentido absolutamente distinto para designar o que defendiam ser uma espécie *sui generis* de preclusão, supostamente não enquadrada na definição clássica do instituto.[383] Embora seja verdade que o juiz não possui faculdades em sentido técnico, devendo-se falar, mais propriamente, em deveres-poderes,[384] não há razão para se afirmar que a preclusão para o juiz é uma preclusão *sui generis*, menos ainda para se tentar dar-lhe designação distinta.

De fato, nem a involuntária omissão de Chiovenda, que jamais tencionara pôr a salvo da preclusão os atos judiciais, serve de justificativa para a impropriedade da terminologia sugerida por Riccio, conquanto consagrada em doutrina e jurisprudência. Isso porque, não bastasse empregar com significado distinto nomenclatura criada por outrem – fato, por si só criticável – descurou Riccio do significado da expressão, consagrando terminologia inadequada para designar a preclusão para o juiz.

Como esclarece Tesheiner, a expressão preclusão *pro judicato* significa, em latim, "preclusão como se tivesse sido julgado". Se houve decisão e ocorreu preclusão, portanto, não há que se falar em *"preclusão pro judicato"*, porque esta supõe justamente a *ausência* de decisão. A expressão, ainda segundo o lúcido processualista, foi bem empregada por Redenti, ainda que duvidosa sua tese, mas foi mal empregada já por José Frederico Marques, para significar a imutabilidade, no processo, de questões decididas no curso do procedimento. Assim historiado o problema, conclui Tesheiner: "Admitindo-se que haja preclusão para o juiz, diga-se, em bom português: 'preclusão para o juiz'; não, preclusão 'pro judicato', em mau latim".[385]

O presente trabalho acolhe a pertinente advertência.

---

[382] MARQUES, José Frederico. *Instituições de direito processual civil*. 3. ed. Rio de Janeiro: Forense, 1966, v. II, p. 289.

[383] NEVES, Daniel Amorim Assumpção. *Preclusões para o juiz*: preclusão *pro iudicato* e preclusão judicial no processo civil. São Paulo: Método, 2004, p. 24-25.

[384] GOMES, Celeste Leite dos Santos Pereira. Princípio da oficiosidade e preclusão. *Justitia*. São Paulo: Procuradoria-Geral de Justiça de São Paulo, ano 61, v. 185/188, p. 238, jan./dez. 1999.

[385] TESHEINER, José Maria Rosa. *Preclusão pro judicato não significa preclusão para o juiz*. Disponível em: <http://www.tex.pro.br/wwwroot/01de2006/preclusaoprojudicatonaosignifica.html>. Acesso em: 18 dez. 2009.

5. A preclusão no sistema processual civil brasileiro

5.1. PRECLUSÃO PARA AS PARTES (PRECLUSÃO DE FACULDADES PROCESSUAIS)

A amplitude do conceito de preclusão e a recorrência com que o instituto é tratado na jurisprudência já deixam entrever a dimensão da gama de hipóteses de ocorrência do fenômeno. Por certo não seria possível – nem necessário – enumerá-las todas. Buscar-se-á analisar, porém, aquelas que mais frequentemente se repetem no cotidiano forense.

5.1.1. Fase postulatória

5.1.1.1. Dedução de alegações: princípio da eventualidade

Não é ilimitado o poder das partes de trazer ao processo novas questões ou alegações. Se se assegurasse às partes a faculdade de apresentarem suas alegações como e quando lhes conviesse, a desordem e a insegurança campeariam no processo, arrastando os litígios a delongas intermináveis.[386]

Por imperativos de segurança e de ordem, o processo é dividido em diversos períodos claramente distintos uns dos outros, de tal maneira que não pode se iniciar um sem que haja terminado o que lógica e legalmente deve precedê-lo. Por força disso, devem as partes produzir suas alegações nos períodos correspondentes, para a eventualidade de que mais tarde lhes possam ser úteis, ainda que de momento não o sejam.[387]

A lei processual estabelece limites temporais para a apresentação das alegações que darão os contornos do processo, impondo que autor e réu concentrem suas matérias de ataque e de defesa, respectivamente, na petição inicial e na con-

---
[386] SOUSA, Everardo de. Do princípio da eventualidade no sistema do código de processo civil. *Revista Forense*. Rio de Janeiro: Forense, v. 251, ano 71, p. 106, jul./set. 1975.
[387] PALLARES, Eduardo. *Diccionario de derecho procesal civil*. México, D.F.: Porrua, 1952.

testação. Ainda que as proposições sejam excludentes, deve-se proceder assim em previsão, *in eventum*, de que uma delas seja rechaçada, devendo-se então examinar a subsequente.[388]

Trata-se de aplicação do *princípio da eventualidade*, também conhecido como *princípio de ataque e defesa global*,[389] que tem como consequência delimitar a controvérsia conforme o alegado na inicial e na contestação, pois, salvo em casos excepcionais, nenhuma modificação é possível depois desses momentos, ocorrendo a *preclusão* da faculdade de apresentar novos meios de ataque ou de defesa em outra fase.[390] [391]

---

[388] COUTURE, Eduardo Juan. *Fundamentos del derecho procesal civil*. 3. ed. (póstuma). Buenos Aires: Roque Depalma, 1958, p. 197.

[389] MILLAR, Robert Wyness. *Los principios formativos del procedimiento civil*. Buenos Aires: Ediar, 1945, p. 96.

[390] BARBI, Celso Agrícola. Da preclusão no processo civil. *Revista Forense*. Rio de Janeiro: Forense, v. 158, p. 61, mar./abr. 1955.

[391] O princípio da eventualidade limita as alegações das partes no curso do processo, vedando inovações. Questão correlata, mas distinta da ora abordada é a que diz respeito à assim chamada eficácia preclusiva da coisa julgada, que veda a reedição, fora do processo, de questões que nele *poderiam* ter sido suscitadas. De acordo com o art. 474 do Código de Processo Civil, "passada em julgado a sentença de mérito, reputar-se-ão deduzidas e repelidas todas as alegações e defesas, que a parte poderia opor assim ao acolhimento como à rejeição do pedido". A norma, como esclarece Sérgio Gilberto Porto, tem por escopo aumentar a órbita de alcance da coisa julgada, com o objetivo de afastar futura discussão pertinente ao mesmo conflito. (PORTO, Sérgio Gilberto. *Ação rescisória atípica*. São Paulo: Revista dos Tribunais, 2009, p. 76). Trata-se de tema polêmico, cujo enfrentamento cabal mereceria monografia própria. Importa ao menos referir, porém, que variam na doutrina e na jurisprudência as posições interpretativas acerca da norma, ora revelando-se mais rígidas, ora mais flexíveis. Ovídio Araújo Baptista da Silva, defendendo posição bastante rigorosa, questiona até que ponto o autor pode limitar a demanda com a simples operação de omitir, na inicial, certa parte do conflito de interesses, opinando que a finalidade do art. 474 do Código de Processo Civil é justamente evitar a atomização da demanda, que acabaria por destruir o próprio conceito de coisa julgada. Nessa linha, entende que a eficácia preclusiva da coisa julgada abrange não apenas o fato descrito como fundamento da ação (causa de pedir), mas todos aqueles com ele compatíveis. Nesse sentido, a existência de decisão em demanda anterior calcada em inadimplemento culposo do contrato por um certo motivo obsta nova ação fundada também em inadimplemento culposo por motivo distinto, muito embora não possa obstar nova demanda fundada em questão outra, alheia ao fato inadimplemento (SILVA, Ovídio Araújo Baptista da. Limites objetivos da coisa julgada no atual direito brasileiro. In: *Sentença e coisa julgada*: ensaios e pareceres. 4. ed. Rio de Janeiro: Forense, 2003, p. 133 e 137). Também adotando linha bastante rígida, sustenta Araken de Assis que a intenção do legislador com o art. 474 do Código de Processo Civil foi resguardar a imutabilidade da resposta judicial ao pedido, afirmando que o dispositivo legal em questão abrange as causas do autor e as defesas do réu não deduzidas. (ASSIS, Araken de. Reflexões sobre a eficácia preclusiva da coisa julgada. *Revista da Ajuris*. Porto Alegre, n. 44, p. 40, nov. 1988). O Superior Tribunal de Justiça, filiando-se à posição mais elástica, já decidiu que as alegações e defesas dedutíveis podem ser livremente debatidas em outro processo, desde que, por essa via, não se procure ofender, ainda que obliquamente, a coisa julgada. (BRASÍLIA. Superior Tribunal de Justiça. 3ª Turma. Recurso Especial nº 11.315-RJ. Relator: Min. Eduardo Ribeiro, j. 31/08/92, *Diário de Justiça*, de 28 de setembro de 1992, p. 16.425. Disponível em: <www.stj.jus.br>. Acesso em: 22 mar. 2010). Nessa linha, para Marinoni e Mitidiero, o art. 474 do Código de Processo Civil não pode alcançar jamais causas de pedir estranhas ao processo em que transitada em julgado a sentença de mérito. Apenas as questões relativas à mesma causa de pedir ficam preclusas em função de sua incidência. (MARINONI, Luiz Guilherme; MITIDIERO, Daniel Francisco. *Código de Processo Civil comentado artigo por artigo*. São Paulo: Revista dos Tribunais, 2008, p. 451). É essa também a opinião de Cândido Dinamarco, ao esclarecer que a norma processual em comento não trata de causas de pedir omitidas, porque a coisa julgada material não vai além dos limites da demanda proposta e, se houver outra *causa petendi* a alegar, a demanda será outra e não ficará impedida de julgamento. (DINAMARCO, Cândido Rangel. *Instituições de direito processual civil*. 5. ed. São Paulo: Malheiros, 2005, v. III, p. 323). Com todo o respeito aos que defendem entendimento diverso, mais rigoroso, parece ser esta (mais flexível) a melhor solução. Na feliz síntese de Sérgio Gilberto Porto, "são consumidas todas as alegações pertinentes à causa deduzida e não todas as causas existentes". (PORTO, Sérgio Gilberto. *Ação rescisória atípica*. São Paulo: Revista dos Tribunais, 2009, p. 86).

Assim, em íntima ligação com o instituto da preclusão[392] está o princípio da eventualidade, segundo o qual a autor e réu cabe, na fase postulatória, apresentar todas as alegações que contarem a seu favor, mesmo que, em tese, entre si se mostrem contraditórias.[393]

No que diz respeito à atuação do autor, os limites são dados pelos arts. 264 e 294 do Código de Processo Civil: ultimada a citação, é defeso ao autor modificar o pedido ou a causa de pedir, salvo se, pretendida a modificação até o final da fase postulatória, o réu com ela consentir. Após o saneamento do processo, nem mesmo a concordância do réu torna admissível a modificação do pedido.

Como observa Everardo de Sousa, a eventualidade exerce, aí, função de monta, impondo ao autor o dever de, *initio litis*, deduzir todas as suas alegações, isto é, todos os meios de ataque, para que, antes do saneamento do processo, já esteja integrado o contraditório e delimitados os termos da controvérsia.[394]

No que diz respeito à atuação do réu, cabe-lhe, por força do art. 300 do Código de Processo Civil, alegar, na contestação, todas as defesas que tiver contra o pedido do autor, ainda que sejam incompatíveis entre si, pois, na eventualidade de o juiz não acolher uma delas, passará a examinar a outra. Caso o réu não alegue, na contestação, tudo o que poderia, terá havido preclusão consumativa, estando impedido de deduzir qualquer outra matéria de defesa depois da contestação, salvo nas hipóteses do art. 303 do Código de Processo Civil (quando as alegações forem relativas a direito superveniente; quando competir ao juiz conhecê-las de ofício ou quando, por expressa autorização legal, puderem ser formuladas em qualquer tempo e juízo).[395]

O princípio da eventualidade, como se viu, obriga à concentração das alegações em certa fase do processo, ficando vedada sua articulação posterior. É dizer: as alegações devem ser deduzidas oportunamente pelas partes, *sob pena de preclusão*. O princípio da eventualidade, como já observou o Superior Tribunal de Justiça, está muito ligado à preclusão: "Se a parte não alegou tudo o que lhe era lícito aduzir, no instante processual adequado, pode ficar impedida de suscitar uma questão relevante, em outra oportunidade, por ter ocorrido a preclusão".[396]

---

[392] A doutrina tem segurança em fazer essa associação entre eventualidade e preclusão. Carlos Alberto Alvaro de Oliveira e Daniel Mitidiero afirmam que a regra da eventualidade é um dos desdobramentos mais importantes do princípio da preclusão. (OLIVEIRA, Carlos Alberto Alvaro de; MITIDIERO, Daniel. *Curso de processo civil*. São Paulo: Atlas, 2009, v. 1, p. 88).
[393] MARINONI, Tereza Cristina. Sobre o pedido de reconsideração (sucedâneo de recurso?). *Revista de Processo*. São Paulo: Revista dos Tribunais, n. 62, ano 16, p. 302, abr./jun. 1991.
[394] SOUSA, Everardo de. Do princípio da eventualidade no sistema do código de processo civil. *Revista Forense*. Rio de Janeiro: Forense, v. 251, ano 71, p. 110, jul./set. 1975.
[395] NERY JÚNIOR, Nelson; NERY, Rosa Maria Andrade. *Código de Processo Civil comentado e legislação extravagante*. 9. ed. São Paulo: Revista dos Tribunais, 2006, p. 493.
[396] BRASÍLIA. Superior Tribunal de Justiça. 2ª Turma. Recurso Especial n. 156.129-MS. Relator: Min. Franciulli Neto, j. 12/06/2001, *Diário de Justiça*, de 10 de setembro de 2001, p. 367. Disponível em: <www.stj.jus.br>. Acesso em: 26 abr. 2010.

Se o instituto da preclusão serve para a garantia de uma ordem legal, serve também para a observância do princípio de eventualidade. Se o processo se constitui de uma série de estágios que se vão sucedendo frente à observância de uma ordem prefixada e destinados a determinadas atividades, é imprescindível que a preclusão atue no sentido de mantê-los separadamente e forçando a que se realizem os atos processuais ao seu devido tempo, sob pena de não mais poderem ser cumpridos.[397] O princípio da eventualidade, portanto, é garantido pelo sistema de preclusões rígidas. Nos procedimentos regidos pela elasticidade preclusional, a eventualidade tem aplicação atenuada e em menor grau.[398]

Embora estreita a relação que os une, não há como se confundirem o princípio da eventualidade e a preclusão. Como observa Maurício Giannico, apesar de aquele estar sempre acompanhado desta (pois, não se desincumbindo a parte de afirmar o que lhe cabia no momento oportuno, tal direito preclui), o inverso não é verdadeiro, pois a ocorrência da preclusão não depende necessariamente da aplicação do princípio da eventualidade. O que sucede, enfim, é que o princípio da eventualidade tem sua observância garantida (assegurada) pela preclusão, consistindo esta última na consequência prática do não cumprimento de um ônus processual.[399]

5.1.1.2. Apresentação de documentos

No que diz respeito à produção da prova documental, uma leitura literal do art. 396 do Código de Processo Civil sugere forte marca preclusiva, estabelecendo como limites para a apresentação de documentos o momento do ajuizamento da ação (no caso do autor) ou o prazo de resposta (no caso do réu). Justificativa para assim dispor o Código é o fato de que a prova documental difere das demais, porque os documentos não são criados nos autos, mas apenas anexados a eles. Esse caráter pré-constituído parece ser a razão para a lei exigir a imediata apresentação pelas partes dos documentos já disponíveis ao ensejo do ajuizamento da ação ou da apresentação de defesa.[400]

A interpretação que vem sendo dada a tais dispositivos da lei processual, no entanto, longe está dessa rigidez. Decorre da audiência bilateral das partes e é ponto pacífico (tanto que ressalvado no art. 397 do Código de Processo Civil) a possibilidade de se juntarem documentos novos, posteriormente, desde que destinados a comprovar fatos supervenientes ou para contraposição aos novos articulados. Assim, por exemplo, a lei permite ao autor, em réplica, opor-se às preliminares, às

---

[397] ROCHA, José de Moura. *Da preclusão e da atividade processual das partes*. Recife: Mousinho, 1959, p. 124.
[398] SOUSA, Everardo de. Do princípio da eventualidade no sistema do Código de Processo Civil. *Revista Forense*. Rio de Janeiro: Forense, v. 251, ano 71, p. 105, jul./set. 1975.
[399] GIANNICO, Maurício. *A preclusão no direito processual civil brasileiro*. 2. ed. São Paulo: Saraiva, 2007, p. 30-31.
[400] TABOSA, Fábio; MARCATO, Antônio Carlos (Coord.). *Código de Processo Civil interpretado*. 3. ed. São Paulo: Atlas, 2008, p. 1267.

objeções e às nulidades arguidas na contestação, mediante provas novas (arts. 326 e 327 do Código de Processo Civil).[401]

A tendência mais atual, porém, é no sentido de se admitir bem mais do que isso. Uma interpretação sistemática das diversas disposições acerca da apresentação de documentos no Código conduz a doutrina e a jurisprudência a uma flexibilização da produção da prova documental, que, na prática, acaba por permear todo o processo, observados apenas alguns critérios.

Quanto ao autor, a conjugação dos arts. 396 e 397 com o art. 283 do Código de Processo Civil permite concluir que há documentos considerados indispensáveis ao ajuizamento da ação, que precisam ser juntados com a inicial, sob pena de indeferimento (art. 284). A indispensabilidade somente pode ser aferida no caso concreto, tendo em vista o tipo de pretensão deduzida, podendo-se, no entanto, entender como indispensáveis, na síntese de Nelson Nery Júnior e Rosa Maria Andrade Nery, aqueles documentos sem os quais não pode ser apreciado o mérito da causa.[402]

Para Daniel Amorim Assumpção Neves, no entanto, tem havido verdadeira desconsideração do art. 283 pelos magistrados brasileiros, que, ao invés de indeferir a inicial, permitem a posterior produção de tal prova, mesmo quando se trata de documentos essenciais.[403] De fato, a intimação para emenda e o indeferimento da inicial são casos raríssimos, demonstrando que mesmo quando se trata de documentos essenciais a juntada posterior vem sendo admitida na prática. Não se trata, com a máxima vênia, de flexibilização salutar, pois a razão de ser do art. 283 reside na asseguração do contraditório, seriamente prejudicado quando a inicial não se faz acompanhar de documentos essenciais à própria compreensão da lide.

Seja como for, se a lei preconiza que acompanhem a petição inicial os documentos indispensáveis ao ajuizamento da ação, é lícito concluir, a *contrario sensu*, pela possibilidade de juntada posterior daqueles que não o sejam.

Fruto dessa interpretação conjugada dos tantos dispositivos em que a lei trata da apresentação de documentos no processo, tem-se entendido razoável que se permita às partes a juntada, a qualquer tempo, de documentos novos ou não, para a prova tanto dos fatos articulados como daqueles que ocorrem posteriormente, sejam ou não para contrapô-los a documentos já produzidos, exegese que se mostra justificável para que não fiquem tolhidos o direito processual de provar e a própria efetividade jurisdicional.[404] Assim, tem-se entendido que os documentos

---

[401] FUX, Luiz. *Curso de direito processual civil*. 2. ed. Rio de Janeiro: Forense, 2004, p. 712.

[402] NERY JÚNIOR, Nelson; NERY, Rosa Maria Andrade. *Código de Processo Civil comentado e legislação extravagante*. 9. ed. São Paulo: Revista dos Tribunais, 2006, p. 480.

[403] NEVES, Daniel Amorim Assumpção. *Preclusões para o juiz:* preclusão *pro iudicato* e preclusão judicial no processo civil. São Paulo: Método, 2004, p. 39.

[404] MACHADO, Antônio Cláudio da Costa. *Código de Processo Civil interpretado*. 7. ed. Barueri: Manole, 2008, p. 402. Em que pese a maior elasticidade preconizada cada vez mais pela doutrina e pela jurisprudência, a redação proposta para o art. 415 do novo Código de Processo Civil pelo Projeto de Lei nº 8.046/2010 é ainda tímida, dizendo ser "lícito às partes, em qualquer tempo, juntar aos autos documentos novos, quando destinados a fazer prova de fatos ocorridos depois dos articulados ou para contrapô-los aos que foram produzidos nos autos."

podem ser anexados ao processo a qualquer tempo, em prol da apuração da verossimilhança necessária ao julgamento da lide, desde que o juiz ouça sobre eles a parte contrária (como determina o art. 398 do Código de Processo Civil), sob pena de nulidade.[405]

Nessa linha, no mais das vezes invocando a busca da verdade real, a jurisprudência tem sido liberal quanto à possibilidade de, a qualquer tempo, serem juntados documentos novos, assim se entendendo não apenas o documento que antes não existia, mas aquele obtido posteriormente ou simplesmente aquele que não foi juntado aos autos anteriormente.[406] Guardam-se, no entanto, limites éticos: admite-se a juntada extemporânea de documentos, desde que não fique evidenciado o propósito de surpreender a parte contrária ou o juízo, nem o de provocar um retardamento indevido do processo.[407]

De fato, evitar o indesejável efeito-surpresa é justamente uma das razões de ser do instituto da preclusão, que tolhe os comportamentos contraditórios e os ardis tramados por uma das partes a partir da confiança gerada na parte adversa quanto aos seus passos subsequentes e ao tramitar do processo. Deve-se evitar a malícia processual da parte que oculta desnecessariamente documento que poderia ser produzido no momento próprio. Assim, mesmo quando já ultrapassado o ajuizamento da inicial ou apresentada resposta do réu, pode o magistrado admitir a produção de prova documental, mas desde que inexistente o propósito de ocultação,[408] ouvida, em todo caso, a parte contrária.

Como observa Fábio Tabosa, o problema maior está na efetiva verificação de escusa para o retardamento na juntada dos documentos aos autos, o que nem sempre é feito, permitindo a banalização da conduta. Tem razão o autor ao apregoar que, mesmo que inspirada na efetividade do processo, a prática de admitir a apresentação de documentos em qualquer fase da relação processual deve ser vista com reservas, pois pode acarretar prejuízo à celeridade e à própria efetividade, tendo em vista que a cada juntada de documentos é necessário dar vista à parte contrária e oportunizar-lhe a contraprova.[409]

---

[405] FUX, Luiz. *Curso de direito processual civil*. 2. ed. Rio de Janeiro: Forense, 2004, p. 713.

[406] GRECO FILHO, Vicente. *Direito processual civil brasileiro*. 16. ed. São Paulo: Saraiva, 2003, v. 2, p. 217. Também Marinoni e Mitidiero extraem dos termos do art. 397 do Código de Processo Civil uma gama amplíssima de situações, embora ressalvando a necessidade de observância do momento próprio para fazê-lo, conforme o caso: "Os documentos novos devem ser apresentados no momento em que a parte afirma fato novo, fato velho de ciência nova, quando surge a necessidade de contrapô-los aos que forem produzidos nos autos, quando o documento antes inacessível se torna acessível ou, ainda, no momento em que a parte puder falar sobre fato alegado pela parte contrária ou sobre o fato instrumental invocado de ofício pelo juiz, sob pena de preclusão". (MARINONI, Luiz Guilherme; MITIDIERO, Daniel Francisco. *Código de Processo Civil comentado artigo por artigo*. São Paulo: Revista dos Tribunais, 2008, p. 386).

[407] GONÇALVES, Marcus Vinícius Rios. *Novo curso de direito processual civil*. 2. ed. São Paulo: Saraiva, 2005, v. 1, p. 451.

[408] THEODORO JÚNIOR, Humberto. *Curso de direito processual civil*. 49. ed. Rio de Janeiro: Forense, 2008, p. 468.

[409] TABOSA, Fábio; MARCATO, Antônio Carlos (Coord.). *Código de processo civil interpretado*. 3. ed. São Paulo: Atlas, 2008, p. 1272.

Mais conservadora se mostra a doutrina quando se trata de juntar documentos em fase recursal. Para Marcus Vinícius Rios Gonçalves, a juntada de documentos nessa fase, embora admitida, deve ficar restrita a hipóteses excepcionais, quando efetivamente estiverem preenchidas as exigências do art. 397, isto é, tratar-se de documentos novos, destinados a fazer prova de fatos ocorridos depois dos articulados ou para contrapô-los aos que foram produzidos nos autos.[410] Lembra Pinto Ferreira, porém, que o art. 517 do Código de Processo Civil admite que questões de fato não suscitadas na instância superior o sejam em grau de apelação, quando a parte houver deixado de fazê-lo anteriormente por motivo de força maior, do que decorre, necessariamente, a oportunidade para apresentação de documentos para fazer prova de tais questões.[411]

O Superior Tribunal de Justiça, adotando posição instrumentalista acerca da interpretação do art. 397 do Código de Processo Civil, já decidiu que a juntada de documentos com a apelação é possível, tendo a outra parte a oportunidade de sobre eles se manifestar em contrarrazões, desde que não se cuide de apresentação de novas questões de fato.[412]

5.1.1.3. Resposta do réu: modalidades e simultaneidade

Dispõe o art. 299 do Código de Processo Civil que a reconvenção e a contestação devem ser apresentadas *simultaneamente*. O significado que se deve atribuir à preconizada simultaneidade é questão controvertida: quis o legislador apenas conceder um mesmo prazo (de quinze dias) para essas duas formas de resposta do réu ou impor sua apresentação na mesma data?[413]

Emprestando uma interpretação literal ao dispositivo legal, parte da doutrina afirma simplesmente que a reconvenção deve ser apresentada em peça autônoma *juntamente* com a contestação, pois a lei exige simultaneidade.[414] Segundo essa corrente doutrinária, desejando o réu apresentar estas duas formas de resposta, deve observar o mesmo momento processual,[415] pois, se contesta e não reconvém,

---

[410] GONÇALVES, op. cit., p. 451.

[411] FERREIRA, Luís Pinto. *Teoria e prática dos recursos e da ação rescisória no processo civil*. São Paulo: Saraiva, 1982, p. 104.

[412] BRASÍLIA. Superior Tribunal de Justiça. 3ª Turma. Recurso especial n. 41158/MG. Relator: Ministro Carlos Alberto Menezes Direito, j. 20/08/1996, *Diário de Justiça*, de 30 de setembro de 1996, p. 36636. Disponível em: <www.stj.jus.br>. Acesso em: 28 fev. 2010.

[413] A celeuma desaparecerá se aprovado o Projeto de Lei nº 8.046/2010, que institui novo Código de Processo de Civil. A reconvenção, no projeto, é substituída pelo "pedido contraposto", formulado na própria contestação (art. 337).

[414] FUX, Luiz. *Curso de direito processual civil*. 2. ed. Rio de Janeiro: Forense, 2004, p. 637.

[415] NERY JÚNIOR, Nelson; NERY, Rosa Maria Andrade. *Código de Processo Civil comentado e legislação extravagante*. 9. ed. São Paulo: Revista dos Tribunais, 2006, p. 493. Conforme Cristina Ferraz, "o que a lei determina é a concomitância do momento, além da observância do prazo". (FERRAZ, Cristina. *Prazos no processo de conhecimento: preclusão, prescrição, decadência, perempção, coisa julgada material e formal*. São Paulo: Revista dos Tribunais, 2001, p. 67).

ocorre preclusão consumativa, ainda que o prazo de resposta não tenha sido encerrado.[416] Estaria, pois, inviabilizada a prática posterior do segundo ato, ainda que sobejando prazo.

É esta a interpretação de Wellington Moreira Pimentel:

> Embora oferecidas em peças autônomas, a contestação e a reconvenção devem ser ofertadas simultaneamente, isto é, devem ser apresentadas a despacho ou entregues em cartório na mesma ocasião.
> (...)
> A imposição da simultaneidade do oferecimento da contestação e da reconvenção importa em que, oferecida isoladamente a contestação, torne-se preclusa a faculdade de reconvir.[417]

Há, no entanto, quem defenda que, mesmo diante da literalidade da previsão legal, é possível conclusão contrária à ocorrência de preclusão consumativa, entendendo-se a simultaneidade determinada em lei apenas no sentido de que o oferecimento de ambas as peças têm estabelecido o mesmo prazo.[418] De acordo com essa concepção, a preocupação do legislador, ao determinar a apresentação simultânea, foi apenas garantir a celeridade processual, evitando que se fizessem necessárias duas etapas processuais distintas, uma para defesa e outra para contra-ataque.

Para José Roberto dos Santos Bedaque, é possível o oferecimento de contestação e de reconvenção em datas distintas, desde que o observado o prazo de quinze dias, porque, enquanto não esgotado o prazo, "subsiste a faculdade não exercida ou exercida de forma incompleta". Todavia, de acordo com seu entendimento, admite-se, na generalidade dos casos (quer se trate de atos simples, quer de atos complexos), a correção de atos viciados ou incompletos, desde que dentro do prazo legal,[419] tese que, com a máxima vênia, não encontra apoio na doutrina e na jurisprudência majoritárias.

A exigência de apresentação na mesma data não se mostra mesmo razoável, mas por outras razões. Bem as elucida Antônio Carlos Marcato:

> Não obstante a posição assumida por parte da doutrina, é lícito ao réu deduzir reconvenção sem necessariamente contestar, tanto quanto lhe é facultado contestar sem concomitantemente reconvir.
> Primeiro, porque são dois direitos processuais *distintos* que a lei lhe confere (o de defender-se por meio de contestação e de contra-atacar pela via reconvencional), descabendo, assim, falar-se na ocorrência de preclusão consumativa, em relação a um deles (o de reconvir), em virtude do exercício anterior do *outro* (o de contestar); vale dizer, ao contestar

---

[416] GONÇALVES, Marcus Vinícius Rios. *Novo curso de direito processual civil*. 2. ed. São Paulo: Saraiva, 2005, v. 1, p. 382-383.
[417] PIMENTEL, Wellington Moreira. *Comentários ao Código de Processo Civil*. São Paulo: Revista dos Tribunais, 1975, v. 3, p. 240.
[418] MACHADO, Antônio Cláudio da Costa. *Código de Processo Civil interpretado*. 7. ed. Barueri: Manole, 2008, p. 316.
[419] BEDAQUE, José Roberto dos Santos. *Efetividade do processo e técnica processual*. 2. ed. São Paulo: Malheiros, 2007, p. 151.

o réu exerceu o direito correspondente, exercício este que, por certo, não pode acarretar a extinção do direito de reconvir.[420]

A independência entre contestação e reconvenção é evidente. Embora não enfrentando o tema ora examinado (apresentação simultânea), Cândido Rangel Dinamarco esclarece que essas duas modalidades de resposta são relativamente independentes entre si e têm finalidades e configurações distintas; cada uma delas se apresenta estruturada segundo seu próprio objetivo, desenvolvendo fundamentos e deduzindo demandas que não são coincidentes nem ligadas por uma necessária relação lógica.[421]

De fato, trata-se não apenas de atos processuais independentes, mas de atos de naturezas distintas e que servem a propósitos diversos. A contestação é defesa que se opõe à pretensão do autor; a reconvenção é ação autônoma, que agasalha pretensão do réu reconvinte contra o autor reconvindo. Por conveniência e imperativo de celeridade e economia, a lei fixa para a prática de ambas um mesmo prazo. Não há qualquer sentido, no entanto, em se exigir a apresentação na mesma data.

Cuidando do tema, já decidiu o Superior Tribunal de Justiça, que "não ocorre a preclusão consumativa, quando ainda no prazo da resposta, contestação e reconvenção são ofertadas, embora a reconvenção tenha sido entregue depois da contestação".[422] Em sentido oposto, no entanto, mais recentemente se posicionou a Corte Superior pela impossibilidade de apresentação da reconvenção após a contestação, em face da preclusão consumativa, ainda que não terminado o prazo original de defesa.[423] No âmbito jurisprudencial, portanto, não está de todo amadurecida a questão.

A posição mais rigorosa, no entanto, conta com pelo menos um argumento ponderável: apresentada uma das peças desacompanhada da outra, pode ocorrer de o cartório, diligentemente, juntá-la desde logo aos autos e enviá-los à conclusão, em seguida se abrindo vista à parte contrária. Nessa hipótese, o posterior protocolo da segunda peça traria tumulto processual, o que – se não torna razoável a interpretação literal da exigida simultaneidade – sugere a necessidade de se esclarecer de uma vez por todas a questão, pacificando-se o entendimento – em tudo mais coerente – de que a apresentação das peças pode ocorrer separadamente, ao longo do prazo concedido, caso em caberá aos cartórios aguardar o decurso dos quinze dias ou a apresentação de ambas as peças para enviar os autos à conclusão.

No que diz respeito à apresentação de exceção, outra modalidade de resposta do réu, não há polêmica acirrada, já que o art. 299 do Código de Processo Civil não

---

[420] MARCATO, Antônio Carlos (Coord.). *Código de Processo Civil interpretado*. 3. ed. São Paulo: Atlas, 2008, p. 985.
[421] DINAMARCO, Cândido Rangel. *Instituições de direito processual civil*. 5. ed. São Paulo: Malheiros, 2005, v. III, p. 506.
[422] BRASÍLIA. Superior Tribunal de Justiça. 3ª Turma. Recurso especial n. 132.545/SP. Relator: Ministro Waldemar Zveiter, j. 19/02/1998, *Diário de Justiça*, de 27 de abril de 1998, p. 155. Disponível em: <www.stj.jus.br>. Acesso em: 28 fev. 2010.
[423] BRASÍLIA. Superior Tribunal de Justiça. 4ª Turma. Recurso especial n. 31.353/SP. Relator: Ministro Aldir Passarinho Júnior, j. 08/06/2004, *Diário de Justiça*, de 16 de agosto de 2004, p. 260. Disponível em: <www.stj.jus.br>. Acesso em: 28 fev. 2010.

alude, neste particular, à simultaneidade. A exceção pode ser oferecida isolada ou simultaneamente com a contestação, suspendendo-se o prazo para esta no caso de anterior oferecimento daquela.[424] Nelson Nery Júnior e Rosa Maria Andrade Nery esclarecem que a exigência de simultaneidade – à qual emprestam, aliás, o sentido literal – só existe no tocante à reconvenção, não se aplicando às outras formas de resposta do réu: "o réu pode, por exemplo, excepcionar no 4º dia e contestar no 10º dia do prazo; ou reconvir no 5º dia e excepcionar no 12º dia do prazo".[425]

5.1.1.4. Exceção de incompetência

De acordo com o art. 117, *caput*, do Código de Processo Civil, não pode suscitar o conflito a parte que, no processo, ofereceu exceção de incompetência.

Assim, se o réu tiver arguido a incompetência relativa, por meio de exceção, não terá interesse em suscitar o conflito, embora abstratamente tenha, por força de lei, legitimidade para tanto. Contudo, suscitado o conflito, aquele que não o suscitou poderá opor a exceção de incompetência, desde que o feito não esteja sobrestado, uma vez que em relação a ele não se esgotou o meio processual de declaração de incompetência.[426]

A doutrina ora identifica na norma hipótese de preclusão lógica,[427] ora de preclusão consumativa[428] para o réu. Na verdade, dá-se o exaurimento da faculdade de opor a exceção pelo só fato de já haver o réu se pronunciado a respeito, exercendo a faculdade de arguir a incompetência (preclusão consumativa), mas fica-lhe obstada, via de consequência, a contradição consubstanciada na defesa de posição contrária à anteriormente exercida quanto à competência (preclusão lógica).

5.1.2. Fase instrutória

5.1.2.1. Prova pericial

O art. 421, § 1º, do Código de Processo Civil concede às partes o prazo de cinco dias, contados da intimação do despacho de nomeação do perito, para apresentar quesitos e indicar assistentes técnicos.

---

[424] TEIXEIRA, Sálvio de Figueiredo. *Código de Processo Civil anotado*. 7. ed. São Paulo: Saraiva, 2003, p. 238.

[425] NERY JÚNIOR, Nelson; NERY, Rosa Maria Andrade. *Código de Processo Civil comentado e legislação extravagante*. 9. ed. São Paulo: Revista dos Tribunais, 2006, p. 493. Note-se que a distinção entre o tratamento da reconvenção e o da exceção vem desde a vigência do Código de 1939, como se observa da lição de José de Moura Rocha: "Vencido o prazo de 3 dias para a propositura da exceção, não mais poderá o demandado fazê-lo. Contudo, ainda lhe restam sete dias para contestar ou para reconvir, dentro da fase de defesa". (ROCHA, José de Moura. *Da preclusão e da atividade processual das partes*. Recife: Mousinho, 1959, p. 200).

[426] PIZZOL, Patrícia Miranda; MARCATO, Antônio Carlos (Coord.). *Código de Processo Civil interpretado*. 3. ed. São Paulo: Atlas, 2008, p. 353-354.

[427] MARQUES, José Frederico. *Manual de direito processual civil. Processo de conhecimento – 1ª parte*. São Paulo: Saraiva, 1974, v. II, p. 170; NEVES, Daniel Amorim Assumpção. *Preclusões para o juiz*: preclusão pro iudicato e preclusão judicial no processo civil. São Paulo: Método, 2004, p. 37.

[428] NERY JÚNIOR, Nelson; NERY, Rosa Maria Andrade. *Código de Processo Civil comentado e legislação extravagante*. 9. ed. São Paulo: Revista dos Tribunais, 2006, p. 328.

Para Cássio Scarpinella Bueno, há preclusão consumativa quando a parte nomeia o seu assistente técnico e deixa de apresentar quesitos, e vice-versa. Como o prazo para a prática destes dois atos processuais é único, entende o processualista que a prática de um só deles consuma (leva a termo) o prazo para a do outro, inviabilizando a sua emenda.[429]

Trata-se de hipótese a que não costumam fazer alusão a doutrina e a jurisprudência, quiçá pelo fato de as partes normalmente praticarem ambos os atos simultaneamente. De todo modo, se a lei não exige expressamente a simultaneidade, nem se trata, propriamente, de um ato único (ou complexo), não parece haver lugar para se cogitar de preclusão consumativa.

Quanto à observância do prazo fixado em lei, diante dos termos do art. 421, há quem defenda tratar-se de prazo preclusivo, tanto no que concerne à indicação de assistente técnico quanto no que respeita à apresentação de quesitos, advogando a ideia de que interpretação diversa traz instabilidade para o procedimento e insegurança para as partes.[430] Para Nelson Nery Júnior e Rosa Maria Andrade Nery, no entanto, o fato de haver um prazo explícito na lei processual não é suficiente para entendê-lo preclusivo. Não negam os autores, em outras palavras, que o prazo previsto para indicação de assistente técnico e oferecimento de quesitos seja legal, pois previsto expressamente; afirmam, contudo, a possibilidade de prorrogação, se desse ato não sobrevier prejuízo às partes, sendo possível, se o processo não caminhou para a fase seguinte, o deferimento de prazo para que a parte possa apresentar quesitos e indicar assistente técnico.[431]

De fato, tanto em doutrina quanto em jurisprudência, tem prevalecido o entendimento de que o prazo do art. 421 do Código de Processo Civil não é preclusivo,[432] podendo os atos nele mencionados ser praticados posteriormente, desde que ainda não iniciados os trabalhos.

Essa posição foi assumida, em termos bastante sólidos, pelo Superior Tribunal de Justiça, que já asseverou ser pacífico o entendimento de que os quesitos podem ser apresentados a qualquer tempo, desde que ainda não iniciados os trabalhos periciais.[433] Segundo orientação da Corte, desaparece a razão para inadmissão dos quesitos se o processo ainda não caminhou para a fase seguinte, com o que não há prejuízo à celeridade ou retardamento do feito.[434]

---

[429] BUENO, Cassio Scarpinella. *Curso sistematizado de direito processual civil.* 2. ed. São Paulo: Saraiva, 2008, v. 1, p. 447.
[430] MACHADO, Antônio Cláudio da Costa. *Código de Processo Civil interpretado.* 7. ed. Barueri: Manole, 2008, p. 433.
[431] NERY JÚNIOR, Nelson; NERY, Rosa Maria Andrade. *Código de Processo Civil comentado e legislação extravagante.* 9. ed. São Paulo: Revista dos Tribunais, 2006, p. 568.
[432] GONÇALVES, Marcus Vinícius Rios. *Novo curso de direito processual civil.* 2. ed. São Paulo: Saraiva, 2005, v. 1, p. 240.
[433] BRASÍLIA. Superior Tribunal de Justiça. 3ª Turma. Recurso especial n. 37.311/SP. Relator: Ministro Waldemar Zveiter, j. 19/10/1993, *Diário de Justiça*, de 22 de novembro de 1993, p. 24951. Disponível em: <www.stj.jus.br>. Acesso em: 28 fev. 2010.
[434] BRASÍLIA. Superior Tribunal de Justiça. 3ª Turma. Recurso especial n. 4126/SP. Relator: Ministro Eduardo Ribeiro, j. 24/09/1990, *Diário de Justiça*, de 22 de outubro de 1990, p. 11665. Disponível em: <www.stj.jus.br>. Acesso em: 28 fev. 2010.

O entendimento majoritário, no sentido de não ser preclusivo o prazo para indicação de quesitos e assistente técnico, admitindo apresentação até o início dos trabalhos, consagra, a bem da verdade, uma preclusão ditada por fase do processo. Essa constatação, creditada a Daniel Amorim Assumpção Neves, implica, como sugere o autor, uma reflexão: seria de inegável benefício, nesse contexto, que o prazo de cinco dias previsto em lei fosse então retirado do ordenamento jurídico, estabelecendo-se como termo fatal o início dos trabalhos periciais, evitando-se que uma das partes necessite praticar o ato em tempo exíguo, diante dos termos aparentemente inflexíveis da norma, enquanto a outra, ancorada em entendimento jurisprudencial, o faz em tempo bem mais dilatado.[435]

Figura que suscita dúvidas frequentes é a dos chamados quesitos suplementares, pertinentes àqueles questionamentos ou dúvidas que surgem no espírito das partes em virtude dos próprios trabalhos periciais em curso e que, por isso, são admitidos até o encerramento das diligências.[436] Sobre o tema, são pertinentes os esclarecimentos de Fábio Tabosa:

> Sendo pressuposto a *pendência* da perícia, o termo natural para a apresentação dos novos quesitos será o momento da apresentação do laudo pelo perito judicial, não se justificando, por tumultuário e também ilógico, o retorno dos autos ao experto, após isso, para resposta a quesitos até então inexistentes; posteriormente à entrega do laudo, os únicos quesitos admissíveis serão os elucidativos, caso requeira a parte a inquirição do perito na forma do art. 435 do CPC, mas nesse caso exige-se que aponte ela omissões ou dúvidas em concreto emergentes no laudo, não se prestando tal oportunidade à exploração de novos temas.[437]

Segundo entendimento majoritário, à parte que não apresentou quesitos originários não é lícito formular suplementares, pois só é possível suplementar o que já exista.[438] No entanto, para Marinoni e Mitidiero, a falta de apresentação de quesitos iniciais não impede a formulação de quesitos suplementares, pois têm-se duas oportunidades diferentes que se encontram coordenadas, e não subordinadas, ambas visando à plena densificação do direito fundamental ao contraditório na formação da prova pericial.[439]

Em que pese ponderável o argumento favorável à viabilização dos quesitos suplementares para quem não apresentou quesitos iniciais, parece mais acertada a

---

[435] NEVES, Daniel Amorim Assumpção. *Preclusões para o juiz:* preclusão pro iudicato e preclusão judicial no processo civil. São Paulo: Método, 2004, p. 40-41. Em que pese a sensata ponderação, o Projeto de Novo Código de Processo Civil reproduz, no art. 445, a redação do atual art. 421.

[436] MACHADO, Antônio Cláudio da Costa. *Código de Processo Civil interpretado*. 7. ed. Barueri: Manole, 2008, p. 437.

[437] TABOSA, Fábio. MARCATO, Antônio Carlos (Coord.). *Código de Processo Civil interpretado*. 3. ed. São Paulo: Atlas, 2008, p. 1374.

[438] MACHADO, op. cit., p. 437. Nesse sentido, já decidiu o Superior Tribunal de Justiça que "a apresentação de quesitos suplementares pressupõe a dos principais, na oportunidade que a lei estabelece". (BRASÍLIA. Superior Tribunal de Justiça. 1ª Turma. Recurso Especial nº 19.282. Relator: Ministro Demócrito Reinaldo, j. 18/05/1992, *Diário de Justiça*, de 22 de junho de 1992, p. 9728).

[439] MARINONI, Luiz Guilherme; MITIDIERO, Daniel Francisco. *Código de Processo Civil comentado artigo por artigo*. São Paulo: Revista dos Tribunais, 2008, p. 404.

interpretação contrária. Não bastasse a própria noção de *suplementação*, a tolerância para com tal procedimento serviria à burla de eventual preclusão operada em torno dos quesitos iniciais, permitindo que sob roupagem diversa a parte os apresentasse após o início da perícia, hipótese inclusive conflitante com o já citado posicionamento do Superior Tribunal de Justiça acerca da matéria.[440]

Prevê o art. 425 do Código de Processo Civil que, juntados os quesitos suplementares aos autos, dará o escrivão ciência à parte contrária, para depois, antes que se cogite de remessa dos quesitos ao perito, serem apreciados pelo juiz, que decidirá sobre sua oportunidade e pertinência. A regra, no entanto, cai no vazio, pois não observada na prática forense. Não apresentando a parte quesitos até o início dos trabalhos, o comum é que quesitação suplementar somente seja juntada aos autos (habitualmente já confiados ao experto logo após o prazo do art. 421, § 1º, do Código de Processo Civil) após a apresentação do laudo, acabando por ser examinados posteriormente, quando admitidos pelo juiz, a título de esclarecimentos.

No procedimento sumário, os quesitos e o assistente técnico devem ser indicados já com a petição inicial ou com a contestação (arts. 276 e 278 do Código de Processo Civil). De um modo geral, entende-se que o prazo é preclusivo.[441] Assim, se o autor apresenta a inicial e não oferece quesitos ou indica assistente, ocorre a preclusão consumativa e depois não pode mais fazê-lo,[442] mesmo porque inexiste momento procedimental para tanto, designado em lei".[443] O mesmo se aplica ao réu, que deve trazer seus quesitos e indicar seu assistente técnico com a contestação.

No entanto, embora a preclusividade do prazo, parece razoável entender que, no tocante ao autor, nada obsta a emenda da inicial, antes da citação, para nela incluir quesitos e indicação de assistente técnico em caso de esquecimento ou de reavaliação da estratégia. Se é possível, em sede de emenda, alterar até mesmo o pedido, com muito mais razão deve ser possível incluir ou alterar quesitos e assistente técnico. Estando todos esses elementos já presentes quando da citação do réu, é o que basta à preservação de seus direitos.

Indo mais longe, Araken de Assis admite modificações e acréscimos ulteriores ao rol de quesitos apresentado, à luz dos argumentos desenvolvidos na defesa, cabendo sempre ao juiz o controle da pertinência da quesitação.[444] Em respeito ao contraditório e à ampla defesa, parece mesmo razoável autorizar-se a apresentação

---

[440] TABOSA; MARCATO, op. cit., p. 1374.
[441] Nesse sentido: BERMUDES, Sérgio. *A reforma do Código de Processo Civil*. 2. ed. São Paulo: Saraiva, 1996, p. 38; NERY JÚNIOR, Nelson; NERY, Rosa Maria Andrade. *Código de Processo Civil comentado e legislação extravagante*. 9. ed. São Paulo: Revista dos Tribunais, 2006, p. 470.
[442] MIRANDA, Gilson Delgado; MARCATO, Antônio Carlos (Coord.). *Código de Processo Civil interpretado*. 3. ed. São Paulo: Atlas, 2008, p. 867.
[443] DINAMARCO, Cândido Rangel. *A reforma do Código de Processo Civil*. 4. ed. 2. tir. São Paulo: Malheiros, 1998, p. 256.
[444] ASSIS, Araken de. *Procedimento sumário*. São Paulo: Malheiros, 1996, p. 53.

de novos quesitos para contraposição à tese da parte adversa, o que exige, no entanto, controle criterioso do magistrado na condução do processo.

5.1.2.2. Prova testemunhal

De acordo com o art. 407 do Código de Processo Civil, devem as partes depositar em cartório o rol das testemunhas que desejam ouvir no prazo assinalado pelo juiz ou, à falta de estipulação, no prazo de dez dias antes da audiência. Não oscilam muito a doutrina e a jurisprudência quanto ao caráter preclusivo desse prazo: de um modo geral, entende-se que a parte que não apresentar o rol no prazo não poderá fazê-lo posteriormente.[445]

O rigor se explica, não se podendo atribuir a mero formalismo. É que o prazo legalmente estipulado para a apresentação do rol é instituído em favor da parte adversa, a fim de dar-lhe ciência sobre as pessoas que vão depor,[446] para que possa proceder às respectivas indagações quanto à sua pessoa, no que diz respeito às suas relações com o adversário, à sua idoneidade moral e, principalmente, às razões que teriam determinado o seu conhecimento dos fatos litigiosos.[447] Daí exigir-se sua observância mesmo que as testemunhas devam comparecer ao ato espontaneamente, independentemente de intimação.[448]

Assim, se o que se tem em vista é o direito da parte adversa de conhecer com antecedência as testemunhas, preparando-se para inquiri-las ou contraditá-las, compreende-se que a inobservância do prazo legal acarrete a preclusão, preservando-se a própria paridade no tratamento dispensado às partes. Não seria correto permitir-se a uma das partes a apresentação do rol em momento posterior ao determinado pelo juiz ou fixado em lei (dez dias antes da audiência), ocultando à outra a identidade das testemunhas e privando-a do direito de preparar a inquirição.

Nessa mesma perspectiva, partindo-se da premissa de que a necessidade de se oportunizar à parte adversa o exame do rol com razoável antecedência é a razão de ser da redação do art. 407 do Código Processo Civil, é importante lembrar que a norma alude ao depósito do rol em cartório. Para parte da doutrina, a interpre-

---

[445] Nesse sentido: GONÇALVES, Marcus Vinícius Rios. *Novo curso de direito processual civil.* 2. ed. São Paulo: Saraiva, 2005, v. 1, p. 472; GIANNICO Maurício. *A preclusão no direito processual civil brasileiro.* 2. ed. São Paulo: Saraiva, 2007, p. 204; TABOSA, Fábio. MARCATO, Antônio Carlos (Coord.). *Código de Processo Civil interpretado.* 3. ed. São Paulo: Atlas, 2008, p. 1311.

[446] BRASÍLIA. Superior Tribunal de Justiça. 3ª Turma. Recurso especial n. 331084/MG. Relator: Ministro Castro Filho, j. 21/10/2003, *Diário de Justiça,* de 10 de novembro de 2003, p. 185. Disponível em: <www.stj.jus.br>. Acesso em: 28 fev. 2010. No mesmo sentido: BRASÍLIA. Superior Tribunal de Justiça. 3ª Turma. Recurso especial n. 67.007/MG. Relator: Ministro Eduardo Ribeiro, j. 06/08/96, *Diário de Justiça,* de 29 de outubro de 1996, p. 41642. Disponível em: <www.stj.jus.br>. Acesso em: 28 fev. 2010; BRASÍLIA. Superior Tribunal de Justiça. 4ª Turma. Recurso especial n. 88.563/MG. Relator: Ministro Sálvio de Figueiredo Teixeira, j. 27/06/1996, *Diário de Justiça,* de 26 de agosto de 1996, p. 29693. Disponível em: <www.stj.jus.br>. Acesso em: 28 fev. 2010.

[447] SANTOS, Moacyr Amaral. *Comentários ao Código de Processo Civil.* 5. ed. Rio de Janeiro: Forense, 1989, v. IV, p. 279.

[448] TEIXEIRA, Sálvio de Figueiredo. *Código de Processo Civil anotado.* 7. ed. São Paulo: Saraiva, 2003, p. 291.

tação do dispositivo quanto ao depósito *em cartório* há de ser literal, pois, de outro modo, não seria atendido o objetivo da norma, tendo em vista a possível demora na juntada da petição aos autos. Assim, alertam alguns que, se a parte fizer uso do protocolo integrado, o rol só será tempestivo se chegar ao cartório com a antecedência fixada.[449]

Outro ponto relevante é o de saber se pode arrolar testemunhas a parte que, no momento oportuno para manifestação (quando intimada a se pronunciar sobre seu interesse na produção de provas), silenciou ou requereu o julgamento antecipado da lide. A questão é controvertida, dividindo-se a doutrina entre aqueles que veem na atitude do litigante que renuncia (tácita ou expressamente) à oitiva de testemunhas a marca inequívoca da preclusão lógica e aqueles que admitem o arrolamento posterior, preconizando uma aplicação atenuada da preclusão no campo probatório.

Daniel Amorim Assumpção Neves opina que, ao menos em tese, a parte que não resguardou oportunamente seu direito de produzir prova testemunhal não poderia arrolar testemunhas quando designada audiência, em virtude da preclusão lógica, mas observa que, na prática, essa preclusão não tem sido aplicada, justamente em razão da amenização que o instituto sofre no campo probatório.[450] Nessa linha, para Humberto Theodoro Júnior, a falta de requerimento ou especificação da prova testemunhal pela parte, antes do saneador, não a impede de arrolar testemunhas quando o juiz designa audiência de instrução e julgamento, desde que não tenha havido expresso indeferimento desse tipo de prova.[451]

Em que pese muito se respeitem as opiniões mais liberais, a hipótese ora examinada parece exemplo claro da preclusão lógica, se considerado o aspecto ético do instituto, que repudia o comportamento processual contraditório (*supra*, 3.3). Se a parte deixou de se manifestar oportunamente ou afirmou a desnecessidade da prova, pura e simplesmente, não lhe deve ser dado voltar atrás, surpreendendo o adversário.

A situação é distinta, naturalmente, se a parte peticionou no sentido de dispensar a prova, mas ressalvou expressamente seu direito a arrolar testemunhas na eventualidade de vir a ser designada audiência. Trata-se de prática comum no foro e que bem se coaduna com estratégia processual, sem, no entanto, traduzir comportamento contraditório: pode o litigante preferir o julgamento antecipado, evitando maiores desgastes e delongas, reservando-se, porém, o direito de ouvir também as suas testemunhas caso, por força de requerimento da parte adversa ou

---

[449] Nesse sentido: GONÇALVES, Marcus Vinícius Rios. *Novo curso de direito processual civil*. 2. ed. São Paulo: Saraiva, 2005, v. 1, p. 472-473; DINAMARCO, Cândido Rangel. *A reforma da reforma*. 6. ed. São Paulo: Malheiros, 2003, p. 113.
[450] NEVES, Daniel Amorim Assumpção. *Preclusões para o juiz:* preclusão *pro iudicato* e preclusão judicial no processo civil. São Paulo: Método, 2004, p. 38.
[451] THEODORO JÚNIOR, Humberto. *Curso de direito processual civil*. 49. ed. Rio de Janeiro: Forense, 2008, p. 477.

de determinação judicial, a instrução do feito deva estender-se. A ressalva é prudente e evita aborrecimentos.

Outra questão conexa, que também envolve a preclusão no arrolamento de testemunhas, é a que diz respeito ao adiamento da audiência: se o ato for adiado, a parte que não havia apresentado rol de testemunhas pode fazê-lo até dez dias antes da audiência remarcada?

Para Humberto Theodoro Júnior, não pode a parte arrolar testemunhas se valendo do adiamento, se não as arrolou anteriormente.[452] Essa é também a opinião de Elyseu Zavataro, para quem "se a parte, por distração ou desinteresse, deixou de apresentar o mencionado rol e a audiência não se realizou, por conveniências judiciárias, não lhe será permitido apresentá-lo para a audiência subsequente".[453] Há, no entanto, posicionamentos em sentido contrário, preconizando que, se a audiência for adiada, fica sem efeito o arrolamento, começando a correr outra vez o prazo em relação à nova data designada.[454]

O Superior Tribunal de Justiça já se pronunciou no sentido de que, mesmo que adiada a audiência, não se admite a quem não apresentou rol oportunamente apresentá-lo.[455] No sentido oposto, porém, também já decidiu que, sendo designada nova data para a audiência de instrução e julgamento, nada obsta a oitiva de testemunhas arroladas posteriormente ao momento previsto em lei, mas meses antes da nova data, por não haver prejuízo à celeridade do processo.[456]

No que diz respeito a esse segundo pronunciamento da Corte Superior, ainda que se flexibilize a esse ponto a interpretação do art. 407 do Código de Processo Civil (o que por si só parece duvidoso) há que se ressalvar, no mínimo, a necessidade de intimação da parte adversa para que tome conhecimento do rol tardiamente apresentado. Do contrário, ainda que juntado aos autos muito tempo antes da audiência, o rol bem poderia ser desconhecido da parte contrária, que nenhuma razão teria para examinar novamente o processo, certa de que – esgotado o momento oportuno para arrolar testemunhas – nada mais poderia ter sido trazido aos autos pelo adverso.

Tendo em vista a finalidade de conceder à outra parte oportunidade para impugnar as testemunhas, é defeso, conforme o art. 408 do Código de Processo Civil,

---

[452] THEODORO JÚNIOR, Humberto. *Curso de direito processual civil*. 49. ed. Rio de Janeiro: Forense, 2008, p. 477.

[453] ZAVATARO, Elyseu. Preclusão temporal na apresentação do rol de testemunhas. *Revista dos Tribunais*. São Paulo: Revista dos Tribunais, v. 71, n. 562, p. 269, 1982.

[454] MACHADO, Antônio Cláudio da Costa. *Código de Processo Civil interpretado*. 7. ed. Barueri: Manole, 2008, p. 416.

[455] BRASÍLIA. Superior Tribunal de Justiça. 3ª Turma. Recurso especial n. 45.672/MG. Relator: Ministro Nilson Naves, j. 13/12/1994, *Diário de Justiça*, de 13 de março de 1995, p. 5288. Disponível em: <www.stj.jus.br>. Acesso em: 28 fev. 2010.

[456] BRASÍLIA. Superior Tribunal de Justiça. 4ª Turma. Recurso especial n. 155.759/DF. Relator: Ministro Ruy Rosado de Aguiar, j. 05/02/1998, *Diário de Justiça*, de 16 de abril de março de 1998, p. 178. Disponível em: <www.stj.jus.br>. Acesso em: 05 mar. 2010.

substituir o rol apresentado sem motivação. A parte, depois de apresentado o rol, somente pode substituir as suas testemunhas se alguma delas falecer, se por enfermidade não estiver em condições de depor ou se houver alteração de endereço e por isso não for encontrada pelo oficial de justiça.

Para Luiz Fux, no entanto, o citado preceito admite uma interpretação flexível por parte do juiz, que pode autorizar a substituição, desde que não viole essa diminuta repercussão do contraditório, permitindo a ciência prévia do nome do depoente pela parte adversa.[457] Há quem entenda, no entanto, que é livre a substituição de testemunhas, mas desde que ela se faça dentro do prazo para arrolá-las. Assim, na ilustração de Marcus Vinícius Rios Gonçalves, "se o juiz determina que o rol deva ser protocolado em cartório com dez dias de antecedência, e a parte o protocola com vinte dias, nada impede que substitua livremente as testemunhas arroladas, desde que ainda dentro do prazo para depositar o rol".[458]

No procedimento sumário, passa-se o mesmo que ocorre com a prova pericial. Por aplicação do disposto nos arts. 276 e 278 do Código de Processo Civil, o momento para a postulação da prova testemunhal e para a apresentação do rol de testemunhas é o da petição inicial para o autor e o da contestação, por ocasião da audiência preliminar, para o réu.[459] Em princípio, a omissão no momento oportuno enseja a preclusão da prova.[460] Poderá o autor apresentar o rol na própria petição inicial ou em folha à parte, mas o momento processual para fazê-lo é o da inicial, após o que se opera a preclusão.[461]

Em que pese a literalidade dos dispositivos, porém, parte da doutrina e da jurisprudência se inclinam a admitir a complementação do rol, desde que antes da citação, com o que concorda Athos Gusmão Carneiro.[462] Noticia Maurício Giannico que, embora se trate, em princípio, de prazo preclusivo, tem havido certa flexibilização, favorecendo-se sobretudo o autor, a quem se admite a juntada do rol em momento processual posterior ao ajuizamento, desde que anterior à citação do réu ou, mesmo que citado este, em tempo hábil para que dele tome conhecimento.[463]

---

[457] FUX, Luiz. *Curso de direito processual civil*. 2. ed. Rio de Janeiro: Forense, 2004, p. 721.

[458] GONÇALVES, Marcus Vinícius Rios. *Novo curso de direito processual civil*. 2. ed. São Paulo: Saraiva, 2005, v. 1, p. 473.

[459] No Projeto de Código de Processo Civil em tramitação na Câmara dos Deputados (PL nº 8.046/2010), essa se torna a regra geral, conforme arts. 306 e 429, admitindo-se apresentação de rol adicional pelo autor apenas se o réu suscitar em contestação fato impeditivo, modificativo ou extintivo do direito do autor, na forma do art. 348.

[460] ASSIS, Araken de. *Procedimento sumário*. São Paulo: Malheiros, 1996, p. 53.

[461] PIMENTEL, Wellington Moreira. *Comentários ao Código de Processo Civil*. São Paulo: Revista dos Tribunais, 1975, v. 3, p. 109.

[462] CARNEIRO, Athos Gusmão. *Audiência de instrução e julgamento e audiências preliminares*. 11. ed. Rio de Janeiro: Forense, 2004, p. 90-91.

[463] GIANNICO Maurício. *A preclusão no direito processual civil brasileiro*. 2. ed. São Paulo: Saraiva, 2007, p. 205. João Batista Lopes expressa concordância com essa solução, afirmando que "desde que o autor deposite o rol com tempo suficiente de o réu dele tomar ciência – naturalmente antes da audiência de instrução e julgamento – estará atendida a finalidade colimada pelo legislador, não havendo razão para falar-se em preclusão" (LOPES, João Batista. Breves considerações sobre o instituto da preclusão. *Revista de Processo*, n. 23, ano VI, p. 52, jul./set. 1981).

O Superior Tribunal de Justiça já admitiu a oitiva de testemunhas arroladas antes da citação, com antecedência suficiente para que a parte adversa pudesse tomar conhecimento do rol, mesmo não tendo este acompanhado a petição inicial.[464] Também já se pronunciou, no entanto, no sentido oposto, asseverando que "Não pode o Juiz colher o depoimento de testemunhas cujo rol não tenha sido apresentado no momento próprio, com a cobertura do art. 130 do Código de Processo Civil, sob pena de violentar o direito da outra parte".[465]

5.1.3. Fase recursal

5.1.3.1. Interposição de recurso e abstenção de prática incompatível

Questão afeita à preclusão lógica e que se aplica à generalidade dos recursos é que a que diz respeito à abstenção de práticas incompatíveis com a vontade de recorrer.

São atos incompatíveis com a vontade de recorrer a renúncia, a desistência e a aceitação ou aquiescência.

Da renúncia cuida o art. 502 do Código de Processo Civil. Há renúncia quando o legitimado a recorrer revela a sua vontade de não exercer o respectivo direito, simplesmente abdicando do direito de recorrer. A renúncia será expressa se houver explícita declaração de vontade de não exercer o direito de recorrer; será tácita quando o vencido deixar o prazo recursal correr *in albis*.[466] A desistência (art. 501 do Código de Processo Civil) é o ato pelo qual o recorrente abre mão do recurso interposto, vale dizer, demonstra o desinteresse em relação ao inconformismo manifestado em momento anterior.[467] Os efeitos são semelhantes, mas a renúncia há de ser anterior à interposição do recurso, no que se distingue da desistência.[468]

Já a aceitação ou aquiescência, de que se ocupa o art. 503 do Código de Processo Civil, consiste na prática de ato capaz de demonstrar a conformação em relação à decisão desfavorável.[469] Contempla o dispositivo duas modalidades de aceitação: a expressa e a tácita. Como ensina Barbosa Moreira, aquela há de mani-

---

[464] BRASÍLIA. Superior Tribunal de Justiça. 4ª Turma. Recurso especial n. 9.825/SP Relator: Ministro Sálvio de Figueiredo Teixeira, j. 10/03/1992, *Diário de Justiça*, de 30 de março de 1992, p. 3992. Disponível em: <www.stj.jus.br>. Acesso em: 28 fev. 2010. O Tribunal também já decidiu que – havendo tempo hábil para o réu tomar ciência do rol – se admite a apresentação pelo autor em momento posterior, desde que observado o decênio previsto no art. 277 do Código de Processo Civil: BRASÍLIA. Superior Tribunal de Justiça. 5ª Turma. Recurso especial n. 164.047/SP. Relator: Ministro Jorge Scartezzini, j. 05/10/1999, *Diário de Justiça*, de 07 de fevereiro de 2000, p. 171. Disponível em: <www.stj.jus.br>. Acesso em: 28 fev. 2010.
[465] BRASÍLIA. Superior Tribunal de Justiça. 3ª Turma. Recurso especial n. 157.577/MG. Relator: Ministro Carlos Alberto Menezes Direito, j. 03/03/1999, *Diário de Justiça*, de 26 de abril de 1999, p. 93. Disponível em: <www.stj.jus.br>. Acesso em: 28 fev. 2010.
[466] SOUZA, Bernardo Pimentel de. *Introdução aos recursos cíveis e à ação rescisória*. 4. ed. São Paulo: Saraiva, 2007, p. 54-55.
[467] Ibidem, p. 56.
[468] BARBOSA MOREIRA, José Carlos. *O novo processo civil brasileiro*. 25. ed. Rio de Janeiro: Forense, 2007, p. 117.
[469] SOUZA, op. cit., p. 55.

festar-se, em regra, por escrito, podendo, todavia, exteriorizar-se verbalmente (por exemplo, na própria audiência de instrução e julgamento, logo após a prolação da sentença), enquanto esta última consiste na prática, sem reserva alguma, de um ato incompatível com a vontade de recorrer (art. 503, parágrafo único do Código de Processo Civil).[470]

A aquiescência, portanto, pode estar ligada a uma manifestação de vontade da parte ou operar-se independentemente desta, como decorrência legal. A primeira hipótese consiste em uma manifestação expressa da vontade de aceitar a sentença ou de renunciar à sua impugnação; a aquiescência tácita, em contrapartida, se dá quando a parte pratica atos incompatíveis com a vontade de valer-se das impugnações previstas em lei, desde que essa incompatibilidade possa ser entendida inequivocamente como aceitação.[471]

A doutrina traz muitos exemplos de aquiescência e de consequente preclusão lógica, obstativa do direito de recorrer. Ilustra Arruda Alvim que, quando a parte toma conhecimento da sentença, vindo até a pedir sua liquidação, aceita-a tacitamente, não mais lhe sendo dado recorrer.[472] São exemplos de aquiescência, colhidos na lição de Nelson Nery Júnior e Rosa Maria Andrade Nery, o pagamento, pelo réu, da quantia a que fora condenado pela sentença, e a entrega das chaves pelo locatário, na ação de despejo julgada procedente.[473] Sérgio Gilberto Porto e Daniel Ustárroz citam como exemplos de aceitação tácita a propositura de idêntica demanda, após a primeira ter sido extinta sem julgamento de mérito, o elogio sério da correção da decisão, a promessa pública de cumprimento do julgado, etc.[474] São exemplos de Barbosa Moreira o pedido de prazo para cumprir a condenação, ou, em termos gerais, o cumprimento espontâneo de sentença ainda não exequível.[475]

A aplicação do disposto no art. 503 do Código de Processo Civil requer, no entanto, interpretação cautelosa. O aceitante precisa praticar, para a caracterização da aceitação tácita, atos inequivocamente inconciliáveis com a vontade de recorrer. Como se trata de disposição de direito, a interpretação deve ser restritiva, entendendo-se, na dúvida, que não houve aquiescência.[476]

---

[470] BARBOSA MOREIRA, op. cit., p. 117-118.
[471] LUISO, Francesco P. *Diritto processuale civile*. 3. ed. Milano: Giuffrè, 2000, v. II, p. 297-298.
[472] ARRUDA ALVIM, José Manoel de. *Manual de direito processual civil*. 11. ed. São Paulo: Revista dos Tribunais, 2007, v. 1, p. 498.
[473] NERY JÚNIOR, Nelson; NERY, Rosa Maria Andrade. *Código de Processo Civil comentado e legislação extravagante*. 9. ed. São Paulo: Revista dos Tribunais, 2006, p. 722.
[474] PORTO, Sérgio Gilberto; USTÁRROZ, Daniel. *Manual dos recursos cíveis*. Porto Alegre: Livraria do Advogado, 2007, p. 64.
[475] BARBOSA MOREIRA, op. cit., p. 118.
[476] MIRANDA, Gilson Delgado; MARCATO, Antônio Carlos (Coord.). *Código de Processo Civil interpretado*. 3. ed. São Paulo: Atlas, 2008, p. 1736. No mesmo sentido: MACHADO, Antônio Cláudio da Costa. *Código de Processo Civil interpretado*. 7. ed. Barueri: Manole, 2008, p. 604; FERREIRA, Luís Pinto. *Teoria e prática dos recursos e da ação rescisória no processo civil*. São Paulo: Saraiva, 1982, p. 47. Finalmente, também na doutrina estrangeira: "Deve tratarsi di un comportamento univoco tale da escludere tale volontà, cosichè di per sé, l'esecuzione, totale o anche solo parziale della sentenza non implica aquiesenza almeno se non accompagnata da atti di rinuncia, sottoscrizione

Em síntese, a interpretação deve ser restritiva porque o cumprimento da decisão não induz, necessariamente, a conclusão de que houve aquiescência. Figure-se, por exemplo, a decisão que impõe o cumprimento de determinada obrigação de fazer ou não fazer sob pena de multa diária. Pode o recorrente atender à determinação para que não se avolume o valor da multa, o que não lhe retira o interesse em ver reformada a decisão. Da mesma forma, não caracteriza a aquiescência tácita o cumprimento *forçado* da decisão, como aquele que se dá quando ela já é exequível; somente o cumprimento espontâneo, vale dizer, de decisão sujeita a recurso com efeito suspensivo, é que dá lugar à aceitação tácita do julgado.[477]

5.1.3.2. Impossibilidade de aditar ou complementar o recurso

Deve-se ao instituto da preclusão, também, a impossibilidade de aditamento ou de complementação das razões recursais após a interposição do recurso. A hipótese é de preclusão consumativa, impedindo que o ato já praticado venha a ser retificado ou complementado, ainda que não expirado o prazo previsto em lei para a sua prática.

Analisando a questão, assim leciona Araken de Assis:

> (...) interposto o recurso, extingue-se, *tout court*, o direito de impugnar o provimento, não importa se admissível ou não.
> O princípio da consumação tem larga aplicação no campo dos recursos. Conforme já assinalado, as razões de apelação, por exemplo, não comportam ampliações e modificações. É irrelevante, a esse propósito, a manifestação dentro do prazo de quinze dias iniciado com a intimação da sentença, porque tal prazo se extinguiu no ato da interposição, a teor do art. 158. Por outro lado, a interposição de apelo parcial significa aquiescência com a parte remanescente da sentença e, por idêntico fundamento, é inadmissível a parte interpor outra apelação.[478]

A adoção do princípio da consumação se justifica pelo fato de o processo demorar o menos possível, a fim de que a paz social afetada pelo litígio seja restabelecida o quanto antes. Por isso as partes têm a possibilidade de praticar o ato no prazo estabelecido por lei, mas, se exercerem o direito, com a concretização do ato, dá-se início à prática dos atos ulteriores e, por força da preclusão consumativa, não é possível exercer direito já consumado. Ainda que dentro do prazo, haveria perda de tempo,[479] de sorte que, uma vez interposto o recurso, a parte não poderá mais

---

di quietanze liberatorie e così di seguito". (COMOGLIO, Luigi Paolo; FERRI, Corrado; TARUFFO, Michele. *Lezione sul processo civile*. 2. ed. Bologna: Il Mulino, 1998, p. 787).

[477] FERREIRA FILHO, Manoel Caetano. *Comentários ao Código de Processo Civil*. São Paulo: Revista dos Tribunais, 2001, v. 7, p. 62. Em sentido idêntico leciona José Carlos Barbosa Moreira, esclarecendo não se poder vislumbrar aquiescência se já é possível a execução provisória da decisão. (BARBOSA MOREIRA, José Carlos. *Comentários ao Código de Processo Civil*. 14. ed. Rio de Janeiro: Forense, 2008, v. V, p. 346-347).

[478] ASSIS, Araken de. *Manual dos recursos*. São Paulo: Revista dos Tribunais, 2007, p. 100-101.

[479] SOUZA, Bernardo Pimentel de. *Introdução aos recursos cíveis e à ação rescisória*. 4. ed. São Paulo: Saraiva, 2007, p. 126.

praticar o ato processual de fundamentá-lo, por já haver passado a oportunidade de fazê-lo.[480]

No Código de Processo Civil de 1939, conforme o art. 809, a parte podia variar o recurso, desde que dentro do prazo de interposição. O princípio da variabilidade, no entanto, não é compatível com a sistemática atual. Como anota Nelson Nery Júnior, como a variabilidade se configura em exceção ao instituto da preclusão consumativa, deveria constar de texto expresso de lei para que se a permitisse.[481]

Da mesma forma que não se admite a modificação, também não é possível desistir do recurso e interpor outro em seu lugar. Em atenção ao princípio da consumação, o direito exige que, já no momento de interposição do recurso, estejam presentes todos os seus pressupostos de admissibilidade. O recurso deve estar completo e acabado no ato de interposição, sendo inviável a correção futura de seus defeitos.[482]

José Roberto dos Santos Bedaque defende a possibilidade de complementação das razões recursais ou mesmo a desistência do primeiro recurso (inadequado) e a apresentação de outro (adequado), afirmando que, observado o prazo, não haveria prejuízo ao desenvolvimento do processo nem retrocesso a fases anteriores.[483] Segundo a maior parte da doutrina, no entanto, pouco importa a observância do prazo previsto em lei para a prática do ato: consumado o ato para o qual havia prazo, a consequência prática da ocorrência da preclusão é que o prazo restante deixa de existir, não mais podendo a parte realizar novamente o mesmo ato processual.[484]

A jurisprudência do Egrégio Superior de Justiça é pacífica a respeito, reconhecendo, invariavelmente, a preclusão consumativa, sob o fundamento de que a interposição do recurso, por ter o efeito de antecipar o termo final do prazo recursal, importa na extinção do direito de praticar o ato.[485]

---

[480] NERY JÚNIOR, Nelson. *Teoria geral dos recursos*. 6. ed. São Paulo: Revista dos Tribunais, 2004, p. 181-182.

[481] Ibidem, p. 191.

[482] PORTO, Sérgio Gilberto; USTÁRROZ, Daniel. *Manual dos recursos cíveis*. Porto Alegre: Livraria do Advogado, 2007, p. 45-46.

[483] BEDAQUE, José Roberto dos Santos. *Efetividade do processo e técnica processual*. 2. ed. São Paulo: Malheiros, 2007, p. 147.

[484] WAMBIER, Luiz Rodrigues. *Curso avançado de processo civil*. 7. ed. São Paulo: Revista dos Tribunais, 2005, p. 205. (Teoria geral do processo e processo de conhecimento; v. 1).

[485] Nesse sentido: BRASÍLIA. Superior Tribunal de Justiça. 6ª Turma. Recurso em Mandado de Segurança n. 11.334. Relator: Ministro Vicente Leal, j. 16/12/1999, *Diário de Justiça*, de 14 de fevereiro de 2000, p. 80. Disponível em: <www.stj.jus.br>. Acesso em: 05 mar. 2010. De um modo geral, entende-se pelo não conhecimento do segundo recurso interposto contra o mesmo acórdão, ainda que com finalidade de complementação e dentro prazo legal para a interposição de recurso: BRASÍLIA. Superior Tribunal de Justiça. 5ª Turma. Recurso especial n. 950.259/MT. Relator: Ministro Félix Fischer, j. 18/10/2007, *Diário de Justiça Eletrônico*, de 03 de março de 2008. Disponível em: <www.stj.jus.br>. Acesso em: 28 fev. 2010; BRASÍLIA. Superior Tribunal de Justiça. 3ª Turma. Agravo regimental no recurso especial n. 781.227/RS. Relator: Ministro Carlos Alberto Menezes Direito, j. 15/03/2007, *Diário de Justiça*, de 04 de junho de 2007, p. 343. Disponível em: <www.stj.jus.br>. Acesso em: 28 fev. 2010; BRASÍLIA. Superior Tribunal de Justiça. 4ª Turma. Embargos de declaração no agravo regimental em

5.1.3.3. Complementação das peças do agravo

Requisito de conhecimento do recurso de agravo de instrumento é, como se sabe, que o mesmo se faça acompanhar das peças obrigatórias previstas em lei e daquelas tidas por necessárias à compreensão da controvérsia. Cabe perquirir, pois, se à luz do instituto da preclusão, seria viável a complementação das peças em momento posterior à interposição.

A resposta é negativa, também nesta hipótese se operando a preclusão consumativa, a obstar o ato de aperfeiçoamento do recurso açodadamente interposto.

Se já interposto o recurso, não é de se admitir a juntada posterior de peças obrigatórias ou necessárias à compreensão do litígio, ainda que dentro do prazo de dez dias para interposição do agravo. Nessa hipótese, aliás, também não é possível a conversão do julgamento do agravo de instrumento em diligência, pois, neste caso, se estaria a permitir, mais propriamente, a emenda ou complementação das razões de agravo, e não a mera juntada de documentos.[486] A conversão do julgamento em diligência para correção do defeito não se admite, pois não bastasse o instituto da preclusão consumativa, também o da preclusão temporal proíbe a apresentação de peça ausente, ainda que com a interposição de posterior agravo interno.[487]

Não estando completo o instrumento de agravo, não se conhece do recurso. A jurisprudência do Superior Tribunal de Justiça é firme no sentido de que é ônus da parte agravante diligenciar para a correta formação do instrumento, sendo inadmissível a conversão do feito em diligência para sanar a deficiência em sua formação.[488]

Não juntada no ato de interposição do recurso qualquer das peças obrigatórias ou necessárias à compreensão da controvérsia, o resultado será, portanto, o não conhecimento do recurso, não se admitindo a juntada posterior, face ao princípio da consumação.[489]

Tratando-se, porém, de falta de peças facultativas, a doutrina não trata a questão com o mesmo rigor, até porque há boa dose de subjetividade na identificação

---

recurso especial n. 788.493/RS. Relator: Hélio Quaglia Barbosa, j. 19/10/2006, *Diário de Justiça*, de 13 de novembro de 2006, p. 271. Disponível em: <www.stj.jus.br>. Acesso em: 28 fev. 2010; BRASÍLIA. Superior Tribunal de Justiça. 2ª Turma. Recurso especial n. 838.051/PE. Relator: Ministro João Otávio de Noronha, j. 19/10/2006, *Diário de Justiça*, de 26 de abril de 2007, p. 237. Disponível em: <www.stj.jus.br>. Acesso em: 28 fev. 2010.

[486] WAMBIER, Teresa Arruda Alvim. *Os agravos no CPC brasileiro*. 4. ed. São Paulo: Revista dos Tribunais, 2006, p. 281.

[487] SOUZA, Bernardo Pimentel de. *Introdução aos recursos cíveis e à ação rescisória*. 4. ed. São Paulo: Saraiva, 2007, p. 295.

[488] BRASÍLIA. Superior Tribunal de Justiça. 6ª Turma. Embargos de declaração no agravo regimental no agravo n. 285.783/BA. Relator: Ministro Hamilton Carvalhido, j. 29/05/2001, *Diário de Justiça*, de 10 de setembro de 2001, p. 428. Disponível em: <www.stj.jus.br>. Acesso em: 28 fev. 2010; BRASÍLIA. Superior Tribunal de Justiça. 3ª Turma. Agravo regimental no agravo n. 384.846/SP. Relator: Ministro Carlos Alberto Menezes Direito, j. 07/08/2001, *Diário de Justiça*, de 24 de setembro de 2001, p. 304. Disponível em: <www.stj.jus.br>. Acesso em: 28 fev. 2010.

[489] PORTO, Sérgio Gilberto; USTÁRROZ, Daniel. *Manual dos recursos cíveis*. Porto Alegre: Livraria do Advogado, 2007, p. 142.

das peças que, não sendo claramente indispensáveis ao exame do caso, possam ser consideradas relevantes pelo órgão *ad quem*. Para Athos Gusmão Carneiro, sendo essa a hipótese, o Relator deve converter o julgamento em diligência, não se justificando o não conhecimento do recurso.[490] A jurisprudência, no entanto, não tem adotado essa diretriz.

5.1.3.4. Impossibilidade de interposição de recurso adesivo por quem já recorreu em caráter principal

Embora a lei não traga vedação expressa, é quase intuitivo que não pode recorrer adesivamente aquele que já recorreu anteriormente, por ocasião da intimação da decisão. Obsta-o a preclusão consumativa, porquanto já colhida a oportunidade processual e já consumado o ato de recorrer.

Conforme lição de Araken de Assis, não é dado a quem apelou em caráter principal apelar adesivamente por dois motivos: primeiro, porque o recurso adesivo constitui simples modalidade de interposição, e não recurso diferente do que poderia ser interposto na via principal, motivo por que o emprego de ambos os modos infringiria o princípio da singularidade recursal; segundo porque, escolhida uma das modalidades (a principal), o princípio da consumação impede a parte de valer-se da segunda (a adesiva).[491]

Segundo a doutrina, portanto, há consumação do direito com a interposição do primeiro recurso.[492] Caso a parte já tenha recorrido pela via principal, não poderá recorrer adesivamente ao recurso da parte contrária, porque já exerceu o poder de recorrer, tendo ocorrido preclusão consumativa.[493]

Se à parte foi dada condição temporal para a impugnação total da sentença e esta assim não procedeu, como opina Daniel Amorim Assumpção Neves, fixou os limites de seu inconformismo, não podendo expressá-lo de forma diversa em outro momento processual. Em suma, no sentir do autor, "ninguém é obrigado a impugnar totalmente a sentença, mas a apelação apenas parcial acarreta logicamente uma aquiescência do recorrente com relação à parte da decisão, o impedindo de reabrir tal debate em momento posterior do processo".[494]

De fato, a admissão de novo recurso, criando dupla oportunidade de impugnação de uma mesma decisão, iria de encontro aos propósitos de ordem, desembaraço e celeridade que se acham subjacentes ao instituto da preclusão. Seria um

---

[490] CARNEIRO, Athos Gusmão. *Recurso especial, agravos e agravo interno*. 5. ed. Rio de Janeiro: Forense, 2008, p. 244.
[491] ASSIS, Araken de. *Manual dos recursos*. São Paulo: Revista dos Tribunais, 2007, p. 101.
[492] SOUZA, Bernardo Pimentel de. *Introdução aos recursos cíveis e à ação rescisória*. 4. ed. São Paulo: Saraiva, 2007, p. 128-130.
[493] NERY JÚNIOR, Nelson; NERY, Rosa Maria Andrade. *Código de Processo Civil comentado e legislação extravagante*. 9. ed. São Paulo: Revista dos Tribunais, 2006, p. 720.
[494] NEVES, Daniel Amorim Assumpção. *Preclusões para o juiz:* preclusão *pro iudicato* e preclusão judicial no processo civil. São Paulo: Método, 2004, p. 33.

verdadeiro retrocesso que as partes pudessem rever sua estratégia e interpor novo recurso, na forma adesiva, como que em complementação ao recurso adrede interposto.

Nesse sentido, ao julgar o Recurso Especial nº 179.586, entendeu o Superior Tribunal de Justiça que "tendo em vista o propósito do recurso adesivo e o princípio da consumação, a parte que, no prazo legal, apresentou recurso autônomo não pode recorrer adesivamente".[495]

5.1.3.5. Interposição de recurso e comprovação do preparo

Questão também pertinente à fase recursal que enseja polêmica quanto à aplicação da preclusão é a simultaneidade da comprovação do preparo em relação à interposição do recurso.

Diz o art. 511 do Código de Processo Civil que "No ato de interposição do recurso, o recorrente comprovará, quando exigido pela legislação pertinente, o respectivo preparo, inclusive porte de remessa e retorno, sob pena de deserção".[496]

Diante dos termos do dispositivo legal, a doutrina majoritária entende exigida a simultaneidade, preconizando que o comprovante de pagamento do preparo recursal deve acompanhar a peça quando da interposição do recurso, não podendo o preparo ser realizado ou comprovado em momento posterior. Nelson Nery Júnior e Rosa Maria Andrade Nery sustentam que os atos de recorrer e de preparar o recurso formam um ato complexo, devendo ser praticados *simultaneamente*, na mesma oportunidade processual, como manda a norma, sob pena de preclusão consumativa.[497]

Também na opinião de Araken de Assis, realizando-se o preparo posteriormente à interposição do recurso, há preclusão consumativa e o recurso é, desde logo, inadmissível. O ato defeituoso (ou seja, o recurso desprovido de preparo) não comporta emenda e aperfeiçoamento, haja ou não sido interposto com alguma antecedência relativamente ao último dia do prazo.[498]

Para essa corrente, interposto o recurso, está consumado o direito de recorrer. Se a parte pratica o ato de modo imperfeito, incompleto, não pode querer repeti-lo. Se fosse permitida a prática de novo ato dentro do lapso legal, o juiz não

---

[495] BRASÍLIA. Superior Tribunal de Justiça. 2ª Turma. Recurso especial n. 179.586/RS. Relator: Ministro Francisco Peçanha Martins, j. 16/11/2000, *Diário de Justiça*, de 18 de dezembro de 2000, p. 275. Disponível em: <www.stj.jus.br>. Acesso em: 06 mar. 2010.

[496] O Projeto de Lei nº 8.046/2010, que institui o novo Código de Processo Civil, em tramitação no Congresso Nacional, mantém a mesma redação em seu art. 920.

[497] NERY JÚNIOR, Nelson; NERY, Rosa Maria Andrade. *Código de Processo Civil comentado e legislação extravagante*. 9. ed. São Paulo: Revista dos Tribunais, 2006, p. 734.

[498] ASSIS, Araken de. *Manual dos recursos*. São Paulo: Revista dos Tribunais, 2007, p. 202. No mesmo sentido, destacando não ser relevante o fato de sobejarem dias do prazo: AMORIM, Aderbal Torres de. *Recursos cíveis ordinários*. Porto Alegre: Livraria do Advogado, 2005, p. 70.

poderia nunca impulsionar o processo, pois teria que aguardar o decurso do prazo, o que contrariaria a celeridade.[499]

Amparam-se os defensores da interpretação mais rígida na ideia de que somente há oportunidade para a realização do ato uma vez no processo e de que o prazo previsto para a interposição é o prazo máximo, mas se exaure no momento da interposição.[500] Daí por que, segundo esse ponto de vista, não se pode defender que o preparo possa ser feito após a interposição, mas ainda dentro do prazo: interposto o recurso, não há mais prazo.[501]

Em outras palavras, como esclarece Carreira Alvim, o recorrente dispõe de prazo para recorrer, podendo fazê-lo no último minuto do termo *ad quem* ou no primeiro dia do prazo, mas, no instante em que o fizer, deve *comprovar* o preparo. Decidindo que vai recorrer, e quando vai fazê-lo, é esta a hora de comprovar o preparo, não lhe restando nenhum lapso suplementar para tanto, ainda que, sendo o prazo de quinze dias, tenha interposto o seu recurso logo no primeiro dia. Embora concedido à parte um prazo para a prática de certo ato processual, isso não significa que, praticado antes, mantenha ela o direito ao restante, para praticá-lo de novo. A isso se opõe a preclusão consumativa, pois, com a prática do ato, *consuma-se* o direito (ou a faculdade) da parte, que não pode praticá-lo outra vez. Destarte, verifica-se que a "antecipação de um ato que ainda não terminou de fluir" não é, na verdade, antecipação, senão, o próprio ato praticado dentro do prazo legal, antes que atingisse o termo *ad quem*, pelo que, uma vez praticado, faz desaparecer todo o lapso restante.[502]

Na jurisprudência do Superior Tribunal de Justiça, firmou-se o entendimento de que o recurso preparado após a interposição, mesmo que dentro do prazo recursal, deve ser considerado deserto.[503]

---

[499] OLIVEIRA, Lauro Laertes de. Da preclusão consumativa do preparo das custas recursais. *Revista da Ajuris*. Porto Alegre, n. 66, ano XXIII, p. 258-259, mar. 1996.

[500] NEVES, Daniel Amorim Assumpção. *Preclusões para o juiz*: preclusão *pro iudicato* e preclusão judicial no processo civil. São Paulo: Método, 2004, p. 31-32.

[501] WAMBIER, Teresa Arruda Alvim. *Os agravos no CPC brasileiro*. 4. ed. São Paulo: Revista dos Tribunais, 2006, p. 287. No mesmo sentido, Rosa Maria Andrade Nery observa que o argumento de que ainda resta prazo esbarra em óbice lógico, uma vez que o prazo se encerra com o ato mesmo da interposição (NERY, Rosa Maria Andrade. Preparo e preclusão consumativa. In: TEIXEIRA, Sálvio de Figueiredo (Coord.). *Reforma do Código de Processo Civil*. São Paulo: Saraiva, 1996, p. 639).

[502] CARREIRA ALVIM, J. E.; CABRAL, Luciana Gontijo Carreira. *Código de Processo Civil reformado*. 7. ed. Curitiba: Juruá, 2008, p. 334-335.

[503] BRASÍLIA. Superior Tribunal de Justiça. Corte Especial. Recurso especial n. 105.669/RS. Relator: Ministro Carlos Alberto Menezes Direito, j. 16/04/1997, *Diário de Justiça*, de 16 de novembro de 1997, p. 56203. Disponível em: <www.stj.jus.br>. Acesso em: 28 fev. 2010; BRASÍLIA. Superior Tribunal de Justiça. Corte Especial. Recurso especial n. 135.612/DF. Relator: Ministro Eduardo Ribeiro. Relator para o acórdão: Ministro Garcia Vieira, j. 17/12/1994, *Diário de Justiça*, de 29 de junho de 1998, p. 3. Disponível em: <www.stj.jus.br>. Acesso em: 28 fev. 2010; BRASÍLIA. Superior Tribunal de Justiça. 4ª Turma. Recurso especial n. 114.478/DF. Relator: Ministro Aldir Passarinho Júnior, j. 17/08/2000, *Diário de Justiça*, de 09 de outubro de 2000, p. 150. Disponível em: <www.stj.jus.br>. Acesso em: 28 fev. 2010; BRASÍLIA. Superior Tribunal de Justiça. 3ª Turma. Agravo regimental no recurso especial n. 417.510/SP. Relator: Ministro Carlos Alberto Menezes Direito, j. 24/06/2002, *Diário de Justiça*, de 02 de setembro de 2002, p. 187. Disponível em: <www.stj.jus.br>. Acesso em: 28 fev. 2010; BRASÍLIA. Superior Tribunal de Justiça. 2ª Turma. Agravo regimental no recurso especial n. 853.787/SP. Relator: Ministro Castro Meira, j. 10/10/2006, *Diário de Justiça*, de 19 de outubro de 2006, p. 283. Disponível em: <www.stj.jus.br>. Acesso

Trata-se, sem dúvida, de entendimento majoritário, elevado à quase unanimidade na doutrina e na jurisprudência, o que é compreensível, tendo em mente a redação atual do art. 511 do Código de Processo Civil, alterada pela Lei nº 8.950/94 exatamente para definir a simultaneidade do preparo. Segundo Athos Gusmão Carneiro, partindo-se da simples leitura do dispositivo legal, a tese benevolente literalmente contraria a lei.[504]

Em sentido contrário, porém, Cândido Rangel Dinamarco entende que, se o preparo não tiver sido realizado até a interposição, pode sê-lo até o último dia do prazo para recorrer. O renomado processualista critica o entendimento acima exposto, dizendo que a suposta preclusão não é ditada por lei e que constituiria afronta ao princípio do duplo grau de jurisdição e óbice puramente formal ao acesso à justiça.[505] Em que pese muito se respeite essa posição, não parece acertado dizer que a preclusão consumativa, nesse caso, não seja ditada por lei. A redação do art. 511 do Código de Processo Civil é suficientemente clara, ainda que não faça menção expressa à preclusão, de modo que a posição mais liberal só pode ser defendida com base em postura instrumentalista que proponha leitura atenuada da norma, e não com arrimo na suposta falta de cominação expressa.

A linha instrumentalista, aliás, é a adotada por Galeno Lacerda para defender a mitigação dos rigores do texto legal. Para o autor, o simples fato de a lei prescrever que o recorrente comprove, no ato de interposição do recurso, o respectivo preparo, sob pena de deserção, não autoriza o radicalismo formal de se considerar o recurso como um *ato complexo*, integrado pela respectiva petição e pelo preparo, a assumir este a natureza de *documento essencial*, de tal sorte que a não realização *simultânea* desses atos provoque a *preclusão consumativa* do próprio recurso. No seu sentir, a ausência do preparo, como ato simultâneo, não pode causar, como querem os formalistas, a preclusão consumativa do recurso ao qual ele estaria afetado.[506]

Embora minoritária a corrente defensora da viabilidade do preparo posterior, há na jurisprudência alguns registros desse entendimento. Propondo interpretação mais liberal, já decidiu o Superior Tribunal de Justiça, ao julgar o Recurso Especial nº 94.204/SP, que não ocorre a deserção se o preparo é posterior à interposição, mas realizado dentro do prazo.[507] Não há que se olvidar, no entanto, tratar-se de precedente isolado, como já evidenciado.

---

em: 28 fev. 2010; BRASÍLIA. Superior Tribunal de Justiça. 3ª Turma. Agravo regimental no agravo n. 471.502/RJ. Relator: Ministro Humberto Gomes de Barros, j. 26/10/2006, *Diário de Justiça*, de 18 de dezembro de 2006, p. 360. Disponível em: <www.stj.jus.br>. Acesso em: 28 fev. 2010.

[504] CARNEIRO, Athos Gusmão. *Recurso especial, agravos e agravo interno*. 5. ed. Rio de Janeiro: Forense, 2008, p. 90.

[505] DINAMARCO, Cândido Rangel. *A reforma do Código de Processo Civil*. 4. ed. 2. tir. São Paulo: Malheiros, 1998, p. 164.

[506] LACERDA, Galeno. Recurso – preparo – deserção – "preclusão consumativa". *Revista Forense*. Rio de Janeiro: Forense, v. 336, ano 92, p. 193, out./nov./dez. 1996.

[507] BRASÍLIA. Superior Tribunal de Justiça. 3ª Turma. Recurso especial n. 94.204/RS. Relator: Ministro Waldemar Zveiter, j. 25/02/1997, *Diário de Justiça*, de 26 de maio de 1997, p. 22531. Disponível em: <www.stj.jus.br>. Acesso em: 06 mar. 2010.

Trilhando caminho intermediário entre os já expostos, entendem alguns por estabelecer distinção entre o preparo tardio e a comprovação tardia. Para José Roberto dos Santos Bedaque, a realização do preparo tempestivo e a comprovação tardia não deve vetar o conhecimento do recurso, pois são situações distintas a não satisfação das custas e a não comprovação de seu recolhimento. Segundo sustenta, a primeira enseja o não conhecimento, mas a segunda pode ser superada caso a parte corrija a irregularidade até o momento de apreciação do recurso.[508]

A interpretação proposta tem inspiração histórica. Na vigência do Código de Processo Civil revogado, dispunha o art. 519 que, recolhido o preparo no prazo, a ulterior juntada da guia não ensejava deserção.[509] Contudo, tendo em vista a alteração legislativa, é de se questionar a proposta de relevação da comprovação tardia, haja vista que dificilmente se poderia ter por involuntário o silêncio da lei nova a respeito.

A distinção entre a ausência de preparo e a comprovação tardia, de fato, longe está de ser aprovada pela totalidade da doutrina, chegando, ao contrário, a granjear críticos ferrenhos. Aderbal Torres de Amorim critica os que defendem a viabilidade da apresentação posterior da guia de preparo sob o fundamento de que tal proceder não causa qualquer prejuízo à parte contrária: "A obstinação messiânica com que se arrolam argumentos para o descumprimento da lei chega, às vezes, às raias da extravagância. O fato de não haver prejuízo para qualquer das partes não oferece justificativa plausível para o descumprimento da norma".[510] No mesmo sentido, embora menos severo na crítica, Daniel Amorim Assumpção Neves conclui que o que a lei exige é – mais do que a realização do preparo – a *comprovação* simultânea, sem o que o recurso não está completamente regular.[511]

Tratando-se de comprovação tardia, em que pese o recolhimento oportuno, é vacilante a jurisprudência. O Superior Tribunal de Justiça já decidiu, em algumas ocasiões, não ensejar deserção a juntada posterior da guia comprobatória do recolhimento do preparo, se este foi feito no mesmo dia da interposição.[512] Mas também já decidiu em sentido oposto, afirmando que

---

[508] PORTO, Sérgio Gilberto; USTÁRROZ, Daniel. *Manual dos recursos cíveis*. Porto Alegre: Livraria do Advogado, 2007, p. 47.
[509] ASSIS, Araken de. *Manual dos recursos*. São Paulo: Revista dos Tribunais, 2007, p. 202. Nesse sentido: BRASÍLIA. Superior Tribunal de Justiça. 3ª Turma. Recurso especial n. 4864/SP. Relator: Ministro Nilson Naves, j. 02/10/1990, *Diário de Justiça*, de 12 de novembro de 1990, p. 12870. Disponível em: <www.stj.jus.br>. Acesso em: 28 fev. 2010.
[510] AMORIM, Aderbal Torres de. *Recursos cíveis ordinários*. Porto Alegre: Livraria do Advogado, 2005, p. 69.
[511] NEVES, Daniel Amorim Assumpção. *Preclusões para o juiz:* preclusão *pro iudicato* e preclusão judicial no processo civil. São Paulo: Método, 2004, p. 32.
[512] BRASÍLIA. Superior Tribunal de Justiça. 4ª Turma. Recurso especial n. 570.835/MG. Relator: Ministro Aldir Passarinho Júnior, j. 16/09/2004, *Diário de Justiça*, de 13 de dezembro de 2004, p. 368. Disponível em: <www.stj.jus.br>. Acesso em: 06 mar. 2010; BRASÍLIA. Superior Tribunal de Justiça. 4ª Turma. Recurso especial n. 85.468/MG. Relator: Ministro Sálvio de Figueiredo Teixeira, j. 29/04/1998, *Diário de Justiça*, de 01 de junho de 1998, p. 116. Disponível em: <www.stj.jus.br>. Acesso em: 06 mar. 2010; BRASÍLIA. Superior Tribunal de Justiça. 5ª Turma. Recurso especial n. 64.215/SP. Relator: Ministro Félix Fischer, j. 04/08/1998, *Diário de Justiça*, de 08 de agosto de 1998, p. 85. Disponível em: <www.stj.jus.br>. Acesso em: 06 mar. 2010

A comprovação do preparo deve ser feita no ato de interposição do recurso, conforme determina o art. 511 do Código de Processo Civil – CPC, sob pena de preclusão, não se afigurando possível a comprovação posterior, ainda que o pagamento das custas tenha ocorrido dentro do prazo recursal.[513]

A questão é polêmica e sugere cautela ao advogado, tendo em vista a redação do art. 511 do Código de Processo Civil e o entendimento majoritariamente favorável à interpretação mais rígida da norma. Para Manoel Caetano Ferreira Filho, até seria mais razoável admitir o preparo posterior, mas *de lege ferenda*,[514] uma vez que a atual disposição de lei não conforta as interpretações mais liberais.

Uma situação peculiar, no entanto, há muito recebe tratamento diferenciado na doutrina e na jurisprudência: pode ocorrer de o recorrente decidir recorrer no derradeiro dia do prazo e de o recurso necessitar de preparo, verificando-se a circunstância de o horário bancário encerrar-se antes do expediente forense.

Praticamente consolidou-se na doutrina nacional o entendimento de que o fato de o horário bancário ser mais reduzido do que o de funcionamento do Fórum não deve implicar encurtamento do prazo para recurso, traduzindo, ao invés disso, circunstância autorizadora da realização posterior. No sentir de Teresa Arruda Alvim Wambier, seria inconstitucional, porque atentatório ao princípio do devido processo legal, subtraírem-se algumas horas do prazo de que a parte dispõe.[515]

A doutrina ora qualifica o fechamento dos bancos antes de esgotado o expediente forense como situação de força maior,[516] ora como justa causa impeditiva da prática do ato, na forma do art. 183, § 2º, do Código de Processo Civil.[517] Não destoa, no entanto, a conclusão, hoje muito disseminada, de que, ocorrendo essa situação, o preparo poderá ser realizado e comprovado no dia útil subsequente, sem que se decrete a deserção.

O Superior Tribunal de Justiça vem seguindo a maior parte da doutrina, relevando a deserção quando o preparo tardio decorrer do fechamento dos bancos, anteriormente à expiração do prazo legal para recurso.[518]

---

[513] BRASÍLIA. Superior Tribunal de Justiça. 2ª Turma. Recurso especial n. 733.681/DF. Relator: Ministro Castro Meira, j. 18/08/2005, *Diário de Justiça*, de 12 de setembro de 2005, p. 302. Disponível em: <www.stj.jus.br>. Acesso em: 06 mar. 2010.

[514] FERREIRA FILHO, Manoel Caetano. *Comentários ao Código de Processo Civil*. São Paulo: Revista dos Tribunais, 2001, v. 7, p. 76.

[515] WAMBIER, Teresa Arruda Alvim. *Os agravos no CPC brasileiro*. 4. ed. São Paulo: Revista dos Tribunais, 2006, p. 290.

[516] PORTO, Sérgio Gilberto; USTÁRROZ, Daniel. *Manual dos recursos cíveis*. Porto Alegre: Livraria do Advogado, 2007, p. 46.

[517] SOUZA, Bernardo Pimentel de. *Introdução aos recursos cíveis e à ação rescisória*. 4. ed. São Paulo: Saraiva, 2007, p. 102.

[518] BRASÍLIA. Superior Tribunal de Justiça. 1ª Turma. Recurso especial n. 155.772/DF. Relator: Ministro Humberto Gomes de Barros, j. 05/03/1998, *Diário de Justiça*, de 27 de abril de 1998, p. 102. Disponível em: <www.stj.jus.br>. Acesso em: 05 mar. 2010; BRASÍLIA. Superior Tribunal de Justiça. 4ª Turma. Recurso especial n. 120.650/RS. Relator: Ministro Aldir Passarinho Júnior. Relator para o acórdão: Ministro Sálvio de Figueiredo Teixeira, j. 31/08/1999, *Diário de Justiça*, de 28 de fevereiro de 2000, p. 85. Disponível em: <www.stj.jus.br>. Acesso

Para Athos Gusmão Carneiro, no entanto, não serve de escusa à realização do preparo a mera circunstância de as agências bancárias encerrarem seu expediente em horário anterior ao do encerramento do expediente forense, pois este fato é absolutamente previsto, cabendo ao advogado providenciar no preparo em tempo hábil.[519]

Essa orientação, mais severa, hoje praticamente desaparecida no Superior Tribunal de Justiça,[520] tem sido adotada pelo Supremo Tribunal Federal, que não considera justa causa a falta de expediente bancário até o último momento do prazo e tem aplicado deserção.[521]

---

em: 05 mar. 2010; BRASÍLIA. Superior Tribunal de Justiça. 4ª Turma. Recurso especial n. 399.131/RS. Relator: Ministro Aldir Passarinho Júnior, j. 07/11/2002, *Diário de Justiça,* de 10 de fevereiro de 2003, p. 216. Disponível em: <www.stj.jus.br>. Acesso em: 05 mar. 2010; BRASÍLIA. Superior Tribunal de Justiça. 1ª Turma. Recurso especial n. 717.461/PR. Relator: Teori Zavascki, j. 17/11/2005, *Diário de Justiça,* de 28 de novembro de 2005, p. 218. Disponível em: <www.stj.jus.br>. Acesso em: 05 mar. 2010; BRASÍLIA. Superior Tribunal de Justiça. 4ª Turma. Recurso especial n. 737.961/MS. Relator: Ministro Jorge Scartezzini, j. 23/05/2005, *Diário de Justiça,* de 12 de setembro de 2005, p. 344. Disponível em: <www.stj.jus.br>. Acesso em: 05 mar. 2010; BRASÍLIA. Superior Tribunal de Justiça. Corte Especial. Embargos de divergência em recurso especial n. 137.092/RS. Relator: Ministro Milton Luiz Pereira. Relator para o acórdão: Ministro César Asfor Rocha, j. 02/10/2002, *Diário de Justiça,* de 19 de dezembro de 2002, p. 320. Disponível em: <www.stj.jus.br>. Acesso em: 05 mar. 2010; BRASÍLIA. Superior Tribunal de Justiça. 1ª Turma. Agravo Regimental no Agravo n. 516.315/RS. Relator: Ministro Luiz Fux, j. 17/02/2004, *Diário de Justiça,* de 22 de março de 2004, p. 221. Disponível em: <www.stj.jus.br>. Acesso em: 05 mar. 2010; BRASÍLIA. Superior Tribunal de Justiça. 2ª Turma. Recurso especial n. 440.347/DF. Relator: Ministro João Otávio de Noronha, j. 27/06/2006, *Diário de Justiça,* de 03 de agosto de 2006, p. 240. Disponível em: <www.stj.jus.br>. Acesso em: 05 mar. 2010; BRASÍLIA. Superior Tribunal de Justiça. 5ª Turma. Recurso especial n. 786.147/DF. Relator: Ministro Arnaldo Esteves Lima, j. 15/03/2007, *Diário de Justiça,* de 23 de abril de 2007, p. 298. Disponível em: <www.stj.jus.br>. Acesso em: 05 mar. 2010; BRASÍLIA. Superior Tribunal de Justiça. Corte Especial. Embargos de divergência em recurso especial n. 711.929/DF. Relator: Ministro João Otávio de Noronha, j. 15/10/2008, *Diário de Justiça Eletrônico,* de 20 de novembro de 2008. Disponível em: <www.stj.jus.br>. Acesso em: 05 mar. 2010; BRASÍLIA. Superior Tribunal de Justiça. 4ª Turma. Recurso especial n. 605.328/MT. Relator: Ministro Aldir Passarinho Júnior, j. 02/08/2005, *Diário de Justiça,* de 22 de agosto de 2005, p. 285. Disponível em: <www.stj.jus.br>. Acesso em: 06 mar. 2010; BRASÍLIA. Superior Tribunal de Justiça. 4ª Turma. Recurso especial n. 671.842/RS. Relator: Ministro Jorge Scartezzini, j. 05/05/2005, *Diário de Justiça,* de 23 de maio de 2005, p. 301. Disponível em: <www.stj.jus.br>. Acesso em: 06 mar. 2010; BRASÍLIA. Superior Tribunal de Justiça. 6ª Turma. Agravo Regimental no Recurso especial n. 355.323/ES. Relatora: Ministra Maria Thereza de Assis Moura, j. 19/06/2008, *Diário de Justiça Eletrônico,* de 04 de agosto de 2008. Disponível em: <www.stj.jus.br>. Acesso em: 05 mar. 2010; BRASÍLIA. Superior Tribunal de Justiça. 4ª Turma. Agravo Regimental no Recurso especial n. 906.743/RN. Relator: Ministro Luis Felipe Salomão, j. 06/08/2009, *Diário de Justiça Eletrônico,* de 24 de agosto de 2009. Disponível em: <www.stj.jus.br>. Acesso em: 05 mar. 2010.

[519] CARNEIRO, Athos Gusmão. *Recurso especial, agravos e agravo interno.* 5. ed. Rio de Janeiro: Forense, 2008, p. 91.

[520] A Corte chegou a desprezar a dissonância entre o horário bancário e o expediente forense em alguns julgados antes de firmar a posição no sentido de se tratar de justa causa. Dentre os acórdãos que consideraram inescusável a falta do preparo, confiram-se: BRASÍLIA. Superior Tribunal de Justiça. 4ª Turma. Recurso especial n. 141.794/SP. Relator: Ministro Sálvio de Figueiredo Teixeira, j. 10/11/1997, DJ de 26 de abril de 1999, p. 106. Disponível em: <www.stj.jus.br>. Acesso em: 06 mar. 2010; BRASÍLIA. Superior Tribunal de Justiça. 4ª Turma. Recurso especial n. 101.617/MG. Relator: Aldir Passarinho Júnior, j. 31/08/1999, *Diário de Justiça,* de 28 de fevereiro de 2000, p. 84. Disponível em: <www.stj.jus.br>. Acesso em: 06 mar. 2010.

[521] BRASÍLIA. Supremo Tribunal Federal. Tribunal Pleno. Questão de Ordem no Agravo de Instrumento n. 209.885/RJ. Relator: Ministro Maurício Correa. Relator para o acórdão: Ministro Marco Aurélio, j. 25/03/1998, *Diário de Justiça,* de 10 de maio de 2002, p. 53. Disponível em: <www.stf.jus.br>. Acesso em: 05 mar. 2010; BRASÍLIA. Supremo Tribunal Federal. 1ª Turma. Agravo Regimental no Agravo de Instrumento n. 325.661/RJ. Relatora: Ministra Ellen Gracie, j. 05/02/2002, *Diário de Justiça,* de 15 de março de 2002, p. 37. Disponível em: <www.stf.jus.br>. Acesso em: 05 mar. 2010; BRASÍLIA. Supremo Tribunal Federal. Decisão Monocrática. Agravo de Instrumento n. 523.329/RJ. Relator: Ministro Sepúlveda Pertence, j. 22/02/2005, *Diário de Justiça,* de 04 de março de

5.1.4. Fases de liquidação e de cumprimento da sentença – impugnação de cálculos

Nas fases de liquidação e de cumprimento de sentença, muito comum é que se estabeleça longa dialética sobre cálculos, com sucessivas manifestações das partes até que se venham a fixar os parâmetros adequados ao decidido na lide. Pela frequência com que a situação se repete no cotidiano forense, cabe perquirir, pois, sobre a ocorrência de preclusão na hipótese de silenciar a parte sobre os cálculos apresentados anteriormente à decisão final.

Conforme Nelson Nery Júnior, a parte que deixar de impugnar a conta de liquidação não ficará impedida de interpor recurso diante da decisão da fase de liquidação. Embora registrando haver quem entenda que a falta de impugnação da conta acarreta preclusão por constituir ato incompatível com a vontade de recorrer, defende o autor interpretação menos rigorosa da questão. Segundo seu pensar, a aquiescência, que traz como consequência a preclusão lógica extintiva do poder de recorrer, deve ser interpretada restritivamente, não havendo, na hipótese, a aquiescência tácita, que é a manifestação de concordância com a *própria decisão* impugnada.[522]

Não se trata, no entanto, de tema pacífico. Detendo-se sobre a antiga modalidade de liquidação por cálculo do contador, o extinto Tribunal Federal de Recursos chegou a sumular a existência de preclusão para a parte que silenciasse sobre os cálculos, ainda que não empregando para designar o fenômeno o correto *nomen juris*. Segundo o verbete nº 188 daquela corte, "Na liquidação por cálculo do contador, a apelação da sentença homologatória ressente-se do pressuposto de admissibilidade, quando o apelante não tenha oferecido oportuna impugnação".

A dúvida surge não apenas quando se trava o debate no curso da liquidação, mas também quando se sucedem cálculos de apuração de saldo remanescente em execução, quer se trate de cumprimento de sentença iniciado com liquidação por simples cálculo (art. 475-B do Código de Processo Civil), quer de execução de título extrajudicial instruída com demonstrativo do débito atualizado (art. 614, II, do Código de Processo Civil). Decorrido algum tempo desde a apresentação da primeira conta, a necessidade de atualização dá ensejo a frequentes remessas dos autos à Contadoria do Foro, oportunizando-se vista às partes para eventuais impugnações.

Tendo as partes oportunidade de se pronunciarem sobre os cálculos elaborados pelo perito, pelo contador judicial ou pela parte adversa, compete-lhes im-

---

2005, p. 53. Disponível em: <www.stf.jus.br>. Acesso em: 05 mar. 2010; BRASÍLIA. Supremo Tribunal Federal. Decisão Monocrática. Agravo de Instrumento n. 548.737/RO. Relator: Ministro Joaquim Barbosa, j. 03/08/2005, *Diário de Justiça*, de 09 de setembro de 2005, p. 79. Disponível em: <www.stf.jus.br>. Acesso em: 05 mar. 2010; BRASÍLIA. Supremo Tribunal Federal. Dec. Monocrática. Agravo de Instrumento n. 571.101/PI. Relator: Ministro Sepúlveda Pertence, j. 10/03/2006, *Diário de Justiça*, de 04 de abril de 2006, p. 72. Disponível em: <www.stf.jus.br>. Acesso em: 05 mar. 2010; BRASÍLIA. Supremo Tribunal Federal. 2ª Turma. Agravo Regimental no Agravo de Instrumento n. 637.204/PE. Relator: Ministro Eros Grau, j. 26/06/2007, *Diário de Justiça Eletrônico*, de 17 de agosto de 2007. Disponível em: <www.stf.jus.br>. Acesso em: 05 mar. 2010.

[522] NERY JÚNIOR, Nelson. *Teoria geral dos recursos*. 6. ed. São Paulo: Revista dos Tribunais, 2004, p. 331.

pugnar os critérios adotados, caso equivocados. Naturalmente, não se lhes exige que contraponham cálculos aos apresentados em suas sucessivas manifestações antes que o juiz fixe posição a respeito, mas que examinem a conformidade dos cálculos quanto aos parâmetros ou balizas adotados, manifestando eventuais insurgências.

Seria tumultuário admitir que, após ter a oportunidade de se pronunciar sobre cálculos, a parte que se manteve silente pudesse livremente recorrer da decisão que julga a liquidação de sentença ou que define os critérios para prosseguimento da execução. Não questionados na primeira oportunidade os parâmetros de cálculo empregados, preclusa fica a oportunidade de fazê-lo, o mesmo não se aplicando a eventuais erros de cálculo propriamente ditos ou erros materiais, imunes à preclusão (*infra*, 5.2.5).[523]

5.1.5. Arguição de questões de ordem pública

Em todas as fases processuais pode ocorrer de se vislumbrarem no processo vícios graves, que digam respeito à sua ordem ou à sua forma, cabendo perquirir sobre a oportunidade em que devam ser apontados pelas partes.

Dispõe o art. 245 do Código de Processo Civil, em polêmica e equívoca redação,[524] que "a nulidade dos atos deve ser alegada na primeira oportunidade em que couber à parte falar nos autos, sob pena de preclusão".

De uma análise apressada do dispositivo, depreender-se-ia restarem superados pela preclusão os vícios processuais em geral, por mais graves que fossem, o que evidentemente seria contrário ao bom-senso. Contudo, de um modo geral, entende a doutrina não serem passíveis de preclusão questões de ordem pública ou relativas a direitos indisponíveis, a ela escapando, portanto, as nulidades que vão além do mero interesse privado das partes.

De acordo com a lógica idealizada por Galeno Lacerda, se o preceito desrespeitado tem inspiração no interesse público, o vício se apresenta insanável; se a infração diz respeito a regras ditadas no interesse privado, ou seja, no interesse das partes, o vício é sanável.[525] A distinção interessa para o regime da preclusão. Conforme lição de Ada Pellegrini Grinover, a preclusão se impõe às partes quando se tratar de matérias de caráter disponível; é excluída, porém, quando se tratar de

---

[523] Nesse sentido, já decidiu o Superior Tribunal de Justiça que "em se tratando de hipótese de correção de erro material de valores apurados na execução, não tem lugar a alegação de preclusão", afirmando que "se é certo que erro material não transita em julgado, com mais razão ainda não haverá falar em definitividade de cálculos apresentados no correr do procedimento executivo". (BRASÍLIA. Superior Tribunal de Justiça. 5ª Turma. Recurso Especial nº 808.491/RS. Relator: Min. Arnaldo Esteves de Lima, j. 19.03.2010, *Diário de Justiça Eletrônico*, de 20 de abril de 2009. Disponível em: <www.stj.jus.br>. Acesso em: 05 mar. 2010).

[524] Curiosamente, embora unanimemente criticada pela doutrina, a mesma redação é mantida pelo projeto de novo Código de Processo Civil (Projeto de Lei nº 8.046/2010, em tramitação na Câmara dos Deputados), no art. 241.

[525] LACERDA, Galeno. *Despacho saneador*. 2. ed. Porto Alegre: Fabris, 1985, p. 126-127.

questões de ordem pública, afetas às condições da ação e aos pressupostos processuais.[526]

Em sentido convergente, Antônio Carlos Marcato, também assentando que ficam imunes à preclusão aqueles atos ou situações previstos em normas de ordem pública, observa que só o art. 301 do Código de Processo Civil elenca dez hipóteses de matérias não sujeitas aos efeitos da preclusão (excluído do rol o compromisso arbitral, a ela sujeito), visto que todas essas hipóteses configuram as chamadas objeções, reconhecíveis e pronunciáveis de ofício pelo órgão jurisdicional.[527]

Nessa perspectiva, costuma-se estudar a preclusão sob dois ângulos, conforme a disponibilidade do direito em evidência. A matéria de ordem pública interessa diretamente ao Estado, em sua função jurisdicional, e não somente às partes.[528] Daí por que se considera que sua arguição tardia pela parte interessada não importa em preclusão, já que matéria de natureza indisponível poderia até mesmo prescindir de arguição, sendo examinada de ofício pelo juiz.

Ressalva Nelton dos Santos haver certa impropriedade na frequente associação que faz a doutrina entre a disponibilidade ou indisponibilidade do direito e o caráter de ordem pública para fins de se estabelecer a ocorrência ou não de preclusão. Segundo observa, a indisponibilidade do direito discutido no processo nada tem a ver com a preclusão, que é um fenômeno diretamente ligado ao *procedimento*. A indisponibilidade do direito impede o efeito da revelia, nulifica a convenção que distribui o ônus da prova de modo extraordinário e invalida a confissão, mas não fulmina a preclusão, que existe em todo tipo de processo, indistintamente. É correto dizer, porém, que matérias de ordem pública refogem ao alcance da preclusão, pois os pressupostos processuais e as condições da ação tocam diretamente o interesse público. Assim, pode-se arguir tais matérias em qualquer fase do processo sem o receio de não as ver apreciadas por conta de pretensa preclusão.[529]

Quanto a isto, portanto, pode-se afirmar haver consenso doutrinário: as matérias de ordem pública, passíveis de conhecimento *ex officio* e arguição a qualquer tempo e em qualquer grau de jurisdição escapam à preclusão, no sentido de que, ainda que não sejam oportunamente suscitadas pelas partes, podem ser levantadas posteriormente e apreciadas pelo julgador (*infra*, 5.2.1), não se cogitando de excluí-las dessa apreciação em virtude de haver escoado o prazo ou avançado o processo.

---

[526] GRINOVER, Ada Pellegrini. Interesse da União. A preclusão e o órgão judicial. In: *A marcha do processo*. Rio de Janeiro: Forense Universitária, 2000, p. 236.
[527] MARCATO, Antônio Carlos. Preclusões: limitação ao contraditório? *Revista de Processo*. São Paulo: Revista dos Tribunais, v. 5, n. 17, p. 113, jan./mar. 1980.
[528] SANTOS, Ernane Fidélis dos. *Manual de direito processual civil*. 11. ed. São Paulo: Saraiva, 2006, v. 1, p. 626.
[529] SANTOS, Nelton dos; MARCATO, Antônio Carlos (Coord.). *Código de Processo Civil interpretado*. 3. ed. São Paulo: Atlas, 2008, p. 500-501.

Nessa seara – das questões de ordem pública – se inserem as nulidades ou invalidades processuais, estando doutrinariamente consagrada a ideia de que não são cobertas pela preclusão as assim chamadas nulidades absolutas.[530]

O tema das nulidades processuais é dos mais complexos, polêmicos e vastos. Juristas de singular renome e brilhantismo sucederam-se em seu exame, sem lograr consenso no tocante à classificação mais científica dos diversos vícios que podem ter lugar no processo. Uma análise aprofundada das diversas tentativas de sistematização já realizadas pela doutrina escapa ao fim do presente trabalho e não se faz viável dentro de seus limites. No que releva ao tema da preclusão, é suficiente aqui dividir as nulidades, conforme o interesse tutelado pela norma e a gravidade do vício, em absolutas e relativas.

Para Liebman, as nulidades relativas são aquelas que podem ser declaradas apenas a pedido da parte interessada, porque sua previsão em lei tem em vista exclusivamente o interesse da parte. Por isso mesmo, são sanáveis, presumindo-se, na falta de alegação, que não houve prejuízo substancial à esfera de interesses dessa parte. As nulidades absolutas são consideradas objetivamente relevantes, porque determinadas pela falta de um requisito que a lei considera indispensável ao bom andamento da função jurisdicional, sendo pronunciáveis de ofício e, em regra, insanáveis.[531]

Teresa Arruda Alvim Wambier distingue entre nulidades de forma e nulidades de fundo. As nulidades de forma, segundo seu entendimento, são, em regra, relativas; só serão absolutas se assim for expressamente previsto em lei, pois a disciplina legal se compreende como presunção de prejuízo.[532] As nulidades de fundo, de outro lado, decorrem dos vícios ligados às condições da ação, aos pressupostos processuais positivos de existência e de validade e aos pressupostos processuais negativos, constituindo nulidades absolutas.[533]

Prosseguindo, assevera Teresa Arruda Alvim Wambier que as nulidades relativas só podem ser arguidas pelas partes e estão sujeitas à preclusão, enquanto as nulidades absolutas (quer se cuide de nulidades de forma previstas em lei, quer de nulidades de fundo) são cognoscíveis de ofício e a requerimento da parte, não estando submetidas à preclusão.[534]

Enfim, adotando-se aqui classificação simplificada, mas suficiente à compreensão do ponto, são nulidades absolutas as que dizem respeito aos pressupostos

---

[530] WAMBIER, Teresa Arruda Alvim. *Nulidades do processo e da sentença*. 6. ed. São Paulo: Revista dos Tribunais, 2007, p. 222-223; MEDINA, José Miguel Garcia. Execução. Nulidade. Inexistência de preclusão. Possibilidade de argüição dos vícios em embargos à arrematação. Inteligência do art. 476 do CPC. *Revista de Processo*. São Paulo: Revista dos Tribunais, v. 28, n. 112, p. 195, out./dez. 2003; MARINONI, Tereza Cristina. Sobre o pedido de reconsideração (sucedâneo de recurso?). *Revista de Processo*. São Paulo: Revista dos Tribunais, n. 62, ano 16, p. 304, abr./jun. 1991.

[531] LIEBMAN, Enrico Tullio. *Manuale di diritto processuale civile*. 4. ed. Milano: Giuffrè, 1984, v. 1, p. 234.

[532] WAMBIER, op. cit., p. 185-187.

[533] Ibidem, p. 187-188.

[534] Ibidem, p. 222-223.

processuais e às condições da ação, assim como as que forem como tais identificadas por lei. Tratando-se de nulidades absolutas, não há cogitar de preclusão, podendo a matéria, porque de ordem pública, ser suscitada a qualquer tempo e em qualquer grau de jurisdição.[535]

Uma ressalva, no entanto, merece ser feita: a expressão *"a qualquer tempo e em qualquer grau de jurisdição"* não tem o alcance irrestrito que aparenta. A regra se refere às instâncias ordinárias, porquanto sua invocação inovadora em sede de recursos especial ou extraordinário esbarraria no requisito do prequestionamento.[536]

5.1.6. Observância do horário de expediente forense

Questão pouco abordada pela doutrina, mas que se liga intimamente ao tema da preclusão, qualquer que seja a fase do processo, é a relativa à observância, pelas partes, do horário de expediente forense (art. 172, § 3º, do Código de Processo Civil).

O primeiro alerta que deve ser feito diante do texto legal diz respeito ao fato de delegar às leis de organização judiciária a fixação do horário de expediente forense, embora estabelecendo o horário das vinte horas como limite à prática dos atos processuais. É dizer: como regra geral, os atos processuais têm de ser praticados dentro dos horários previstos no Código de Processo Civil, respeitando-se, porém, os horários de funcionamento estabelecidos localmente.

Diante disso, deve-se entender, como alerta Sérgio Bermudes, que a apresentação da petição depois de findo o expediente se reputará intempestiva, ainda que anterior às vinte horas.[537] O que se deve observar, para fins de protocolo de peças processuais, é o horário de expediente local.

Resta saber, porém, se é tempestiva a petição protocolada após o horário fixado pela lei local como de funcionamento do órgão judiciário, mas estando ainda em funcionamento o protocolo. Não é incomum que, passados alguns minutos do horário de encerramento do expediente, ainda sejam recebidas petições em cartório ou no protocolo centralizado. Sendo esse protocolo tardio realizado no último dia do prazo, pode-se entender ocorrente a preclusão temporal?

---

[535] Uma ressalva é anotada por Moniz de Aragão: segundo afirma, a inocorrência de preclusão não pode ser entendida como regra aplicável à generalidade dos pressupostos processuais e das condições da ação, pois alguns temas ligados aos pressupostos processuais, como a incompetência relativa ou a suspeição, ficam expostos aos efeitos da preclusão. (MONIZ DE ARAGÃO, Egas Dirceu. *Sentença e coisa julgada*. Rio de Janeiro: Aide, 1992, p. 270). A constatação é verdadeira no que diz respeito à ocorrência de preclusão nas situações mencionadas, mas há certa impropriedade em apresentá-las como exceção à regra, uma vez que não se trata, rigorosamente, de pressupostos processuais. Como esclarece Voltaire de Lima Moraes, somente a competência absoluta (e não a relativa) e somente a inexistência de impedimento (e não de suspeição) constituem pressupostos processuais subjetivos de validade do processo em relação ao juiz (MORAES, Voltaire de Lima. *Das preliminares no processo civil*. Rio de Janeiro: Forense, 2000, p. 86 e 91).

[536] NERY JÚNIOR, Nelson; NERY, Rosa Maria Andrade. *Código de Processo Civil comentado e legislação extravagante*. 9. ed. São Paulo: Revista dos Tribunais, 2006, p. 425.

[537] BERMUDES, Sérgio. *A reforma do Código de Processo Civil*. 2. ed. São Paulo: Saraiva, 1996, p. 19.

Segundo tem decidido o Superior Tribunal de Justiça, não se admite o recebimento de petição fora do horário de funcionamento do protocolo, ainda que em horário admitido pelo Código para a prática de atos processuais. De um modo geral, tem prevalecido na jurisprudência recente da Corte o entendimento de ser intempestiva a peça protocolada após o encerramento do expediente na norma local, que pode coincidir ou não com o limite das 20h.[538]

A questão é de ser tratada com razoabilidade, pois o próprio fato de se achar em funcionamento o protocolo sugere razões para tanto. Em dias de intenso movimento, pode ocorrer, por exemplo, de o advogado chegar ao local de protocolo ainda dentro do horário de expediente, vindo a tardar seu atendimento por questões que lhe são alheias. Por essa razão, se recebida a peça após o horário de encerramento do expediente, parece em tudo mais adequado entender-se como tempestivo o protocolo da petição.

Nesse sentido, mencionando exemplificativamente as frequentes filas formadas nos foros da cidade de São Paulo, opina Maurício Giannico:

> Em tais situações, parece-nos absolutamente legítimo o recebimento dessas petições. Não seria justo ou jurídico que a parte pudesse vir a ser prejudicada em função de deficiências estruturais (falta de funcionários), alheias a sua vontade e a seu âmbito de atuação. Assim, em situações excepcionais como essa, entendemos ser de rigor a admissão da prática do ato processual, devendo ser tida como tempestiva a petição protocolada em tais circunstâncias.[539]

Atentando a peculiaridades do caso, ao menos em uma oportunidade o Superior Tribunal de Justiça já entendeu que "não fere as disposições do parágrafo 3º do art. 172 do CPC recurso protocolizado às 16h40min, quando o Tribunal de Justiça, a despeito de encerrar o expediente normal às 13 horas, mantém o setor de protocolo em funcionamento durante tudo o período vespertino".[540] No caso, no entanto, considerou-se relevante o fato de o tribunal em questão encerrar seu protocolo às 13 horas, muito antes do usual nos demais tribunais pátrios. Salvo em situações excepcionais, a jurisprudência, como visto, tem se mostrado inflexível quanto à intempestividade da peça protocolada após o horário local de encerramento das

---

[538] Numerosos são os precedentes nesse sentido, v.g.: BRASÍLIA. Superior Tribunal de Justiça. 6ª Turma. Recurso especial n. 299.509/RS. Relator: Ministro Vicente Leal, j. 10/04/2001, *Diário de Justiça*, de 28 de maio de 2001, p. 222. Disponível em: <www.stj.jus.br>. Acesso em: 05 mar. 2010. BRASÍLIA. Superior Tribunal de Justiça. 4ª Turma. Recurso especial n. 280.382/MG. Relator: Ministro Sálvio de Figueiredo Teixeira, j. 22/03/2001, *Diário de Justiça*, de 07 de outubro de 2002, p. 374. Disponível em: <www.stj.jus.br>. Acesso em: 05 mar. 2010. BRASÍLIA. Superior Tribunal de Justiça. 4ª Turma. Agravo Regimental no Agravo n. 939.695/SP. Relator: Ministro Fernando Gonçalves, j. 18/12/2007, *Diário de Justiça*, de 18 de fevereiro de 2008, p. 39. Disponível em: <www.stj.jus.br>. Acesso em: 27 abr. 2010. BRASÍLIA. Superior Tribunal de Justiça. 3ª Turma. Agravo Regimental no Agravo n. 655.109/PI. Relator: Ministro Carlos Alberto Menezes Direito, j. 18/08/2005, *Diário de Justiça*, de 14 de novembro de 2005, p. 314. Disponível em: <www.stj.jus.br>. Acesso em: 27 abr. 2010.

[539] GIANNICO, Maurício. *A preclusão no direito processual civil brasileiro*. 2. ed. São Paulo: Saraiva, 2007, p. 236.

[540] BRASÍLIA. Superior Tribunal de Justiça. 2ª Turma. Agravo Regimental no Recurso Especial n. 645.563/PI. Relator Ministro Humberto Martins. Relator para o acórdão Ministro João Otávio de Noronha, j. 16/10/2007, *Diário de Justiça*, de 22 de fev. 2008, p. 166. Disponível em: <www.stj.jus.br>. Acesso em: 27 abr. 2010.

atividades do setor de protocolo, o que exige redobrada cautela dos procuradores atuantes em fóruns e tribunais pouco organizados.

5.2. PRECLUSÃO PARA O JUIZ (PRECLUSÃO DE QUESTÕES)

5.2.1. Apreciação de questões de ordem pública

Estabelecido que, como regra geral, também o órgão jurisdicional fica sujeito à preclusão (*supra*, 4.2.1), importa saber em que medida as decisões judiciais podem ser limitadas pelo instituto e em que situações se pode cogitar de afastar a incidência da preclusão de questões para o magistrado.

Matéria de grande relevância nesse particular é a que diz respeito às questões passíveis de reconhecimento de ofício pelo juiz, tais como as condições da ação e os pressupostos processuais.

Segundo Nelson Nery Júnior, para verificar se há ou não preclusão para o juiz em determinada hipótese, é preciso que se analise o tipo de matéria objeto da decisão interlocutória. Sendo a decisão recorrível e versando sobre matéria de direito disponível, se a parte não interpuser agravo, a questão estará inexoravelmente preclusa. Se recorrível, tendo por objeto matéria de ordem pública ou de direito indisponível, mesmo que dela não se interponha agravo, não haverá incidência da preclusão, segundo os arts. 267 § 3º, e 471, II, do Código de Processo Civil. Em decorrência deste raciocínio, defende o autor não haver preclusão para o juiz sobre questões de ordem pública, que podem ser apreciadas a qualquer tempo e em qualquer grau de jurisdição.[541] A doutrina, no tocante a esse aspecto, é bastante uniforme.[542]

O que enseja maior polêmica é questão correlata, mas distinta: já havendo o magistrado se pronunciado uma vez sobre questão considerada de ordem pública, pode voltar a examiná-la ou existiria, nesta hipótese, o óbice da preclusão?

Filiando-se à primeira corrente, afirma Rogério Lauria Tucci que a preclusão não se impõe ao órgão jurisdicional quando a matéria decidida precedentemente for de ordem pública.[543] Na mesma linha, leciona Arruda Alvim que para o juiz ou Tribunal inúmeras matérias permanecem em aberto (*verbi gratia*, as do art. 267, § 3º, do Código de Processo Civil), de modo que a questão atinente a uma condição

---

[541] NERY JÚNIOR, Nelson. *Teoria geral dos recursos*. 6. ed. São Paulo: Revista dos Tribunais, 2004, p. 94-95.

[542] Nesse sentido: SILVA, Flávio Pâncaro da. O saneamento do processo. In: OLIVEIRA, Carlos Alberto Alvaro de. (Org.). *Saneamento do processo:* estudos em homenagem ao Prof. Galeno Lacerda. Porto Alegre: Fabris, 1989, p. 230; TUCCI, Rogério Lauria. Juiz natural, competência recursal, preclusão *pro iudicato,* violação de literal disposição de lei e ação rescisória. *Revista dos Tribunais*. São Paulo: Revista dos Tribunais, v. 838, p. 140, ago. 2005; DONNINI, Rogério. Pedido de reconsideração. *Revista de Processo*. São Paulo: Revista dos Tribunais, n. 80, ano 20, p. 240, out./dez. 1995.

[543] TUCCI, op. cit., p. 139.

da ação ou a um pressuposto processual pode ser objeto de nova decisão, diversa da anterior, por parte do mesmo juiz ou do Tribunal,[544] opinião também endossada por Nelson Nery Júnior, para quem a decisão afeta a matéria de ordem pública poderá ser revista pelo mesmo juiz ou por tribunal superior, *ex officio* ou a requerimento da parte, seja por *petitio simplex* ou por intermédio de recurso.[545]

Pronunciando-se de forma claramente favorável à possibilidade de nova decisão sobre questão de ordem pública, escreve Humberto Theodoro Júnior:

> Há, porém, casos em que, mesmo tendo ocorrido decisão sobre a *questão processual*, continuará franqueado o juízo de reexame pelo Magistrado. As questões ligadas aos pressupostos processuais e às condições da ação, bem como todas as demais que, sendo de ordem pública, devem ser conhecidas de ofício pelo Juiz, não podem sofrer os efeitos da preclusão temporal.
>
> Nem mesmo a preclusão consumativa é de ser aplicada na espécie, pois aquilo que diz respeito à legitimidade e eficácia da própria função jurisdicional tem de ser aferido sempre enquanto não proferida a decisão de mérito.[546]

A corrente doutrinária que entende possível nova decisão sobre matéria de ordem pública é amplamente majoritária, entendendo que o art. 267, § 3º, autoriza o magistrado a reexaminar questões da espécie.[547] Também seguem essa linha José Rogério Cruz e Tucci, para quem o juiz "poderá, até o momento de proferir sentença, reexaminar a matéria atinente aos pressupostos processuais e às condições de admissibilidade da ação",[548] Marcus Vinícius Rios Gonçalves, que anota ser possível a nova decisão "ainda que tenha havido decisão expressa, não impugnada por recurso e que não haja fato novo"[549] e Cláudio Armando Couce de Menezes, para quem o próprio art. 471 do Código de Processo Civil corrobora a tese da possibilidade de reexame das questões cognoscíveis de ofício, ao ressalvar os "casos previstos em lei", aí se incluindo, no seu sentir, o art. 267, § 3º, do Código.[550]

Essa interpretação é largamente difundida. Voltaire de Lima Moraes entende que a vedação a que sejam novamente suscitadas pelas partes questões já decididas abrange apenas as matérias não elencadas no art. 267, § 3º, do Código de Processo

---

[544] ARRUDA ALVIM, José Manoel de. Dogmática jurídica e o novo Código de Processo Civil. *Revista de Processo*. São Paulo: Revista dos Tribunais, n. 1, p. 119, jan./mar. 1976.

[545] NERY JÚNIOR, op. cit., p. 94-95.

[546] THEODORO JÚNIOR, Humberto. A preclusão no processo civil. *Revista dos Tribunais*. São Paulo: Revista dos Tribunais, v. 784, p. 26-28, fev. 2001.

[547] PIETROSKI, Tercílio. Preclusão *pro judicato*. *Revista Justiça do Direito*. Passo Fundo: EDIUPF, n. 9, v. 9, p. 195, 1996.

[548] TUCCI, José Rogério Cruz e. Sobre a eficácia preclusiva da decisão declaratória de saneamento. In: OLIVEIRA, Carlos Alberto Alvaro de. (Org.). *Saneamento do processo*: estudos em homenagem ao Prof. Galeno Lacerda. Porto Alegre: Fabris, 1989, p. 281.

[549] GONÇALVES, Marcus Vinícius Rios. *Novo curso de direito processual civil*. 2. ed. São Paulo: Saraiva, 2005, v. 1, p. 249.

[550] MENEZES, Cláudio Armando Couce de. Preclusão da decisão relativa às condições da ação e aos pressupostos processuais. *Revista LTr*. São Paulo: LTr, n. 1, ano 60, p. 612, jan. 1996.

Civil, já que, em relação a estas, não se opera a preclusão.[551] Também Marinoni e Mitidiero entendem que tais matérias insuscetíveis de preclusão podem voltar a ser examinadas pelo órgão jurisdicional dentro do mesmo grau de jurisdição, ainda que já decididas, raciocínio que também exemplificam citando o art. 267, § 3º, do Código de Processo Civil.[552]

Indo mais além, Donaldo Armelin afirma, inclusive, a desnecessidade de interposição de recurso de agravo diante de decisão interlocutória que decida sobre preliminar de carência de ação, sustentando que tal decisão não está sujeita à preclusão inibidora de seu reexame posterior, podendo a questão ser novamente suscitada em preliminar de recurso de apelação. Segundo seu entendimento, inclusive, o tribunal que, decidindo agravo de instrumento, reconheceu a existência de legitimidade *ad causam* em um processo não estará adstrito a manter essa decisão quando do exame da apelação relativa à sentença de mérito.[553]

Na jurisprudência recente do Superior Tribunal de Justiça, encontram-se julgados admitindo que questões de ordem pública, por ostentarem essa qualidade, sejam novamente decididas pelo mesmo órgão no mesmo processo, sob o fundamento de que não existe preclusão para o juiz quanto a matérias de que possa conhecer *ex officio*.[554]

A questão, no entanto, não é pacífica.

Entendendo impossível ao juiz tornar a decidir a mesma questão, ainda que de ordem pública, opina José Frederico Marques:

> Ao dispor que o "juiz conhecerá de ofício, em qualquer tempo e grau de jurisdição, enquanto não proferida a sentença de mérito, da matéria constante dos ns. IV, V e VI", o art. 267 não retirou, para esses casos, os efeitos da preclusão *pro iudicato*. O texto transcrito tem de ser posto em confronto com aquele outro (já também transcrito) do art. 516. Donde

---

[551] MORAES, Voltaire de Lima. *Das preliminares no processo civil*. Rio de Janeiro: Forense, 2000, p. 48.
[552] MARINONI, Luiz Guilherme; MITIDIERO, Daniel Francisco. *Código de Processo Civil comentado artigo por artigo*. São Paulo: Revista dos Tribunais, 2008, p. 450.
[553] ARMELIN, Donaldo. *Legitimidade para agir no direito processual civil brasileiro*. São Paulo: Revista dos Tribunais, 1979, p. 155-156.
[554] A Corte já decidiu, por exemplo, não haver óbice a que o juiz se retrate de decisão em que, no curso do processo, entendera viável certa cumulação de pedidos (BRASÍLIA. Superior Tribunal de Justiça. 4ª Turma. Recurso Especial n. 43.138/SP. Relator: Min. Sálvio de Figueiredo Teixeira, j. 19/08/97, *Diário de Justiça*, de 29 de setembro de 1997, p. 48208. Disponível em: <www.stj.jus.br>. Acesso em: 10 abr. 2010). Em outra situação, o Tribunal, reformando sentença de extinção do processo sem julgamento de mérito, entendeu presente a legitimidade passiva, determinando o retorno dos autos à origem para exame do *meritum causae*. Sobrevinda nova sentença e interposto recurso pelo réu, o mesmo Tribunal, voltando atrás, entendeu pela ilegitimidade passiva, extinguindo o feito contra o réu em questão. Examinando o caso, o Superior Tribunal de Justiça entendeu correta a decisão, afirmando a inocorrência de preclusão para o órgão julgador (BRASÍLIA. Superior Tribunal de Justiça. 1ª Turma. Recurso Especial n. 1054847/RJ. Relator: Ministro Luiz Fux, j. 24/11/09, *Diário de Justiça Eletrônico*, de 02 de fevereiro de 2010. Disponível em: <www.stj.jus.br>. Acesso em: 10 abr. 2010). Em outra ocasião, entendeu o Superior Tribunal de Justiça que "não há que se falar em preclusão pro judicato, pois é possível ao julgador revogar decisão que dispôs sobre a viabilidade das substituições processuais, por se tratar o reconhecimento da ilegitimidade ativa de matéria de ordem pública". (BRASÍLIA. Superior Tribunal de Justiça. 2ª Turma. Agravo Regimental no Recurso Especial n. 959.518/RS. Relator: Ministro Mauro Campbell Marques, j. 23/03/10, *Diário de Justiça Eletrônico*, de 12 de abril de 2010. Disponível em: <www.stj.jus.br>. Acesso em: 24 abr. 2010).

concluir-se que o conhecimento *ex officio* da mencionada matéria persistirá até a sentença sobre o mérito, se dela não se decidiu, explícita ou implicitamente. Existindo pronunciamento ainda que implícito (*retro*, nº 447), a preclusão *pro iudicato* torna irrevogável a decisão e impede o reexame da matéria em que incidiu.

E o mesmo deve ser dito das nulidades absolutas, de que o juiz deve conhecer de ofício, quer se trate de ato nulo ou de processo nulo.[555]

Para os defensores da existência de preclusão para o juiz mesmo em se tratando de matérias de ordem pública, quando já decididas, prepondera sobre a preservação do interesse público que permite o exame a qualquer tempo o interesse na estabilidade e na segurança do processo, pois, como pondera João Batista Lopes, também interessam à ordem pública a celeridade processual e a estabilidade das decisões judiciais.[556] Segundo essa linha interpretativa, as matérias envolvendo interesse público são examináveis de ofício, mas, uma vez examinadas, não se sujeitam à instabilidade de reiteradas retratações.[557]

O Superior Tribunal de Justiça, embora, como visto, venha tendo como possível a rediscussão e revisão, pelo mesmo órgão julgador, de temas de ordem pública, também já entendeu que, decidida questão no despacho saneador e interposto agravo não conhecido, não poderia o tribunal rever o decidido, não importando que, redundantemente, o tema houvesse sido novamente examinado na sentença.[558] De um modo geral, as decisões da Corte Superior ao longo da década de 1990 espelhavam a orientação de que, decidida em interlocutória uma questão, mesmo que relativa a condições da ação ou a pressupostos processuais, descabia a rediscussão por ocasião da sentença ou do julgamento de recursos desta interpostos.[559]

---

[555] MARQUES, José Frederico. *Manual de direito processual civil. Processo de conhecimento – 1ª parte*. São Paulo: Saraiva, 1974, v. II, p. 172. Registra-se que a expressão "preclusão *pro iudicato*" aparece, na doutrina do processualista, com o sentido de preclusão para o juiz, em que pese a impropriedade terminológica referida acima (*supra*, 4.3.2). A posição de José Frederico Marques conta com a adesão de Edson Ribas Malachini, para quem, existindo pronunciamento, a preclusão torna irrevogável a decisão e impede o reexame da matéria em que incidiu. (MALACHINI, Edson Ribas. Do julgamento conforme o estado do processo. *Revista de Processo*. São Paulo: Revista dos Tribunais, n. 06, ano II, p. 108, abr./jun. 1977).

[556] LOPES, João Batista. Breves considerações sobre o instituto da preclusão. *Revista de Processo*, n. 23, ano VI, p. 57, jul./set. 1981).

[557] MENDES, Leonardo Castanho. O juízo de admissibilidade recursal e a preclusão. *Direito Federal: Revista da AJUFE*. Campinas: Bookseller, n. 63, p. 211, jan./jun. 2000.

[558] BRASÍLIA. Superior Tribunal de Justiça. 3ª Turma. Recurso Especial n. 8553/SP. Relator: Min. Nilson Naves, j. 14/05/91, *Diário de Justiça*, de 1º de julho de 1991, p. 9192. Disponível em: <www.stj.jus.br>. Acesso em: 10 abr. 2010.

[559] Nesse sentido, exemplificativamente: BRASÍLIA. Superior Tribunal de Justiça. 3ª Turma. Recurso Especial n. 2225/SP. Relator: Min. Waldemar Zveiter. Relator para o acórdão: Min. Cláudio Santos, j. 10/04/90, *Diário de Justiça*, de 21 de maio de 1990, p. 4433. Disponível em: <www.stj.jus.br>. Acesso em: 10 abr. 2010. BRASÍLIA. Superior Tribunal de Justiça. 3ª Turma. Recurso Especial n. 2728/SP. Relator: Min. Cláudio Santos, j. 05/06/90, *Diário de Justiça*, de 25 de junho de 1990, p. 6038. Disponível em: <www.stj.jus.br>. Acesso em: 10 abr. 2010. Segundo jurisprudência compilada por Bento de Faria, aliás, era essa a orientação adotada pelos tribunais pátrios em época remota: "Resolvida a questão de competencia em recurso de aggravo, não é licito mais renoval-o por occasião da appellação". (Acss. do Trib. de Just. de S. Paulo, de 5 de junho de 1894 e 22 de outubro de 1895. Rev. Mensal, p. 66. FARIA, Antonio Bento de. *Processo Commercial e civil. Dec. n. 737 de 35 de novembro de 1850, annotado*

Nessa linha, Fredie Didier Júnior critica o posicionamento da doutrina majoritária que admite nova decisão quanto a matérias de ordem pública, denunciando o que entende ser uma confusão de conceitos:

> Parece haver uma confusão entre a possibilidade de conhecimento *ex officio* de tais questões, fato indiscutível, com a possibilidade de decidir de novo questões já decididas, mesmo as que poderiam ter sido conhecidas de ofício. São coisas diversas: a cognoscibilidade *ex officio* de tais questões significa, tão-somente, que elas podem ser examinadas pelo Judiciário sem a provocação das partes, o que torna irrelevante o momento em que são apreciadas. Não há preclusão para o exame das questões, enquanto pendente o processo, mas há preclusão para o reexame.[560]

De fato, trata-se de questões distintas, embora as conclusões doutrinárias a respeito da possibilidade de nova decisão pareçam, frequentemente, mera decorrência da possibilidade de exame a qualquer tempo. Que as matérias de ordem pública podem ser invocadas ou examinadas de ofício em qualquer momento processual, sem as amarras da preclusão, parece induvidoso. Se é possível disso concluir ser viável o reexame de questão já decidida, no entanto, é tema deveras controverso.

Fazendo alerta semelhante ao de Fredie Didier Júnior, observa José Maria Rosa Tesheiner que os textos dos arts. 473 e 267, § 3º, do Código de Processo Civil não constituem regra e exceção, mas disciplinam matérias diversas. O que o art. 267, § 3º, estabelece é que o juiz ou o tribunal pode, a qualquer tempo, a requerimento das partes ou de ofício, examinar questão relativa à falta de pressuposto processual ou de condição da ação. Se, porém, o juiz ou tribunal examina a questão, decidindo-a, ocorre preclusão, não sendo interposto agravo.[561]

Posta essa premissa, contudo, constrói o processualista interessante sistematização da questão, estabelecendo distinção quanto à preclusão para o órgão jurisdicional de acordo com a gravidade do vício que atinja pressuposto processual ou condição da ação. Segundo a proposta, os pressupostos processuais e as condições da ação não constituem um todo inteiriço, de modo que se possa afirmar como regra a inexistência de preclusão, em qualquer caso. Identificando na generalização a falha das teorias que preconizam indiscriminadamente a possibilidade de reexame, conclui Tesheiner que a decisão a respeito de pressuposto processual ou de condição da ação preclui, salvo nos casos expressos de ação rescisória por vício processual. Se a falta é tal que autoriza a rescisão da sentença (categoria que classifica como "vício rescisório") ou determina a sua nulidade ("vício transrescisório"), há que se negar a ocorrência de preclusão; nos demais casos, a decisão a respeito do assunto preclui, não cabendo nova decisão, salvo se interposto agravo.[562]

---

de acordo com a doutrina, a legislação e a jurisprudência e seguido de um appendice. Rio de Janeiro: Jacintho Ribeiro dos Santos, 1903, p. 48).
[560] DIDIER JÚNIOR, Fredie. *Curso de direito processual civil.* 10. ed. Salvador: *Jus*Podivm, 2008, p. 515. (Teoria geral do processo e processo de conhecimento; v. 1).
[561] TESHEINER, José Maria Rosa. *Elementos para uma teoria geral do processo.* São Paulo: Saraiva, 1993, p. 175.
[562] Ibidem, p. 175-176.

Também propondo solução para a celeuma, há a corrente dos que, como Calmon de Passos e Manoel Caetano Ferreira Filho, afirmam a preclusão para o próprio órgão que proferiu a decisão, mas não para o superior.

Conforme Calmon de Passos, assim se há que interpretar o art. 267, § 3º, do Código de Processo Civil: a apreciação em qualquer grau de jurisdição torna possível o exame da questão pelo tribunal, mesmo quando preclusa para o juízo *a quo*.[563]

Para Manoel Caetano Ferreira Filho, está claro que o art. 267, § 3º, do Código de Processo Civil não imuniza da preclusão a decisão concernente a pressuposto processual ou a condição da ação; apenas libera o juiz para apreciação de ofício de sua existência no caso concreto, de modo que, uma vez proferida a decisão, não mais poderá o mesmo juiz decidir novamente a questão. Segundo seu entendimento, no entanto, a preclusão que atinge a decisão do juiz não se opera em relação ao tribunal, uma vez que o conhecimento de ofício está autorizado para qualquer grau de jurisdição.[564]

Assim, conforme o pensar do citado autor, embora o juiz não possa mais, na ausência de agravo de instrumento, modificar sua decisão, nada impede que o tribunal, quando do julgamento da apelação, declare a ausência de pressuposto processual ou de condição da ação e extinga o processo sem julgamento de mérito, pois estará conhecendo da matéria pela primeira vez. Ficará também o tribunal impedido do exame, porém, se já houver apreciado anteriormente a questão, não podendo se pronunciar novamente em apelação sobre pressuposto processual ou condição da ação que já tenha examinado em julgamento de agravo de instrumento.[565]

Essa posição tem inspiração em ensinamento de Chiovenda. Segundo o mestre italiano, a preclusão pode se limitar a um grau de jurisdição, como ocorre com a sentença de primeiro grau apelável ou com o acórdão ainda sujeito a recurso para tribunal superior: as questões ficam preclusas para o juiz que as tenha decidido, mas não para o juiz superior, o que se explica em virtude do princípio *bis de eadem re ne sti actio*, no sentido de impossibilidade de se tornar a suscitar uma questão ao mesmo juiz que já se pronunciou sobre ela e com a pronúncia exauriu seu ofício.[566]

Assim, é possível ao Tribunal examinar, mesmo de ofício, a questão concernente a pressuposto processual ou condição da ação, ainda que, examinada em sentença, não tenha sido objeto de recurso da parte interessada. Na jurisprudência recente do Superior Tribunal de Justiça, são frequentes as decisões nesse sentido.[567]

---

[563] PASSOS, José Joaquim Calmon de. *Comentários ao Código de Processo Civil*. 9. ed. Rio de Janeiro: Forense, 2004, v. III, p. 502.

[564] FERREIRA FILHO, Manoel Caetano. *A preclusão no direito processual civil*. Curitiba: Juruá, 1991, p. 106-107.

[565] Ibidem, p. 106-107.

[566] CHIOVENDA, Giuseppe. Cosa giudicata e preclusione. In: *Saggi di diritto processuale civile*. Milão: Giuffrè, 1993, v. 3, p. 273.

[567] BRASÍLIA. Superior Tribunal de Justiça. 5ª Turma. Agravo Regimental no Recurso Especial n. 1120225/PR. Relatora: Ministra Laurita Vaz, j. 09/03/10, *Diário de Justiça Eletrônico*, de 05 de abril de 2010; BRASÍLIA. Superior Tribunal de Justiça. 2ª Turma. Recurso Especial n. 768.795/RJ. Relator: Ministro Mauro Campbell Marques, j. 06/10/09, DJe de 15 de outubro de 2009; BRASÍLIA. Superior Tribunal de Justiça. 5ª Turma. Recurso Especial

Segundo essa corrente interpretativa, o mesmo não ocorreria, no entanto, se o Tribunal já houvesse se pronunciado sobre o tema (ao julgar recurso de agravo, por exemplo), caso em que ficaria também impedido de reexaminar a questão.

Essa solução intermediária, conquanto ponderada, não agrada aos que, diante da recorribilidade das decisões interlocutórias, entendem inviável, em qualquer circunstância, o reexame das questões decididas, mesmo que pela instância superior. Alfredo Buzaid, aludindo ao que qualifica como *doutrina subversiva* que permite a revisão, no curso do processo, de decisões não impugnadas pela parte vencida, defende a ideia de que, não tendo havido recurso da parte interessada sobre certa questão relativa às condições da ação (no caso, a legitimidade ativa), nova decisão sobre o ponto, mesmo que proferida pela instância superior, ofenderia a norma processual que proíbe o novo julgamento das questões já decididas e preclusas.[568]

Expressivo exemplo dessa linha interpretativa tem-se no Recurso Especial nº 52.940/SP, de que foi relator o Ministro Luiz Vicente Cernichiaro. De acordo com o voto proferido, cumpre distinguir quando a matéria foi decidida e enseja recurso de quando, no saneador, o juiz silencia ou expressamente registra que apreciará a matéria por ocasião da sentença: se o tema não foi analisado, como os mencionados institutos são de direito público, arguíveis de ofício, a qualquer instante poderá ser enfrentado; mas se o saneador explicitamente enfrenta o assunto, em decisão recorrível, não faz sentido retomá-lo, ainda que por provocação da parte por ocasião da apelação. Consigna o voto que "a preclusão interessa também ao Estado; visa a impedir prolongamento do processo, o que, fatalmente, acontecerá, se os temas decididos, não recorridos, tornarem à discussão".[569]

O tema, como visto, é dos mais complexos. Se é verdadeiro que as questões ditas "de ordem pública" assumem grande relevância na estrutura do processo e que por isso escapam ao âmbito puramente privado do interesse das partes, não é menos verdadeiro que uma perpétua possibilidade de revisão – mesmo dessas matérias – traz consequências nefastas à ordem do processo e à segurança jurídica.

Nessa dupla perspectiva, a solução proposta por Calmon de Passos e Manoel Caetano Ferreira Filho – segundo a qual a preclusão se opera tão somente para o órgão que já tenha se pronunciado expressamente sobre a questão – tem uma lógica bastante coerente e a virtude do equilíbrio. Não ficam as partes sujeitas ao intolerável ir e vir, às contradições e mudanças de opinião de um mesmo órgão jul-

---

n. 167.828/SP. Relator: Ministro Edson Vidigal, j. 14/12/99, *Diário de Justiça*, de 21 de fevereiro de 2000, p. 149; BRASÍLIA. Superior Tribunal de Justiça. 1ª Seção. Embargos de Divergência no Recurso Especial n. 295.604/MG. Relatora: Ministra Eliana Calmon, j. 12/09/07, *Diário de Justiça*, de 01 de outubro de 2007, p. 203; BRASÍLIA. Superior Tribunal de Justiça. 4ª Turma. Agravo Regimental no Agravo n. 669.130/PR. Relator: Ministro Fernando Gonçalves, j. 21/08/07, *Diário de Justiça*, de 03 de setembro de 2007, p. 180.

[568] BUZAID, Alfredo. Coisa julgada e preclusão. Distinção. *Revista dos Tribunais*. São Paulo: Revista dos Tribunais, v. 320, ano 51, p. 51 e 54, jun. 1962.

[569] BRASÍLIA. Superior Tribunal de Justiça. 6ª Turma. Recurso Especial n. 52.940/SP. Relator: Min. Luiz Vicente Cernicchiaro, j. 13/09/94, *Diário de Justiça*, de 28 de novembro de 1994, p. 32648. Disponível em: <www.stj.jus.br>. Acesso em: 10 abr. 2010.

gador. Contudo, o órgão superior, por razões de hierarquia e por não haver ainda enfrentado o tema, pode examinar a questão de ordem pública já examinada pelo juízo *a quo*, sem que com isso se desprestigie a segurança que esperam as partes e que é marca do instituto da preclusão.

5.2.2. Saneamento do processo

Polêmica surgida ainda na vigência do Código de Processo Civil de 1939 diz respeito ao caráter preclusivo da decisão que dá o feito por saneado.

Na sistemática então vigente, os arts. 293 a 296 impunham ao julgador, no chamado "despacho saneador", examinar a legitimidade das partes e da sua representação, pronunciar as nulidades insanáveis ou mandar suprir as sanáveis e as irregularidades e determinar exames, vistorias e quaisquer outras diligências. Passada a fase do despacho saneador, dificilmente as partes poderiam suscitar novamente questões pertinentes ao mesmo, ocorrendo, necessariamente, uma dentre as seguintes hipóteses: ou tais questões não haviam sido arguidas e nem o juiz tinha motivos para sua decisão *ex officio*, não mais cabendo levantá-las; ou haviam sido arguidas e rejeitadas ou, então, havia sido expressamente retardada sua solução para a sentença.[570]

Reservando-se, no regime anterior, um momento decisório próprio para o saneamento do processo, era de se perquirir se, declarando simplesmente o feito em ordem, ficava o juiz impedido de reconhecer, posteriormente, a inexistência de um pressuposto processual ou de uma condição da ação. Daí a polêmica instaurada em sede doutrinária, ensejando intenso debate sobre a possibilidade de se admitir, nessas condições, uma decisão implícita.[571]

Embora abolido o despacho saneador, é inequívoco que o atual Código de Processo Civil reserva ainda uma fase para o saneamento do processo,[572] tanto

---

[570] MENDONÇA LIMA, Alcides. As providências preliminares no código de processo civil brasileiro de 1973. *Revista de Processo*. São Paulo: Revista dos Tribunais, n. 1, p. 31, jan./mar. 1976.

[571] De se registrar que a discussão não se instalou apenas entre nós. No direito português, como historia Talamini, instaurou-se polêmica semelhante quanto à "eficácia preclusiva do 'saneador' quanto às nulidades e às causas que levariam à 'absolvição da instância', quando não encerra o processo. Trata-se de saber, na terminologia empregada pelos processualistas portugueses, se há 'caso julgado formal'. A respeito do tema, há duas correntes bem definidas. Para alguns, a declaração da ausência de defeitos, processuais – ainda que genérica –, se irrecorrida ou depois de decidido o recurso, faria 'caso julgado'. Não poderiam mais suscitar tais matérias nem ser conhecidas de ofício. O segundo entendimento é o de que só as questões concretamente apreciadas pelo 'saneador' ficariam acobertadas pelo 'caso julgado formal'. Para embasar tal posição, invoca-se a aplicação analógica do dispositivo que regula a eficácia do 'despacho' que decide a questão da incompetência absoluta: só há caso julgado em relação às questões concretas de competência nele apreciadas. Essa norma seria extensível às demais matérias conhecíveis de ofício. Ocorre que, no que tange à legitimidade das partes, o Supremo Tribunal de Justiça reputou inaplicável por analogia a regra sobre a incompetência absoluta por reputá-la norma de natureza especial. Em consequência, editou-se assento pelo qual: 'É definitiva a declaração em termos genéricos do 'despacho saneador' transitado relativamente à legitimidade, salvo a superveniência de fatos que nesta repercutam' (01.02.1963)," O assento no direito português tem eficácia vinculante, mas a dúvida persiste quanto às demais questões de ordem pública. (TALAMINI, Eduardo. Saneamento do processo. *Revista de Processo*. São Paulo: Revista dos Tribunais, n. 86, p. 83-84, abr./jun. 1997).

[572] Nas palavras de Edson Ribas Malachini, "o que existe, no sistema do Código atual, é efetivamente uma fase saneadora em sentido lato, compreendendo as providências preliminares (arts. 324 a 327, primeira parte) e o su-

assim que determina ao juiz, após a resposta do réu, a adoção das providências preliminares (Título VIII, Capítulo IV, do Código de Processo Civil), as quais conservam o escopo de chamar o feito à ordem. Apesar de algumas variantes nos dispositivos dos dois diplomas, em substância a ideia e a finalidade são as mesmas do regime revogado.[573]

Do capítulo em questão, assim como do subsequente (em especial da Seção III, reservada à audiência preliminar) se depreende a finalidade de impedir que o processo prossiga sem expurgo de seus eventuais vícios, apresentando-se oportuno o exame dos pressupostos processuais e das condições da ação nessa fase – por assim dizer – de saneamento. Por essa razão, permanece vivo o interesse na questão pertinente ao alcance da decisão saneadora, cabendo examinar seus efeitos.

Para José Frederico Marques, quando o juiz não teve de resolver questão alguma daquelas resultantes dos arts. 267 e 201, limitando-se a declarar *simpliciter* o processo em ordem, inexiste preclusão. Mas se o réu levantou preliminar, a decisão declarando saneado o processo será atingida pela preclusão se não for interposto agravo de instrumento, mesmo que o juiz, no despacho saneador, nada diga sobre a questão. Para o autor, a falta de referência expressa não exclui, no caso, o julgamento implícito, que se conterá no despacho, repelindo a preliminar arguida.[574]

Ainda mais incisivo em admitir o julgamento implícito das questões que deveriam ser examinadas no momento reservado ao saneamento do processo e não o foram, Liebman assim expõe seu pensamento:

> (...) estabelece a lei expressamente que o juiz deve decidir no despacho saneador sôbre a legitimidade das partes e de sua representação e sôbre as nulidades (art. 294, Cód. Proc. Civil). Esta norma torna o despacho saneador tipicamente preclusivo de tais questões, porque, no pensamento da lei, a eliminação deve, em todo caso, preceder a instrução e a decisão do mérito: quando ordenar o juiz o prosseguimento do processo e der as disposições necessárias para a instrução da causa, a preclusão impedirá que sejam ao depois discutidas aquelas questões, tanto se o juiz expressamente as decidiu, como se – por falta de contestações ou por não ter atendido às eventuais contestações – deixou de prover sôbre elas. A decisão do despacho saneador que ordena o prosseguimento do processo realiza, por conseguinte, em todo o caso, a sua função purificadora, visto como tem sempre efeito de decisão preclusiva, explícita ou pelo menos implícita, das questões indicadas pela lei.[575]

---

primento de nulidades". (MALACHINI, Edson Ribas. Do julgamento conforme o estado do processo. *Revista de Processo*. São Paulo: Revista dos Tribunais, n. 06, ano II, p. 106, abr./jun. 1977).

[573] MENDONÇA LIMA, Alcides. Do saneamento do processo. In: OLIVEIRA, Carlos Alberto Alvaro de. (Org.). *Saneamento do processo*: estudos em homenagem ao Prof. Galeno Lacerda. Porto Alegre: Fabris, 1989, p. 68.

[574] MARQUES, José Frederico. *Manual de direito processual civil. Processo de conhecimento – 1ª parte*. São Paulo: Saraiva, 1974, v. II, p. 171.

[575] Trata-se de nota de Enrico Tullio Liebman na obra "Instituições de direito processual civil", de Giuseppe Chiovenda. (CHIOVENDA, Giuseppe. *Instituições de direito processual civil*. 3. ed. Tradução da 2ª edição italiana por J. Guimarães Menegale, acompanhada de notas pelo Prof. Enrico Tullio Liebman. São Paulo: Saraiva, 1969, v. I, p. 378-379).

No mesmo sentido é o entendimento de Calmon de Passos. Para o autor,

(...) as questões pertinentes aos pressupostos processuais, condições da ação e validade dos atos na fase postulatória são objeto de decisão expressa ou implícita no despacho saneador, que declara e assegura sua regularidade, tendo sobre elas efeito preclusivo, salvo as exceções expressamente consignadas no próprio Código, não podendo as partes voltar a argüi-las, nem o juiz tornar a considerá-las.[576]

Essa posição, admitindo a possibilidade de incidência da preclusão sobre questões não decididas expressamente, granjeou adeptos numerosos e de renome. Entre as lições mais recentes, essa ideia se encontra nas obras de José Carlos Barbosa Moreira e de Humberto Theodoro Júnior, cujas ressalvas – conquanto dignas de nota – não chegam a desautorizar as conclusões de José Frederico Marques, Liebman e Calmon de Passos.

José Carlos Barbosa Moreira defende que a decisão de saneamento produz a preclusão (a) de todas as questões decididas, *ex officio* ou mediante provocação da parte, pelo juiz, com ressalva da possibilidade de determinar a realização de prova indeferida que lhe venha a parecer, mais tarde, necessária à instrução do feito; e também (b) das questões não decididas – desde que antes suscitadas ou simplesmente suscitáveis, ou apreciáveis de ofício – cuja solução cabia na decisão de saneamento, excetuadas apenas aquelas que, à luz da regra legal específica ou do sistema do Código, possam ser resolvidas posteriormente: *v.g.*, a da incompetência absoluta (art. 113, *caput*), a relativa a alguma nulidade que a parte prove não ter alegado antes em virtude de "legítimo impedimento" (art. 245, parágrafo único, *in fine*). Ressalva o conceituado processualista que a preclusão não significa, no caso da letra (b), que as questões devam considerar-se "implicitamente decididas"; significa, apenas, que daí em diante já não é possível apreciá-las.[577]

A ressalva, contudo, não distingue substancialmente a tese das antecedentes: admitir-se a impossibilidade de se voltar a agitar tais matérias face ao silêncio do magistrado corresponde, ao fim e ao cabo, a se admitir a existência de decisão implícita.

Humberto Theodoro Júnior, detendo-se sobre a preclusão das questões objeto do saneador, reproduzindo o entendimento de Barbosa Moreira, afirma que essa preclusão abrange (a) as questões expressamente decididas, excetuada a matéria de provas e (b) as questões não decididas mas implicitamente solucionadas pela declaração que julgar saneado o processo, excetuando-se aquelas que possam, pelo sistema do Código, ser examinadas de ofício em qualquer fase do processo, como a incompetência absoluta, a nulidade insanável, a coisa julgada, os pressupostos processuais, as condições da ação.[578] Embora mais ampla a gama de exceções apon-

---

[576] PASSOS, José Joaquim Calmon de. *Comentários ao Código de Processo Civil*. 9. ed. Rio de Janeiro: Forense, 2004, v. III, p. 501.
[577] BARBOSA MOREIRA, José Carlos. *O novo processo civil brasileiro*. 25. ed. Rio de Janeiro: Forense, 2007, p. 53.
[578] THEODORO JÚNIOR, Humberto. *Curso de direito processual civil*. 49. ed. Rio de Janeiro: Forense, 2008, v. 1, p. 418.

tadas, a tese reedita a viabilidade de decisão implícita, nisso residindo sua incompatibilidade com nosso sistema processual.

João Batista Lopes anota que não se pode falar em preclusão quando não houver decisão, e está inocorrerá quando o juiz não resolver expressamente a questão que lhe foi submetida. Ao contrário do que ocorre em outros ramos do direito, assinala, aqui não há extrair consequências jurídicas do silêncio do juiz, que, neste caso, é o nada jurídico, porque o juiz tem o dever indeclinável de prestar a tutela jurisdicional por meio de despachos, decisões interlocutórias e sentenças.[579]

Para Lopes da Costa, igualmente, se o juiz simplesmente declara que nada há a sanear, essa declaração significa apenas que nada encontrou para decidir. Dizer que ele decidiu é *ipso facto* afirmar que pode haver uma decisão sem conteúdo, vazia.[580]

Galeno Lacerda, em sua aplaudida obra dedicada ao despacho saneador, claramente rejeita a possibilidade de se terem por implicitamente decididas as questões sobre as quais haja o juiz silenciado. As questões concernentes às condições da ação e à existência de fatos extintivos ou suspensivos, segundo seu entendimento, não se decidem implicitamente no curso do processo, seja pela necessidade de se fundamentar a decisão interlocutória, seja pela possibilidade de o exame da questão vir a depender de prova em audiência. Assim, o silêncio do juiz a respeito dessas questões, embora levantadas na fase postulatória, deve ser interpretado como recusa a decidi-las antes da sentença.[581]

Como observa Alves Barbosa, a finalidade do despacho saneador (e o mesmo se aplica à decisão em que, na atual sistemática, o juiz se debruça sobre as mesmas matérias alvo daquele revogado expediente) é purificar o processo e o juiz deve, sempre que possível, enfrentar e decidir as questões pertinentes aos pressupostos processuais e às condições da ação, operando-se a preclusão das questões decididas, mas seria desatender à sua finalidade que ele operasse preclusão de uma questão não decidida.[582]

Em termos jurisprudenciais, a celeuma foi adequadamente solucionada ainda na vigência do Código de Processo Civil revogado, com a edição da Súmula nº 424 pelo Supremo Tribunal Federal. De acordo com o enunciado, "transita em julgado o despacho saneador de que não houve recurso, excluídas as questões deixadas, explícita ou implicitamente, para a sentença". Em que pese a impropriedade terminológica (mais adequado seria falar em preclusão, e não em trânsito em julgado), tratou a Corte, com inegável acerto, de esclarecer que nenhuma questão se deve ter por "implicitamente decidida", devendo-se interpretar o silêncio do juiz sobre

---

[579] LOPES, João Batista. Os poderes do juiz e o aprimoramento da prestação jurisdicional. *Revista de Processo*. São Paulo: Revista dos Tribunais, n. 35, jul./set. 1984, p. 34.
[580] LOPES DA COSTA, Alfredo de Araújo. *Direito processual civil brasileiro*. 2. ed. Rio de Janeiro: Forense, 1959, v. 3, p. 56-57.
[581] LACERDA, Galeno. *Despacho saneador*. 2. ed. Porto Alegre: Fabris, 1985, p. 172.
[582] BARBOSA, Antônio Alberto Alves. *Da preclusão processual civil*. São Paulo: Revista dos Tribunais, 1955, p. 210.

questão suscitada ou apreciável de ofício como postergação de seu exame para o momento da sentença.

De um modo geral, na doutrina mais recente também tem prevalecido a orientação de que a decisão sobre a validade do procedimento deve ser expressa, não havendo preclusão se o magistrado deixa, na decisão saneadora, ainda que indevidamente, para examinar as questões de admissibilidade por ocasião da sentença.[583] Embora salutar – em nome da ordem no processo e da economia processual – o exame das questões pertinentes aos pressupostos processuais e às condições da ação em fase de saneamento, a eventual ausência de decisão não poderá ser interpretada como consagradora de solução implícita, pois semelhante entendimento esbarra na própria inspiração constitucional do processo civil.

Isso porque – e nisso repousa o principal empecilho à admissão de decisões implícitas – a Constituição Federal (art. 93, IX) expressamente impõe que as decisões judiciais sejam fundamentadas. O preceito, reeditado no âmbito infraconstitucional, nos arts. 165 e 458, II, do Código de Processo Civil, constitui garantia inafastável do jurisdicionado, que sofreria inadmissível burla caso se tolerasse a ideia de decisão implícita.

A exigência de fundamentação deriva da circunstância de que os provimentos jurisdicionais não decorrem de arbítrio, mas da aplicação de critérios de julgamento que possam ser compartilhados pelo intérprete. O convencimento judicial se forma livremente com base no acervo probatório e na exegese do sistema, mas é detalhado o caminho que leva à adoção de uma tese e à rejeição de outras, a fim de permitir ao intérprete condenar o uso equivocado da liberdade judicial.[584]

Se nosso sistema exige que as decisões judiciais sejam fundamentadas, fulminando com nulidade as que não permitem conhecer as razões do convencimento judicial, seria de todo incoerente que se admitissem decisões implícitas, das quais sequer se pudessem inferir comandos claros. Emprestar ao silêncio do juiz no saneamento do processo efeito preclusivo das questões que nele pudessem ter sido apreciadas seria contrariar a lógica do sistema e instalar no processo a desordem e a insegurança que o instituto da preclusão visa a afastar.

5.2.3. Matéria probatória

O tema da preclusão assume peculiares nuances no campo do direito probatório, em que a atuação do magistrado se volta, tanto quanto possível, para a apuração da verdade dos fatos. Diante da necessidade de preservação desse desiderato, cabe perquirir sobre a atuação da preclusão para o juiz tanto no tocante à fixação dos pontos controvertidos quanto na admissão de provas postuladas pelas partes.

---

[583] DIDIER JÚNIOR, Fredie. *Curso de direito processual civil*. 10. ed. Salvador: *Jus*Podivm, 2008, p. 517. (Teoria geral do processo e processo de conhecimento; v. 1).
[584] PORTO, Sérgio Gilberto; USTÁRROZ, Daniel. *Lições de direitos fundamentais no processo civil:* o conteúdo processual da Constituição Federal. Porto Alegre: Livraria do Advogado, 2009, p. 69.

No que diz respeito ao primeiro aspecto, paira certa divergência doutrinária quanto a atribuir-se ou não caráter preclusivo à decisão que fixa os pontos controvertidos na lide, servindo de norte à instrução por vir. A questão que se põe é a de saber se, tendo sido fixados os pontos controvertidos, pode o juiz vir a admitir, posteriormente, prova destinada à comprovação de ponto que escape àquela prévia fixação.

Alguns doutrinadores entendem inviável admitir-se a produção de provas que não guardem relação com os fatos fixados inicialmente como controvertidos. Segundo essa concepção, eventual matéria não fixada como ponto controvertido não pode ser questionada em fase de instrução processual, em atenção ao princípio da isonomia.[585] É essa a opinião de Carlos Francisco Büttenbender, para quem o momento de fixação dos pontos controvertidos acoberta-se sob o manto da preclusão, que estende seus efeitos tanto em relação às partes, que ficam impedidas de suscitar novos pontos controvertidos, quanto ao julgador, que fica sujeito aos mesmos limites naquele momento estabelecidos.[586]

Para Cândido Rangel Dinamarco, no entanto, a fixação dos pontos controvertidos é ato de diálogo e sem conteúdo decisório, sendo natural que essa delimitação possa a qualquer tempo ser revista:

> Na audiência preliminar o juiz tem somente uma visão provisória do que será a prova e é humanamente impossível ter desde logo a certeza de que alguns e determinados pontos já estão fora de dúvida, dependendo de comprovação somente os demais. Esse ato auxiliar e preparatório da instrução carece de qualquer conteúdo decisório. É meramente ordinatório, visto que mira somente a organizar o processo, organizando a instrução.[587]

Athos Gusmão Carneiro, na mesma linha, opina no sentido de que a fixação dos pontos controvertidos não é definitiva, pois posteriormente poderá ser revisada, já que o art. 451 do Código de Processo Civil oportuniza novamente a fixação na abertura da audiência de instrução e julgamento.[588]

As duas correntes contam com argumentos ponderáveis. Os defensores da possibilidade de reabertura ou revisão dos pontos controvertidos têm em mente as dificuldades que podem advir no caso de um aspecto relevante para o julgamento da lide não haver sido considerado como tal no momento da fixação dos pontos controvertidos, preconizando a viabilidade de revisão em atenção à estrutura dialética do processo. Os que sustentam o caráter preclusivo da fixação valorizam,

---

[585] FRANCO, André Ricardo. Sistema de preclusão. Espécies, causas e efeitos do instituto no sistema processual brasileiro. *Revista Consulex*, v. 4, n. 42, p. 16, jun. 2000.

[586] BÜTTENBENDER, Carlos Francisco. *Direito probatório, preclusão & efetividade processual*. 3. tir. Curitiba: Juruá, 2008, p. 163-164.

[587] DINAMARCO, Cândido Rangel. *A reforma do Código de Processo Civil*. 4. ed. 2. tir. São Paulo: Malheiros, 1998, p. 135-136.

[588] CARNEIRO, Athos Gusmão. *Audiência de instrução e julgamento e audiências preliminares*. 11. ed. Rio de Janeiro: Forense, 2004, p. 689-70.

sobretudo, a estabilidade do processo e a confiança das partes, que norteiam sua postura na instrução do feito conforme os fatos tidos como controvertidos.

A tese de que a fixação dos pontos controvertidos não é definitiva e pode ser revista conforme as circunstâncias da lide, conquanto sedutora, retira desse momento processual sua razão de ser, que é a de organizar o processo e conduzir as partes a pautarem sua conduta de forma coerente e proba, evitando surpresas e ardis. Os que defendem a viabilidade de revisão dos pontos controvertidos após sua fixação parecem partir da premissa de que a delimitação dos pontos controvertidos pode ser feita com açodamento, o que justificaria – e tornaria mesmo necessária – uma revisão posterior. Contudo, se bem observados os fatos trazidos com a petição inicial e com a contestação (e já que são estes os momentos para as partes deduzirem suas alegações), fixando-se os pontos controvertidos com a devida atenção, não haverá necessidade de revisão, parecendo mais acertada e conforme à segurança jurídica a corrente que entende haver preclusão para o juiz quanto à fixação dos pontos a dependerem de prova.

Questão mais delicada é a que diz respeito à produção da prova. Nesse ponto, há certo consenso no sentido de que se devem atenuar os rigores da preclusão para o juiz. Sendo a prova o meio pelo qual se pode – ao menos no plano ideal – buscar a verdade dos fatos para dar à lide um desfecho justo, é natural que se admitam, até certo ponto, algumas reviravoltas processuais, em linha de princípio combatidas pelo instituto da preclusão.

A questão da prova traz a lume a conhecida tensão entre os valores certeza e segurança, de um lado, e celeridade e efetividade, de outro. Assim sentenciou, com certo radicalismo, Carnelutti:

> Infelizmente, a justiça, se for segura, não será rápida, e, se for rápida, não será segura. É preciso ter a coragem de dizer, pelo contrário, também do processo: quem vai devagar, vai bem e vai longe. Esta verdade transcende, inclusive, a própria palavra "processo", a qual alude a um desenvolvimento gradual no tempo: proceder quer dizer, aproximadamente, dar um passo depois do outro.[589]

Contudo, demasiada elasticidade na instrução probatória, em busca ferrenha da verdade, pode trazer ao processo indesejável morosidade. Por outro lado, restringir-se em demasia a instrução, a fim de buscar desfecho célere, pode importar na produção de um resultado manifestamente injusto.

A ênfase crescente na efetividade e na celeridade do processo não deve obscurecer seu fim maior de realização da justiça, de solução legítima ao caso concreto. Por certo que não se está a preconizar a busca de uma verdade absoluta, sobre a qual já se disse ser "sempre procurada, nunca alcançada".[590] Cogita-se, sim, de uma

---

[589] CARNELUTTI, Francesco. *Como se faz um processo.* Tradução de Hiltomar Martins Oliveira. Belo Horizonte: Líder, 2010, p. 18.
[590] SANTOS, Moacyr Amaral. *Prova judiciária no cível e comercial.* 4. ed. São Paulo: Max Limonad, 1970, v. 1, p. 12.

tentativa séria de máxima aproximação entre o processo e o mundo dos fatos, no que a temática da prova tem papel fundamental.[591]

Como observa Moacyr Amaral Santos, a verdade sobre o fato precisa aparecer para que um direito possa realizar-se ou tornar-se efetivo. Mas essa verdade, ressalta, tem de ser determinada pela prova, sem o que estaria burlada a segurança oferecida pelo Estado aos indivíduos: "se a verdade pudesse ser a resultante das impressões pessoais do julgador, sem atenção aos meios que a apresentam no processo, a Justiça seria o arbítrio e o Direito a manifestação despótica da vontade do encarregado pelo Estado de distribuí-lo".[592]

Por essas razões é que, em se tratando de matéria probatória, parece claro que um sistema de preclusões demasiado rígidas não se adequaria à necessidade de busca da verdade e privaria as partes do pleno exercício da ampla defesa. Nesse sentido, observa Comoglio uma iniludível necessidade de coordenar o sistema de preclusões, próprio da disciplina processual positiva, com os princípios constitucionais do processo, averiguando-se em que medida o sistema está em harmonia com tais princípios, sobretudo quando limita ou comprime o exercício dos direitos processuais constitucionalmente protegidos.[593]

No que diz respeito à matéria probatória, essa preocupação volta-se ao exercício do contraditório, assegurado, entre nós, pelo art. 5º, LV, da Constituição Federal. O contraditório não se esgota na ciência bilateral do processo; exige que, antes de tomada posição pelo juiz dentro do processo, as partes tenham efetiva possibilidade de influenciar a formação de seu convencimento, mediante intenso debate.[594]

Nessa perspectiva, conforme Satta e Punzi, é possível falar em um direito à prova e, correspondentemente, em um dever do juiz de admitir as provas propostas. Nesse contexto, ainda que o direito à prova seja temperado por um juízo de admissibilidade imposto pela necessidade de um critério de seleção, atrelado a uma exigência de racionalidade e de economia processual que nenhum ordenamento

---

[591] Em precisa abordagem do tema, destaca Guilherme Rizzo Amaral que "o problema se dá quando o abandono da busca pela chamada *verdade científica absoluta* (...) acaba se transformando em abandono da busca pela *verdade* (ainda que relativa), tornando o processo um mero jogo retórico, em que a linguagem e a veemência dos argumentos das partes – rectius, de seus advogados – preponderam sobre a investigação acerca das versões fáticas por elas apresentadas. Premido pela demanda social por celeridade processual (não à toa elevada ao nível de garantia constitucional pela Emenda Constitucional nº 45), o juiz é atraído para este jogo retórico, fazendo da sentença, muitas vezes, um castelo argumentativo sem nenhuma conexão com o mundo dos fatos". (AMARAL, Guilherme Rizzo. Verdade, justiça e dignidade da legislação: breve ensaio sobre a efetividade do processo, inspirado no pensamento de John Rawls e Jeremy Waldron. In: KNIJNIK, Danilo (Coord.). *Prova judiciária:* estudos sobre o novo direito probatório. Porto Alegre: Livraria do Advogado, 2007, p. 129-152, p. 131)

[592] SANTOS, Moacyr Amaral. *Prova judiciária no cível e comercial.* 4. ed. São Paulo: Max Limonad, 1970, v. 1, p. 16.

[593] COMOGLIO, Luigi Paolo. Preclusioni istruttorie e diritto alla prova. *Rivista di Diritto Processuale.* Padova, v. 53, n. 3, p. 977, out./dez. 1998.

[594] PORTO, Sérgio Gilberto; USTÁRROZ, Daniel. *Lições de direitos fundamentais no processo civil:* o conteúdo processual da Constituição Federal. Porto Alegre: Livraria do Advogado, 2009, p. 53.

pode ignorar a falta de verossimilhança, a dificuldade, a improbabilidade não servem, por si sós, de escusa para se excluir a prova requerida.[595]

Repelir a prova postulada é decisão que tem de ser devidamente refletida e motivada, reservando-se às hipóteses de clara impertinência. Do contrário, vulnerar-se iam aqueles direitos processuais elementares consagrados constitucionalmente.

Mais do que sopesar a pertinência da prova, no entanto, cabe ao juiz exercer seus poderes instrutórios para garantir uma máxima aproximação da verdade real.

É feliz a expressão de Dinamarco ao afirmar que o Processo Civil moderno repudia a ideia do juiz Pilatos, que, em face de uma instrução mal feita, resigna-se a fazer a injustiça atribuindo a falha aos litigantes.[596] Em sentido semelhante, acentua Barbosa Moreira que, embora o sistema processual preveja regras de distribuição do ônus da prova, "para o juiz escrupuloso, empenhado em decidir corretamente, constitui autêntico drama psicológico ser forçado a valer-se dessa tábua de salvação".[597]

De acordo com as modernas tendências do direito probatório, é verdadeiro dever do juiz comportar-se com dinamismo, envidando todos os esforços para que o litígio se resolva segundo o alegado e provado, lançando mão dos meios que lhe oferece o direito positivo para obviar a prova insuficiente, ou mesmo inexistente, antes de abrigar-se sob a regra do art. 333 do Código de Processo Civil.[598] O tema do ônus da prova deve surgir apenas quando esgotados tanto a iniciativa das partes quanto os poderes instrutórios do juiz.[599]

Diante dessa compreensão, cada vez mais arraigada em nosso ordenamento, de que é interesse público a apuração da verdade dos fatos e de que do juiz se espera não apenas o exame da prova, mas o exercício dos poderes instrutórios em sua produção, resta necessário refletir sobre a possibilidade ou não de se falar em preclusão para o juiz em matéria probatória.

Dispõe o Código de Processo Civil, em seu art. 130, caber ao juiz, de ofício ou a requerimento das partes, determinar as provas necessárias à instrução do processo. Em complemento, prevê o art. 131 que o juiz apreciará livremente a prova, atendendo aos fatos e circunstâncias constantes dos autos. Diante dessa ampla liberdade de atuação, cujo escopo é assegurar a postura ativa do julgador e reduzir os

---

[595] SATTA, Salvatore; PUNZI, Carmine. *Diritto processuale civile*. 13. ed. Padova: CEDAM, 2000, p. 318-319.
[596] DINAMARCO, Cândido Rangel. *Instituições de direito processual civil*. 4. ed. São Paulo: Malheiros, 2004, v. I, p. 224.
[597] BARBOSA MOREIRA, José Carlos. Imparcialidade: reflexões sobre a imparcialidade do juiz. *Revista Jurídica*, n. 250, p. 8, ago. 1998.
[598] DALL'AGNOL JÚNIOR, Antônio Janyr. Distribuição dinâmica dos ônus probatórios. *Revista Jurídica*. Porto Alegre, n. 280, p. 20, fev. 2001.
[599] MARIANO DA ROCHA, Raquel Heck. A distribuição do ônus da prova como instrumento garantidor da igualdade das partes no processo civil brasileiro. *Revista Processo e Constituição: Cadernos Galeno Lacerda de Estudos de Direito Processual Constitucional*. Porto Alegre: Faculdade de Direito, UFRGS, n. 1, p. 366, dez. 2004.

entraves ao descobrimento da verdade dos fatos, é frequente na doutrina o registro de que é difícil falar de preclusão em matéria de prova,[600] pois há questões que permanecem em aberto por interesse público na boa administração do direito.[601]

Como bem aponta Sidney Pereira de Souza Júnior, em estudo específico sobre o tema, há um aparente conflito entre o ônus da parte na produção oportuna da prova e o dever-poder do magistrado na sua colheita.[602] Em outras palavras, há, como registra Allorio, certa contradição em um regime que, ao mesmo tempo em que amplia a iniciativa do juiz para a investigação da verdade, limita, em contrapartida, seu poder de deduzir esta verdade de determinadas alegações das partes, apenas por serem tardias.[603]

Daí porque, para Moniz de Aragão, no desempenho de sua autoridade, o juiz profere, em matéria de provas, decisões sempre ordinatórias, que ficam imunes à preclusão, podendo ser revistas a qualquer momento.[604] Costuma asseverar a doutrina que a iniciativa instrutória é flexibilizada pela inexistência de preclusão para o juiz, em nome do superior interesse na justiça concreta da decisão.[605] Segundo esse entendimento, a matéria probatória constitui exceção à regra geral de sujeição do juiz à preclusão.[606] João Batista Lopes, chegando também a essa conclusão, afasta a preclusão para o juiz em termos absolutos, declarando poder-se "afirmar, com segurança que, em matéria probatória, o juiz não está sujeito a preclusões".[607]

Semelhante entendimento já foi esposado pelo Supremo Tribunal Federal, que, chegando a extremos, proclamou que "a preclusão é instituto processual que importa em sanção à parte, não alcançando o magistrado que, em qualquer estágio do procedimento, de ofício, pode ordenar a realização das provas que entender imprescindíveis à formação de sua convicção".[608]

A possibilidade de rever a decisão proferida em matéria de provas não pode, no entanto, assumir contornos tão absolutos. Ao juiz é dado admitir prova antes

---

[600] PORTANOVA, Rui. *Princípios do processo civil*. 6. ed. Porto Alegre: Livraria do Advogado, 2005, p. 178.

[601] SANTOS, Ernane Fidélis dos. *Manual de direito processual civil*. 11. ed. São Paulo: Saraiva, 2006, v. 1, p. 626.

[602] SOUZA JÚNIOR, Sidney Pereira de. A preclusão *pro judicato* na produção de provas e a "limitação" do poder instrutório do juiz (art. 130 do CPC). (Comentários ao REsp 345.436-SP). *Revista de Processo*. São Paulo: Revista dos Tribunais, n. 158, ano 33, p. 267, out. 2008.

[603] ALLORIO, Enrico. *Problemas del derecho procesal*. Tomo I. Tradução de Santiago Sentis Melendo. Buenos Aires: E. J. E. A., 1963, p. 279.

[604] MONIZ DE ARAGÃO, Egas Dirceu. *Sentença e coisa julgada*. Rio de Janeiro: Aide, 1992, p. 271.

[605] COITINHO, Jair Pereira. Verdade e colaboração no Processo Civil (ou a prova e os deveres de conduta dos sujeitos processuais). In: AMARAL, Guilherme Rizzo; CARPENA, Márcio Louzada (Coord.). *Visões críticas do processo civil brasileiro – uma homenagem ao Prof. Dr. José Maria Rosa Tesheiner*. Porto Alegre: Livraria do Advogado, 2005, p. 88.

[606] FRANCO, André Ricardo. Sistema de preclusão. Espécies, causas e efeitos do instituto no sistema processual brasileiro. *Revista Consulex*, v. 4, n. 42, ano IV, p. 15, jun. 2000.

[607] LOPES, João Batista. Breves considerações sobre o instituto da preclusão. *Revista de Processo*, n. 23, ano VI, p. 49, jul./set. 1981.

[608] BRASÍLIA. Supremo Tribunal Federal. Tribunal Pleno. Agravo regimental no agravo regimental na ação rescisória nº 1538. Relator: Ministro Maurício Corrêa, j. 04/10/01, *Diário de Justiça*, de 08 de fevereiro de 2002, p. 261.

inadmitida, pois o poder de ordenar de ofício a realização de provas subsiste íntegro mesmo que o juiz tenha anteriormente indeferido o requerimento da parte, não ocorrendo, para ele, preclusão.[609] A jurisprudência corretamente tem entendido ser possível reconsiderar, sem qualquer provocação das partes, decisão anterior em que indeferira uma prova.[610]

A decisão que indefere prova pode ser reexaminada, na forma do art. 130, quando depois o juiz perceber que é necessária.[611] Essa flexibilidade, conforme a doutrina, está relacionada ao julgamento da causa: permite-se ao magistrado, com isso, aprimorar a qualidade do seu julgamento, justificando-se a ausência de preclusão por estar de acordo com a finalidade principal do processo, que é a correta decisão do mérito.[612]

Tesheiner entende que há casos de preclusão apenas para a parte, sugerindo para estes o uso da expressão "preclusão parcial", em oposição aos casos de "preclusão total", em que há preclusão também para o órgão judicial. Há preclusão parcial, segundo seu entendimento, em relação à prova pericial: pode a parte haver perdido, por preclusão, o direito à realização de prova pericial, sem que isso iniba o juiz de determinar sua produção de ofício, entendendo-a indispensável para a decisão da causa.[613]

Todavia, o inverso não lhe é permitido: não pode o juiz revogar a decisão que deferiu uma prova.[614] O poder de iniciativa probatória inclui o de determinar a produção de prova já indeferida. Além disso, ao mandar que se produza determinada prova, o juiz não está negando qualquer direito da parte. Na hipótese inversa, contudo, se a parte exerceu regularmente a faculdade (requerendo a prova no momento oportuno) e teve seu pedido acatado, o posterior indeferimento da prova implicaria ofensa ao direito de provar, que goza de proteção constitucional. A preclusão tem por finalidade exatamente assegurar a estabilidade das situações jurídicas processuais, impedindo retorno do processo à fase já superada. Ora, a situação jurídica processual de quem teve a prova admitida seria profundamente alterada com o posterior indeferimento. Portanto, a preclusão consumativa se produz em relação ao juiz, no sentido de proibir-lhe o indeferimento de prova que já havia antes admitido.[615]

---

[609] BARBOSA MOREIRA, José Carlos. *O novo processo civil brasileiro*. 25. ed. Rio de Janeiro: Forense, 2007, p. 56.

[610] SOUZA JÚNIOR, Sidney Pereira de. A preclusão *pro judicato* na produção de provas e a "limitação" do poder instrutório do juiz (art. 130 do CPC). (Comentários ao REsp 345.436-SP). *Revista de Processo*. São Paulo: Revista dos Tribunais, n. 158, ano 33, p. 267-268, out. 2008.

[611] GONÇALVES, Marcus Vinícius Rios. *Novo curso de direito processual civil*. 2. ed. São Paulo: Saraiva, 2005, v. 1, p. 249.

[612] DIDIER JÚNIOR, Fredie. *Curso de direito processual civil*. 10. ed. Salvador: *Jus*Podivm, 2008, p. 519. (Teoria geral do processo e processo de conhecimento; v. 1).

[613] TESHEINER, José Maria Rosa. *Pressupostos processuais e nulidades no processo civil*. São Paulo: Saraiva, 2000, p. 106.

[614] FONTES, Renata Barbosa. Preclusão *pro judicato*. *Revista da Procuradoria Geral do INSS*. Brasília, v. 4, n. 3, p. 28, 1997. No mesmo sentido: BORGES SEGUNDO, Edval. Preclusão: uma técnica jurídica processual. *Revista do Programa de Pós-Graduação em Direito da Universidade Federal da Bahia*. Salvador: UFBA, n. 16, p. 205, 2008.

[615] FERREIRA FILHO, Manoel Caetano. *A preclusão no direito processual civil*. Curitiba: Juruá, 1991, p. 92.

Nessa mesma linha, Fredie Didier Júnior entende que as decisões interlocutórias relativas à prova geram preclusão para o juiz quando são proferidas em *sentido afirmativo*. Não geram impossibilidade de o juiz alterar sua decisão, entretanto, por força do princípio do livre convencimento motivado, as decisões concernentes à prova que tenham *sentido negativo*. Isso porque, acredita o autor, nestas circunstâncias, à regra da livre convicção deve atribuir-se mais força e importância que às normas relativas à preclusão.[616]

Seguindo essa mesma linha argumentativa, já decidiu o Superior Tribunal de Justiça, por sua Terceira Turma, que os juízos de primeiro e segundo graus de jurisdição, sem violação ao princípio da demanda, podem determinar as provas que lhes aprouverem, a fim de firmar seu juízo de livre convicção motivado, diante do que expõe o art. 130 do Código de Processo Civil. Assim, a iniciativa probatória do magistrado, em busca da verdade real, com realização de provas de ofício, não se sujeita à preclusão, porque é feita no interesse público de efetividade da Justiça.[617]

É importante ressalvar, contudo, que essa mitigação dos efeitos da preclusão na seara probatória, devida em grande parte ao fato de o juiz ter o poder-dever de ordenar a produção de provas mesmo de ofício, deve ser entendida nesse contexto e com cautela. Porque necessária ao convencimento judicial, uma prova pode ser deferida tardiamente, mesmo que anteriormente indeferida, mas coisa distinta disso é a simples tolerância com a parte que não se desincumbe oportunamente de seus ônus, o que constitui afronta ao princípio da igualdade.

Para Daniel Amorim Assumpção Neves, a preclusão temporal vem sendo desconsiderada pelos Tribunais em seara probatória, concedendo-se dilações dos prazos peremptórios previstos em lei sob o duvidoso argumento que o direito à prova deve ser preservado em detrimento da preclusão, que tem também função nobre dentro do processo, organizando-o de tal maneira que chegue ao final sem indevidos e indesejados retrocessos e idas e vindas.[618]

A questão é delicada porque tênue é o limite entre a determinação da prova tardia ao abrigo do art. 130 do Código de Processo Civil e a sua admissão em afronta aos direitos da parte adversa, que zelosamente produziu suas provas no momento oportuno. O que não se concebe, como anota Cristina Ferraz, é a maleabilidade jurisprudencial em aceitar a produção de provas que não foram requeridas pela parte no momento que a lei determina, distorcendo a sistemática do Código

---

[616] WAMBIER, Teresa Arruda Alvim. *Os agravos no CPC brasileiro*. 4. ed. São Paulo: Revista dos Tribunais, 2006, p. 499.

[617] BRASÍLIA, Superior Tribunal de Justiça. 3ª Turma. Recurso especial nº 345.436/SP. Relatora: Ministra Nancy Andrighi, j. 07/03/2002, *Diário de Justiça Eletrônico*, de 13 de maio de 2002. Disponível em: <www.stj.jus.br>. Acesso em: 20 abr. 2010.

[618] NEVES, Daniel Amorim Assumpção. *Preclusões para o juiz*: preclusão *pro iudicato* e preclusão judicial no processo civil. São Paulo: Método, 2004, p. 39.

de Processo Civil.[619] Apenas no caso concreto é possível bem avaliar a atuação jurisdicional.

5.2.4. Pedido de reconsideração

É sabido que, em algumas hipóteses, a lei prevê expressamente a possibilidade de retratação pelo juiz, facultando-lhe a revisão de algum ponto, inclusive admitindo, para tanto, o requerimento da parte interessada. Nessas circunstâncias, porque claramente excepcionada a regra geral, não há que se cogitar de preclusão para o julgador.

É o que preveem diversos dispositivos do Código de Processo Civil, exemplificativamente: art. 285-A, § 1º (possibilidade de o juiz *"não manter a sentença e determinar o prosseguimento da ação"* no caso de havê-la julgado antes mesmo da citação, na esteira de anteriores decisões de improcedência em casos idênticos); art. 296 (possibilidade de reforma, em 48 horas, da decisão que indeferiu a petição inicial, à vista de apelo do autor); art. 518, § 2º (possibilidade de reexame dos pressupostos de admissibilidade do recurso de apelação até 5 dias após a apresentação de contra-razões); art. 523, § 2º (reconsideração de decisão interlocutória à vista de agravo retido); art. 527, parágrafo único (reforma da decisão liminar que converte o agravo de instrumento em retido ou que defere efeito suspensivo ao recurso); art. 529 (reforma da decisão agravada por instrumento pelo juízo de origem) e art. 557, § 1º (reconsideração pelo relator, em face de agravo interno, da decisão que dera ou negara provimento, de plano, a agravo de instrumento).

O que reclama exame mais detido é o pedido de reconsideração nas hipóteses em que a legislação processual não prevê o exercício, pelo julgador, de um juízo de retratação.

Prática absolutamente corriqueira na vida forense, o pedido de reconsideração é tema polêmico, diretamente ligado à preclusão de questões, isto é, à preclusão que proíbe o retroceder do juiz em suas decisões. Proferido certo pronunciamento judicial, seria lícito ao magistrado, à vista de simples petição, rever seu posicionamento e tornar a decidir uma mesma questão?

João Batista Lopes, em estudo sobre os poderes do juiz, refere que os *despachos*, como atos de simples impulso processual, podem ser reformados ou reconsiderados pelo juiz, sem que se possa falar em preclusão. Nesse caso, tratando-se de ato despido de conteúdo decisório, não se põe o problema, podendo-se admitir o emprego do pedido de reconsideração. Se, porém, se cuidar de ato com conteúdo decisório (decisão interlocutória), não pode o juiz admitir pedido de reconsideração, pois a parte deverá interpor, regularmente, o recurso previsto no sistema, isto

---

[619] FERRAZ, Cristina. *Prazos no processo de conhecimento:* preclusão, prescrição, decadência, perempção, coisa julgada material e formal. São Paulo: Revista dos Tribunais, 2001, p. 78.

é, o agravo de instrumento, que não pode ser substituído por simples petição rogando a revisão da decisão pelo mesmo juiz.[620]

A questão realmente merece exame cauteloso. Como alerta Antônio Vital Ramos de Vasconcelos, a admissibilidade do pedido de reconsideração, tal qual arraigada pelos usos e costumes, pode constituir verdadeira afronta ao princípio do contraditório, não se concebendo, em honra ao propósito da segurança das relações jurídicas, modificação, pura e simples, da decisão anteriormente tomada. Toda questão suscitada e debatida, uma vez resolvida, segundo seu entendimento, acarreta necessariamente uma *tollitur quaestio*, ficando vedada ao juiz a reapreciação da mesma matéria, salvo se impugnada, a tempo e modo, pelo recurso próprio, contingência inevitável instituída em benefício da ordem pública.[621]

Em suma, em que pese sua larga aplicação, a doutrina, de um modo geral, afirma que o pedido de reconsideração, por inexistir disposição e *ipso facto* norma legal que o preveja, não faz as vezes do recurso cabível, nem suspende ou interrompe seu prazo de interposição.[622] Como adverte Nelson Nery Júnior, se a parte, ao invés de recorrer, pede reconsideração, não se utilizou do meio legal colocado à disposição para atacar a decisão desfavorável. Assim, se o juiz decidir o pedido de reconsideração depois de ultrapassado o prazo para o agravo, contado este da *intimação da decisão recorrida*, terá ocorrido irremediavelmente a preclusão.[623]

Contrariamente a essa perspectiva, ressalvam alguns as hipóteses não sujeitas à preclusão, sustentando que, em se tratando de questões de ordem pública, deve ser admitido o cabimento do pedido de reconsideração, pois ao juiz seria dado, mesmo de ofício, rever sua decisão.[624] A questão, contudo, se mostra complexa e merece abordagem à parte, pois parte da premissa de que as matérias de ordem pública não apenas podem ser arguidas em qualquer tempo e grau de jurisdição como ensejam a possibilidade de o juiz rever sua decisão, o que é coisa distinta e constitui tema controvertido (*supra*, 5.2.1).

Parece acertada, no entanto, a situação ressalvada por João Batista Lopes: excepcionalmente, poderá o juiz reconsiderar suas decisões interlocutórias quando verificar a existência de manifesto lapso material. Nesses casos, como observa o

---

[620] LOPES, João Batista. Os poderes do juiz e o aprimoramento da prestação jurisdicional. *Revista de Processo*. São Paulo: Revista dos Tribunais, n. 35, p. 34-35, jul./set., 1984.

[621] VASCONCELOS, Antônio Vital Ramos de. O pedido de reconsideração e a preclusividade das decisões judiciais. *Revista da Ajuris*. Porto Alegre, n. 40, p. 155-156, jul. 1987.

[622] DONNINI, Rogério. Pedido de reconsideração. *Revista de Processo*. São Paulo: Revista dos Tribunais, n. 80, ano 20, p. 239, out./dez. 1995.

[623] NERY JÚNIOR, Nelson. *Teoria geral dos recursos*. 6. ed. São Paulo: Revista dos Tribunais, 2004, p. 93.

[624] Confiram-se, nesse sentido: DONNINI, Rogério. Pedido de reconsideração. *Revista de Processo*. São Paulo: Revista dos Tribunais, n. 80, ano 20, p. 241, out./dez. 1995; GIANNICO, Maurício. *A preclusão no direito processual civil brasileiro*. 2. ed. São Paulo: Saraiva, 2007, p. 193; MARINONI, Tereza Cristina. Sobre o pedido de reconsideração (sucedâneo de recurso?). *Revista de Processo*. São Paulo: Revista dos Tribunais, n. 62, ano 16, p. 305, abr./jun. 1991.

autor, por economia processual, não há razão para que o juiz deixe de corrigir erros evidentes, independentemente da interposição do agravo de instrumento.[625]

O erro material constitui, de fato, situação peculiar, à qual se dedicam, abaixo, algumas linhas.

5.2.5. Erro material

O erro material, ensina Arruda Alvim, é aquele que pode ser verificado a partir de critérios objetivos, identificável por todo homem médio e que não corresponde, de forma evidente e inequívoca, à intenção do magistrado.[626] Não destoa a lição de Moniz de Aragão, que o descreve como um equívoco, um erro notório, manifesto, evidente, ou seja, uma inexatidão tal que a seu respeito não pode surgir a mínima hesitação.[627]

É importante destacar que o erro material reside na expressão do julgamento, e não no julgamento em si ou em suas premissas. Trata-se de uma inconsistência que pode ser clara e diretamente apurada e que não tem como ser atribuída ao conteúdo do julgamento, podendo apenas ser imputada à forma (incorreta) como ele foi exteriorizado.[628] Se o fato chegou a ser objeto de controvérsia e debate e o juiz sobre ele firmou posição (ainda que equivocada), não caracteriza simples descuido na expressão do julgamento, mas objeto deste e, portanto, pronunciamento judicial, não podendo ter lugar, nesse caso, a simples correção,[629] pois qualquer alteração da substância do julgado extravasa os limites da lei processual.[630]

Por suas características, exatamente por não traduzir ato consciente e deliberado, senão mero lapso do julgador, o erro material recebe tratamento diferenciado no ordenamento processual civil. Não se compadece com o senso comum a ideia de que, contendo uma sentença ou acórdão lapso manifesto, não possa este ser eliminado.[631] O art. 463, I, do Código de Processo Civil prevê a possibilidade de correção do erro material ou de cálculo pelo juiz mesmo após a publicação da sentença de mérito.

A permissão que o art. 463, I, do Código de Processo Civil traz não atua sobre o erro de julgamento (o que implicaria desprezo da coisa julgada), mas tão

---

[625] LOPES, João Batista. Os poderes do juiz e o aprimoramento da prestação jurisdicional. *Revista de Processo*. São Paulo: Revista dos Tribunais, n. 35, p. 35, jul./set. 1984.

[626] ARRUDA ALVIM, José Manuel de. Erro material – inexistência de trânsito em julgado. *Revista de Processo*. São Paulo: Revista dos Tribunais, n. 34, p. 195, abr./jun. 1994.

[627] MONIZ DE ARAGÃO, Egas Dirceu. *Sentença e coisa julgada*. Rio de Janeiro: Aide, 1992, p. 144.

[628] TALAMINI, Eduardo. *Coisa julgada e sua revisão*. São Paulo: Revista dos Tribunais, 2005, p. 527.

[629] MALACHINI, Edson Ribas. "Inexatidão material" e "erro de cálculo". *Revista de Processo*. São Paulo: Revista dos Tribunais, n. 113, ano 29, p. 220, jan./fev. 2004.

[630] SANTOS, Moacyr Amaral. *Comentários ao Código de Processo Civil*. 5. ed. Rio de Janeiro: Forense, 1989, v. IV, p. 419.

[631] MALACHINI, Edson Ribas. "Inexatidão material" e "erro de cálculo". *Revista de Processo*. São Paulo: Revista dos Tribunais, n. 113, ano 29, p. 210, jan./fev. 2004.

somente sobre aquilo que decorra de um equívoco, de um erro notório, pautado em critérios objetivos, quando da expressão do julgamento, caracterizado pela *involuntariedade* e *evidência*.[632] A jurisprudência admite a correção do erro material, por exemplo, quando há descompasso evidente entre a parte dispositiva do julgado e a fundamentação,[633] desde que esse descompasso denote claramente um simples lapso.

Há que se ter em mente, contudo, que a correção de equívoco dessa natureza não pode interferir com critério de julgamento imposto e reconhecido no processo.[634] Mesmo que equivocados, o entendimento conscientemente exarado e a opção por uma dada linha interpretativa não configuram erro material e não podem, sem burla ao sistema, ser corrigidos na forma do art 463, I, do Código de Processo Civil.

Nesse sentido, o Superior Tribunal de Justiça já consignou que "o erro material pode ser sanado a qualquer tempo, sem ofensa à coisa julgada, nos termos do art. 463, I, do CPC, tão somente nas hipóteses de correção de inexatidões materiais ou retificação de erros de cálculo". Assim, tratando-se de erro de fato capaz de ensejar a rescindibilidade do julgado, nos termos do inciso IX do art. 485 do CPC, ante a má percepção da situação fática pelo magistrado julgador, descabe falar em erro material.[635]

Os erros de cálculo – é necessário que se registre – somente podem ser tidos como erros materiais quando involuntários e evidentes. Segundo jurisprudência do Superior Tribunal de Justiça, é incabível correção de erro relacionado a critério utilizado para o cálculo. Questão relacionada à correção monetária, por exemplo, não é considerada erro de cálculo, podendo ser alcançada pela preclusão.[636]

Desde que se trate realmente de erro material, no entanto, o art. 463, I, do Código de Processo Civil dispensa maiores rigores para expurgá-lo. Do exame do dispositivo, pode-se ver quão amplas são as possibilidades de correção do erro material, que, mesmo à falta de recurso específico, pode ocorrer a todo tempo.[637] Como esclarecem Nelson Nery Júnior e Rosa Maria Andrade Nery, mesmo depois de transitada em julgado a sentença, o juiz pode corrigi-la dos erros materiais e de

---

[632] MATTE, Fabiano Tacachi; ARNECKE, Júnior Eduardo. *Erro material (Comentários ao art. 463, I, CPC)*. Disponível em: <www.tex.pro.br/wwwroot/00/061023erromaterial.php>. Acesso em: 12 fev. 2010.

[633] BRASÍLIA, Superior Tribunal de Justiça. 1ª Turma. Recurso especial nº1102436/PE. Relatora: Ministra Denise Arruda, j. 05/11/2009. *Diário de Justiça Eletrônico*, de 27 de novembro de 2009. Disponível em: <www.stj.jus.br>. Acesso em: 11 abr. 2010.

[634] GRINOVER, Ada Pellegrini. Preclusão. Erro material e erro aritmético. In: *O processo – estudos e pareceres*. São Paulo: Perfil, 2006, p. 458.

[635] BRASÍLIA. Superior Tribunal de Justiça. 1ª Turma. Agravo regimental no recurso especial nº 1060499/MT. Relator: Ministro Benedito Gonçalves, j. 16/03/2010, *Diário de Justiça Eletrônico*, de 26 de março de 2010. Disponível em: <www.stj.jus.br>. Acesso em: 11 abr. 2010.

[636] BRASÍLIA. Superior Tribunal de Justiça. 6ª Turma. Agravo regimental no recurso especial n. 808.137/RS. Relatora: Jane Silva (desembargadora convocada do TJ/MG), j. 03/02/09. *Diário de Justiça Eletrônico*, de 16 de fevereiro de 2009. Disponível em: <www.stj.jus.br>. Acesso em: 11 abr. 2010.

[637] PORTANOVA, Rui. *Princípios do processo civil*. 6. ed. Porto Alegre: Livraria do Advogado, 2005, p. 177.

cálculos de que padece, podendo fazê-lo *ex officio* ou a requerimento da parte ou de interessado.[638]

Nessa perspectiva, sendo possível a correção do erro material mesmo diante de sentença e após o trânsito em julgado, parece ainda mais clara a inocorrência de preclusão para o juiz quando se trate de erro material constante de decisão proferida no curso do processo. Na avaliação de Fernando Rubin, nada obstante o art. 463, I, do Código de Processo Civil trate tão somente de erros materiais constantes de decisão final de mérito (sentença definitiva), por certo os manifestos equívocos pronunciados pelo julgador em sentenças terminativas, em decisões interlocutórias e até em despachos de mero expediente podem ser retificados a qualquer tempo, mesmo *ex officio*.[639]

Como lembra Arruda Alvim, a correção de erro material não é mera faculdade, mas verdadeiro dever, ficando no âmbito da atividade que o magistrado exerce *ex officio*, conferindo à decisão judicial a *clareza* e a *univocidade* próprias de sua condição de regra singular e concreta.[640] Nesse contexto, não há razão para se vedar a retratação do juiz, que pode, sem ofensa ao instituto da preclusão, tornar a se debruçar sobre certo ponto para afastar o vício involuntário que macula a decisão, seja de ofício, seja mediante provocação.

Dada a natureza do erro material e a inexistência de preclusão a obstar sua correção pelo juiz, pode a parte interessada provocar essa correção por meio de simples petição (ou pedido de reconsideração),[641] dispensando a interposição de recurso, solução que se mostra adequada aos ditames da economia processual.

O advogado deve ter cautela, no entanto, na identificação do erro material. O erro material distingue-se dos demais defeitos típicos do ato decisório (omissão, obscuridade, contradição e dúvida) porque não se trata de um vício lógico do provimento, mas de engano ou lapso na sua expressão por palavras ou números.[642] Há de ser, pois, inequívoco, identificável de um rápido lançar de olhos, não sendo o caso de se cogitar de erro material pela simples incongruência de certo ponto da decisão com o restante da mesma.

Em suma, para lançar-se mão de simples pedido de reconsideração (como visto, não apto a interromper ou a suspender o prazo recursal – *supra*, 5.2.4), há

---

[638] NERY JÚNIOR, Nelson; NERY, Rosa Maria Andrade. *Código de Processo Civil comentado e legislação extravagante*. 9. ed. São Paulo: Revista dos Tribunais, 2006, p. 590.

[639] RUBIN, Fernando. *O instituto da preclusão na dinâmica do processo civil*. Dissertação de Mestrado defendida perante a Universidade Federal do Rio Grande do Sul, 2009, p. 205. (Orientador Prof. Dr. Carlos Alberto Alvaro de Oliveira).

[640] ARRUDA ALVIM, José Manuel de. Erro material – inexistência de trânsito em julgado. *Revista de Processo*. São Paulo: Revista dos Tribunais, n. 74, p. 196, abr./jun. 1994.

[641] Mesmo João Batista Lopes, veementemente contrário ao emprego indiscriminado do pedido de reconsideração, considera possível lançar-se mão do expediente quando se tratar de erro material, diante do qual não se justificaria a interposição de recurso. (LOPES, João Batista. Breves considerações sobre o instituto da preclusão. *Revista de Processo*, n. 23, ano VI, p. 49, jul./set. 1981).

[642] ASSIS, Araken de. *Manual dos recursos*. São Paulo: Revista dos Tribunais, 2007, p. 603.

que se ter como certo o caráter involuntário do lapso. Não sendo inequívoco tratar-se de erro material, situações de dúvida, contradição ou ambiguidade devem ser enfrentadas mediante oposição de embargos declaratórios, resguardando-se assim a interposição do recurso cabível na eventualidade de o julgador vir a ratificar, *in totum*, o pronunciamento questionado.

5.2.6. Preclusão hierárquica

Ainda dentre as situações que podem trazer limitações aos poderes do juiz, há que se considerar a chamada preclusão hierárquica. Na hipótese de haver sido julgada uma questão em grau superior, esta fica preclusa para o juízo inferior, que sobre ela não pode tornar a se debruçar.

É ponto pacífico na doutrina o caráter vinculativo da decisão da instância superior sobre a liberdade do julgador de instância inferior, quer se trate de juiz de primeiro grau, quer de tribunal inferior ao prolator. Assim, se determinada questão foi objeto de agravo de instrumento provido pelo tribunal, o julgador de primeiro grau deve submeter-se a tal decisão.[643] Da mesma forma, decidida uma questão por tribunal superior, a decisão vinculará todas as instâncias inferiores, ou seja, o tribunal inferior e o juiz de primeiro grau.

Essa vinculação do juiz inferior à questão decidida pela instância superior constitui caso de preclusão cujo fundamento se encontra na própria hierarquia judiciária.[644] Não haveria sentido em se admitir que o julgador de grau inferior pudesse simplesmente desconsiderar o decidido em instância superior e tornar a se pronunciar sobre o mesmo tema, o que inclusive resultaria na inocuidade do recurso.

O reexame se inviabiliza pela perda de competência para cuidar da questão: com o recurso, o tema é transferido para o conhecimento da instância superior e, assim, não cabe mais à instância originária dele se ocupar.[645] Trata-se de decorrência do efeito substitutivo dos recursos, a que alude o art. 512 do Código de Processo Civil. Se o tribunal decidiu, por exemplo, ser o réu parte legítima na contenda, nenhuma outra decisão caberá ao juízo monocrático senão atender a essa solução e assim prescrever em sua sentença, uma vez que a decisão do juiz monocrático foi substituída pela decisão superior.[646]

---

[643] PORTANOVA, Rui. *Princípios do processo civil*. 6. ed. Porto Alegre: Livraria do Advogado, 2005, p. 176. No mesmo sentido: ARMELIN, Donaldo. *Legitimidade para agir no direito processual civil brasileiro*. São Paulo: Revista dos Tribunais, 1979, p. 156.

[644] BARBI, Celso Agrícola. Da preclusão no processo civil. *Revista Forense*. Rio de Janeiro: Forense, v. 158, p. 65, mar./abr. 1955.

[645] THEODORO JÚNIOR, Humberto. A preclusão no processo civil. *Revista dos Tribunais*. São Paulo: Revista dos Tribunais, v. 784, p. 24, fev. 2001.

[646] FONTES, Renata Barbosa. Preclusão *pro judicato*. *Revista da Procuradoria Geral do INSS*. Brasília, v. 4, n. 3, p. 28, 1997. Nesse sentido é também a lição de Moniz de Aragão: "em alguns casos, a preclusão apresenta-se para o juiz em decorrência de ato de tribunal. Suponha-se que este reforme em grau de recurso o julgamento que decretara a ilegitimidade da parte no momento previsto no art. 329 e determine a continuação do processo; baixados os autos,

O desrespeito à hierarquia, no caso de decisões do Superior Tribunal de Justiça e do Supremo Tribunal Federal, dá ensejo a reclamação, na forma do art. 13 da Lei nº 8.038/90, *"para preservar a competência do Tribunal ou garantir a autoridade das suas decisões"*. As decisões dos tribunais de superposição operam em face dos juízes e tribunais locais a preclusão, consistente em impedi-los de voltar a decidir sobre o que já haja sido superiormente decidido. A liberdade de atuação deixa de existir se já houver um pronunciamento superior sobre o tema. Diante das disposições que sujeitam a reclamação as decisões com que os juízos ou tribunais venham a contrariar o que os órgãos mais elevados hajam decidido, é imperioso o reconhecimento de que aquelas decisões superiores constituem fator de impedimento a qualquer manifestação dos órgãos inferiores sobre a matéria já decidida.[647]

Tratando-se de desrespeito a decisões de tribunais locais, varia o remédio conforme previsão regimental, adotando alguns reclamação com forma análoga à dirigida ao Superior Tribunal de Justiça e ao Supremo Tribunal Federal; outros, a correição parcial, mas invariavelmente corroborando a ideia de necessidade de observância do decidido pela instância superior.[648]

Prevalece aqui a ideia de que a estruturação da hierarquia judiciária impõe que o juiz ou tribunal inferior se atenha ao que decidiu a instância superior. Mesmo aqueles que entendem pela possibilidade de reapreciação a qualquer tempo de questões de ordem pública (em especial dos pressupostos processuais e das condições da ação) pelo mesmo juiz (*supra*, 5.2.1) veem limite para essa reapreciação na preclusão hierárquica: não pode o juízo inferior tornar a decidir a questão se de outra forma foi ela decidida na instância hierarquicamente superior.[649]

Mesmo para aqueles que entendem pela viabilidade de sucessivas decisões de um mesmo juiz sobre uma mesma questão, quando esta disser respeito a matéria de ordem pública, portanto, a preclusão hierárquica constitui exceção à regra. Reexaminada a decisão sobre uma dessas questões pelo órgão *ad quem*, o entendimento por ele exarado passa a valer de forma irrestrita e irrevogável.[650] Ressalva-se apenas a hipótese de substancial alteração fática ocorrida posteriormente à decisão da instância superior, a ensejar nova decisão da instância inferior.[651]

---

essa questão ficará preclusa para o juiz, que não pode desconsiderar o pronunciamento do órgão de grau superior, mas não para o próprio tribunal se novamente o processo subir à sua apreciação". (MONIZ DE ARAGÃO, Egas Dirceu. Preclusão (Processo Civil). In: OLIVEIRA, Carlos Alberto Alvaro de. *Saneamento do processo:* estudos em homenagem ao Prof. Galeno Lacerda. Porto Alegre: Fabris, 1989, p. 174).

[647] DINAMARCO, Cândido Rangel. A reclamação no processo civil brasileiro. In: NERY JÚNIOR, Nelson; WAMBIER, Teresa Arruda Alvim (Coord). *Aspectos polêmicos e atuais dos recursos e de outros meios de impugnação às decisões judiciais.* São Paulo: Revista dos Tribunais, 2002, v. 6, p. 104.
[648] DONADEL, Adriane. *A reclamação no STF e no STJ.* Disponível em: <http://www.tex.pro.br/wwwroot/curso/recursos/areclamacaonostfenostfadriane..htm>. Acesso: 10 mar. 2010.
[649] SICA, Heitor Vitor Mendonça. *Preclusão processual civil.* 2. ed. São Paulo: Atlas, 2008, p. 223-224.
[650] GIANNICO, Maurício. *A preclusão no direito processual civil brasileiro.* 2. ed. São Paulo: Saraiva, 2007, p. 57-58.
[651] OLIVEIRA, Carlos Alberto Alvaro de; MITIDIERO, Daniel. *Curso de processo civil.* São Paulo: Atlas, 2009, v. 1, p. 87.

Em que pese o consenso doutrinário, não são raras no cotidiano forense as situações em que, mesmo havendo decidido em um sentido a instância superior, recalcitra o juízo inferior, reafirmando seu pronunciamento sobre a questão. Semelhantes posturas devem ser coibidas, preservando-se a ordem e a estabilidade do processo.

5.2.7. Juízo de admissibilidade recursal

Outra situação que apresenta peculiaridades quanto à preclusão para o órgão julgador diz respeito ao juízo de admissibilidade recursal.

O juízo de admissibilidade no órgão *a quo* é provisório e ainda revogável, porque a última palavra toca ao órgão *ad quem*. Em relação à matéria objeto desse juízo, inexiste preclusão: o órgão *ad quem* pode declarar inadmissível recurso reputado admissível pelo órgão *a quo* e vice-versa.[652]

Como esclarece Leonardo Castanho Mendes, em estudo específico sobre o tema, quando se diz insuscetível de preclusão o juízo de admissibilidade, positivo ou negativo, está-se a significar que a admissão ou o trancamento feitos pelo julgador *a quo*, em relação à impugnação perante ele deduzida, não vincula aquele órgão a quem se dirige o inconformismo.[653]

Em que pese a divergência de alguns – como Fredie Didier Júnior, para quem "se o juízo de admissibilidade é uma decisão (e parece indiscutível que o seja), positivo ou negativo, pouco importa, deverá submeter-se à preclusão"[654] – não pairam maiores divergências nos tribunais acerca do tema. A jurisprudência é rica em precedentes dos quais se extrai a não preclusividade do provimento referente ao juízo de admissibilidade.

É entendimento do Superior Tribunal de Justiça que

> (...) o juízo de admissibilidade manifestado pela Presidência do Tribunal a quo, qualquer que seja o seu conteúdo, reveste-se de caráter preliminar, qualificando-se, por conseguinte, como ato jurisdicional meramente provisório, uma vez que sujeito, sempre, à confirmação ulterior da Corte Superior que reapreciará, em toda a sua extensão, a existência ou não dos pressupostos legitimadores da interposição do recurso.[655]

Conforme a Corte Superior, portanto, é lícito ao relator reapreciar o juízo de admissibilidade do recurso e eventualmente negar-lhe seguimento, pois além de o

---

[652] ASSIS, Araken de. *Manual dos recursos*. São Paulo: Revista dos Tribunais, 2007, p. 206.

[653] MENDES, Leonardo Castanho. O juízo de admissibilidade recursal e a preclusão. *Direito Federal: Revista da AJUFE*. Campinas: Bookseller, n. 63, p. 210, jan/jun 2000.

[654] DIDIER JÚNIOR, Fredie. *Curso de direito processual civil*. 10. ed. Salvador: JusPodivm, 2008, p. 514. (teoria geral do processo e processo de conhecimento; v. 1).

[655] BRASÍLIA. Superior Tribunal de Justiça. 1ª Turma. Agravo Regimental no Agravo de Instrumento nº 1186012/SP. Relator: Ministro Hamilton Carvalhido, j. 24/11/2009, *Diário de Justiça Eletrônico*, de 04 de dezembro de 2009. Disponível em: <www.stj.jus.br>. Acesso em: 11 abr. 2010.

exame provisório realizado pelo relator do acórdão recorrido não vincular, trata-se de matéria de ordem pública, passível de reexame a qualquer tempo.[656]

Leonardo Castanho Mendes aponta, no entanto, situação digna de nota, sustentando que, havendo pronunciamento do próprio órgão a quem compete o julgamento do recurso sobre sua admissibilidade, não parece razoável que o mesmo órgão possa, em um segundo exame, pronunciar-se pela inadmissibilidade do mesmo recurso. Exemplificando a questão, menciona o autor a hipótese de trancamento do recurso de apelação: se esta é inadmitida no juízo de origem e o colegiado, provocado via agravo de instrumento, afirma sua admissibilidade, não pode posteriormente, no pensar do autor, voltar atrás. A definitividade do pronunciamento reside em ter ele emanado, precisamente, do mesmo órgão a quem caberá futuramente a apreciação da própria apelação, pois seria contraditório admitir que o colegiado dissesse, num momento, por exemplo, que a apelação é tempestiva, e, depois, recebidos os autos principais, proferisse juízo negativo, deixando de conhecer do apelo, sob fundamento de sua intempestividade.[657]

De fato, não são desejáveis no processo as contradições, cabendo evitá-las, tanto quanto possível. Em se tratando de juízo de admissibilidade, porém, o sistema vigente consagra a provisoriedade, já tendo o Superior Tribunal de Justiça decidido que a decisão do tribunal que dá provimento ao agravo versando sobre a admissibilidade de apelação configura juízo de admissibilidade positivo e provisório do recurso, de modo que o pronunciamento acerca do mérito do agravo apenas autoriza o processamento da apelação, não constituindo óbice ao novo exame dos requisitos de admissibilidade recursais pelo tribunal no momento em que for julgar o apelo.[658]

5.2.8. Antecipação de tutela

Dispõe o art. 273, § 4º, do Código de Processo Civil que "a tutela antecipada poderá ser revogada ou modificada a qualquer tempo, em decisão fundamentada".

Um exame pouco aprofundado do dispositivo poderia sugerir uma exceção à regra da sujeição do juiz à preclusão, levando a crer que, em sede de antecipação de tutela, seria dado ao magistrado simplesmente rever sua decisão sobre uma mesma

---

[656] BRASÍLIA. Superior Tribunal de Justiça. 2ª Turma. Recurso especial nº 883879/PR. Relatora: Ministra Eliana Calmon, j. 09/06/2009. *Diário de Justiça Eletrônico*, de 25 de junho de 2009. Disponível em: <www.stj.jus.br>. Acesso em: 11 abr. 2010. BRASÍLIA. Superior Tribunal de Justiça. 1ª Turma. Agravo regimental no recurso especial nº 730.453/MG. Relator: Ministro Teori Albino Zavascki, j. 03/12/2009. *Diário de Justiça Eletrônico*, de 15 de dezembro de 2009. Disponível em: <www.stj.jus.br>. Acesso em: 11 abr. 2010.

[657] MENDES, Leonardo Castanho. O juízo de admissibilidade recursal e a preclusão. *Direito Federal: Revista da AJUFE*, Campinas: Bookseller, n. 63, p. 214, jan/jun 2000.

[658] BRASÍLIA. Superior Tribunal de Justiça. 2ª Turma. Recurso Especial nº 1099554/SP. Relator: Ministro Castro Meira, j. 09/06/2009. *Diário de Justiça Eletrônico*, de 23 de junho de 2009. Disponível em: <www.stj.jus.br>. Acesso em: 11 abr. 2010.

questão, a qualquer tempo, bastando fundamentar a decisão. Não é essa, porém, a exegese preconizada pela melhor doutrina.

De um modo geral, vem sendo difundida a tese de que a revogação ou modificação da decisão tem como pressuposto uma modificação no estado de coisas, uma alteração da situação fática que a justifique. Não se trata de decisão a salvo da preclusão, que, à falta de elementos novos, obsta novo pronunciamento; trata-se, sim, de nova questão sujeita a exame, ou de nova nuance da questão examinada, capaz de alterar o cenário fático de modo a legitimar nova decisão.

Nesse sentido, esclarece Marinoni que os pressupostos para a revogação ou modificação da tutela nada têm a ver com a matéria que pode ser posta em sede de agravo pela parte que se sinta prejudicada. As razões que permitem a revogação ou a modificação da tutela, quando não interposto recurso, são as "novas circunstâncias", vale dizer, são "outras razões", no sentido de razões que não foram antes apresentadas.[659]

Embora a lei não o diga expressamente, há, pois, uma ressalva quanto ao poder dado ao juiz pelo § 4º do art. 273 do Código de Processo Civil: a revogação ou modificação pressupõe a vinda aos autos de elementos novos, que tenham alterado as circunstâncias originárias ou a convicção do juiz. Não basta a mudança de opinião deste, tanto que há necessidade de a revogação ou modificação ser fundamentada, com a indicação dos elementos novos que a justificaram.[660]

Também Teresa Arruda Alvim Wambier adverte que o juiz também não pode, pura simplesmente, "voltar atrás" no que diz respeito à decisão concessiva de antecipação de tutela. Anota a processualista uma distinção entre as hipóteses dos incisos I e II do art. 273, ponderando que a impossibilidade de revisão adquire foros de regra quase absoluta nos casos enquadráveis no inciso II, já que aí se trata de casos de antecipação de tutela propriamente dita, muito semelhante às liminares das ações possessórias, a respeito das quais predomina a tese da impossibilidade de que o juiz altere sua decisão. O mesmo já não ocorre, no seu sentir, com a decisão antecipatória de tutela baseada no inciso I, que tem feições cautelares, o que faz com que o juiz possa revogá-la, ou conceder a anteriormente negada, em face do surgimento ou do desaparecimento da situação de perigo. De todo modo, embora ressalvando que isso tende a ocorrer com muito mais frequência nas hipóteses contempladas no inciso I, sintetiza a autora, na esteira do entendimento majoritário, que a regra do art. 273, § 4º, se aplica à circunstância de "*haver alterações que justifiquem a mudança da decisão*".[661]

A revogação, segundo Calmon de Passos, assenta no fato de se ter verificado, subsequentemente, a inexistência dos pressupostos que autorizaram a anteci-

---

[659] MARINONI, Luiz Guilherme. *A antecipação da tutela*. 8. ed. São Paulo: Malheiros, 2004, p. 194.

[660] GONÇALVES, Marcus Vinícius Rios. *Novo curso de direito processual civil*. 2. ed. São Paulo: Saraiva, 2005, v. 1, p. 302.

[661] WAMBIER, Teresa Arruda Alvim. *Os agravos no CPC brasileiro*. 4. ed. São Paulo: Revista dos Tribunais, 2006, p. 503.

pação da tutela, quer por nunca terem existido, quer por terem deixado de existir, sobrevindo uma situação de fato ou de direito que desautoriza a permanência da antecipação.[662] A lição, conquanto correta, deve ser examinada com alguma cautela, pois se os pressupostos para a concessão da antecipação de tutela nunca existiram, é preciso que circunstância nova (uma prova, por exemplo) venha a demonstrá-lo, pois do contrário se estaria admitindo a correção, sem recurso, do erro de julgamento, o que é claramente contrário ao sistema.

Mais clara, no particular, é a lição de Marinoni: não é somente a alteração da situação de fato objeto da lide que permite a modificação ou a revogação da tutela, mas também o surgimento, derivado do desenvolvimento do contraditório, de uma outra evidência sobre a situação de fato, como é o caso da produção de prova que pode alterar a convicção do julgador acerca da situação fática.[663]

Tratando-se de decisão a respeito de antecipação de tutela, o que se tem, portanto, não é hipótese de exclusão da preclusão. Lançada a decisão, não se admite sua revisão pela simples mudança de entendimento do magistrado. É preciso, para o exercício legítimo do poder a que alude o § 4º do art. 273 do Código de Processo Civil, que aos autos aporte elemento novo, capaz de justificar a revogação ou modificação, à míngua do qual a decisão anterior não pode ser alterada, pois operada a preclusão.

---

[662] CALMON DE PASSOS, José Joaquim. *Comentários ao Código de Processo Civil.* 9. ed. Rio de Janeiro: Forense, 2004, v. III, p. 69.
[663] MARINONI, Luiz Guilherme. *A antecipação da tutela.* 8. ed. São Paulo: Malheiros, 2004, p. 194.

6. Institutos afins

6.1. DECADÊNCIA

Não é incomum a confusão entre preclusão e decadência, que tem raízes na época em que não se conhecia uma ciência processual autônoma.[664]

A confusão, na avaliação de Fredie Didier Júnior, pode surgir da ideia de tempo e inércia, que estabelece um liame entre os conceitos: "Caducidade é a designação genérica para a perda de uma situação jurídica. A preclusão e a decadência são exemplos de caducidade".[665] De comum, portanto, guardam tais institutos o elemento *tempo;* mesmo assim, somente se considerada a espécie de preclusão temporal.[666]

O aspecto temporal aparece em ambos os institutos. Também a decadência decorre do decurso de um prazo peremptório.[667] Para Manoel Caetano Ferreira Filho, é indispensável que se aceite a identidade ontológica entre preclusão temporal e decadência, pois, na essência, trata-se de um mesmo fenômeno, ou seja, da perda de um direito por não ter sido exercido dentro do prazo estabelecido. Tanto a preclusão quanto a decadência, anota, têm em comum o caráter extintivo de direito.[668]

Nessa similitude, aliás, repousava, em boa medida, a crítica de Attardi (*supra*, 1.2) ao conceito de preclusão. Segundo o crítico da construção de Chiovenda, as circunstâncias que se indicam como causa de extinção de poderes processuais – in-

---

[664] ROCHA, José de Moura. Preclusão, decadência e prescrição. *Revista Jurídica.* Porto Alegre: Sulina, n. 60, ano 10, p. 09, 1962.
[665] DIDIER JÚNIOR, Fredie. *Curso de direito processual civil.* 10. ed. Salvador: *Jus*Podivm, 2008, p. 279. (Teoria geral do processo e processo de conhecimento; v. 1).
[666] FERRAZ, Cristina. *Prazos no processo de conhecimento:* preclusão, prescrição, decadência, perempção, coisa julgada material e formal. São Paulo: Revista dos Tribunais, 2001, p. 84.
[667] COMOGLIO, Luigi Paolo; FERRI, Corrado; TARUFFO, Michele. *Lezioni sul processo civile.* 2. ed. Bologna: Il Mulino, 1998, p. 328.
[668] FERREIRA FILHO, Manoel Caetano. *A preclusão no direito processual civil.* Curitiba: Juruá, 1991, p. 65.

clusive o decurso infrutuoso de um termo fixado em lei – não são exclusivas do direito processual, aparecendo frequentemente também no direito material.[669]

Não bastasse, em que pese a magnitude dos esforços de Chiovenda para isolar cientificamente o instituto da preclusão e a vasta bibliografia existente sobre o tema, tratado pelos processualistas italianos com total familiaridade, ainda se vê, em doutrina e na própria legislação italiana, o emprego do termo *decadenza* para designar situações claras de preclusão,[670] contribuindo para anuviar o cenário.

No entanto, mesmo que os institutos muito se assemelhem, por envolverem ambos uma situação de perda decorrente do decurso do tempo, existem diferenças substanciais entre eles, suficientes para evitar qualquer tipo de confusão. Essas diferenças se observam, de fato, em vários aspectos, seja quanto ao objeto, quanto à natureza, quanto à finalidade dos institutos ou quanto aos sujeitos por eles atingidos.

O objeto da decadência são direitos substanciais; o da preclusão, direitos, faculdades ou poderes processuais.[671] Os efeitos da decadência verificam-se fora do processo, impedindo que ele se inicie por força do desaparecimento do próprio direito cuja tutela se reclamaria. A decadência extingue o próprio direito material, a pretensão; a preclusão tem seus efeitos limitados ao processo em que ocorreu,[672] atingindo não a substância do direito pleiteado, mas apenas a possibilidade de se exercer certa faculdade no bojo da relação jurídica processual, com vistas a defendê-lo ou infirmá-lo.

A decadência, no dizer de Arruda Alvim, é um prazo estabelecido por lei para o exercício de uma pretensão ou de um determinado poder. Ocorrendo a decadência, isto é, verificando-se que não foi utilmente usado dentro de um determinado prazo o direito, estará o mesmo (o próprio direito) definitivamente morto.[673] Nem mesmo se poderá instaurar a relação processual, que, por força da extinção do direito material, perde sua razão de ser.

---

[669] ATTARDI, Aldo. Preclusione (principio di). In: *Enciclopedia del diritto*. Milano: Giuffrè, 1985, v. XXXIV, p. 900-901.

[670] Em doutrina, é o caso de Michele Comastri (COMASTRI, Michele. Osservazione in tema di cumulo processuale e sistema delle preclusioni nel processo ordinario di cognizione. *Rivista Trimestrale di Diritto e Procedura Civile*. Milano: Dott. A. Giuffrè, anno LIX, n. 3, p. 905, set. 2005). Sobre a confusão terminológica na Itália, Eduardo Grasso esclarece que *decadenza* é vocábulo que pertence ao léxico do direito substancial e não se refere ao processo, de modo que, na lei processual, o termo *decadenza* não exprime coisa diversa da preclusão, como impossibilidade de atender a um ônus imposto e não atendido anteriormente (GRASSO, Eduardo. *Interpretazione della preclusione e nuovo processo civile in primo grado*. *Rivista di Diritto Processuale*. Padova: CEDAM, v. 48, p. 644, jul./set. 1993). No *Codice di Procedura Civile*, o termo ainda aparece, por exemplo, nos arts. 152, 154, 167, 208, 269, 333, todos consagradores de hipóteses de preclusão.

[671] FERREIRA FILHO, Manoel Caetano. *A preclusão no direito processual civil*. Curitiba: Juruá, 1991, p. 66.

[672] Ibidem, p. 66. Nesse sentido é também a lição de José de Moura Rocha: "A preclusão diz respeito à dinâmica do procedimento e não envolve, em nenhuma hipótese, questão de direito material". (ROCHA, José de Moura. Preclusão, decadência e prescrição. *Revista Jurídica*. Porto Alegre: Sulina, n. 60, ano 10, p. 11, 1962).

[673] ARRUDA ALVIM, José Manoel de. *Manual de direito processual civil*. 11. ed. São Paulo: Revista dos Tribunais, 2007, v. 11, p. 496.

A preclusão, por outro lado, nada tem a ver com a extinção ou sobrevida do direito posto em causa. Só se cogita de preclusão no curso de uma relação processual, caracterizando-se ela pela perda de uma oportunidade oferecida à parte de praticar certo ato na defesa de seus próprios interesses. A preclusão, embora possa prejudicar o êxito na ação pelo desatendimento de um ônus, não extingue nenhum direito material, não retira à parte nenhuma pretensão.

Situando-se um na órbita do direito material e outro na esfera puramente processual, vê-se que os dois institutos não se confundem, atuando em planos claramente distintos. A decadência impede o exercício do direito em qualquer processo, ao contrário da preclusão, cujos efeitos estão restritos à relação processual onde ocorreu.[674] A decadência, portanto, se distancia da preclusão por se referir, em regra, à perda de direitos pré-processuais, enquanto a preclusão temporal refere-se sempre à perda de faculdades ou poderes processuais.[675]

Sendo uma impossibilidade material de praticar o ato, a decadência não sofre influência do acontecimento de força maior ou da justa causa (art. 183 do Código de Processo Civil), é irreversível e não há como repor a causa ao *status quo* anterior. No caso da preclusão, o dispositivo em questão enseja ao interessado a oportunidade de provar que sua omissão não foi culposa.[676]

No tocante à natureza jurídica da decadência e da preclusão, também há clara distinção entre ambas. A decadência tem no fator tempo um verdadeiro *requisito* do ato a ser praticado, pelo que se pode dizer ser ela uma sanção decorrente da inobservância do prazo preestabelecido em lei para o exercício de um direito.

A preclusão, porém, como visto alhures (*supra*, 1.3) não é sanção. Seus efeitos se produzem, não como providência sancionadora, mas sim para impedir a quem perdeu um prazo o retorno do processo à fase anterior.[677]

De fato, tem a decadência uma clara conotação de punição pela inércia do titular do direito, pelo desrespeito ao prazo legal estabelecido para seu exercício em face do adversário. A preclusão, ao contrário, não guarda relação com qualquer situação de descumprimento de obrigação ou de dever da parte, mas tão somente com o desatendimento de um ônus processual, cujas consequências poderão atingir ou não o interessado.

A decadência é, pois, uma sanção processual em consequência da deficiência do requisito temporal do ato jurídico processual; a preclusão, como também já visto acima, é um fato processual impeditivo, que torna incompatível o exercício de uma faculdade ou de um direito.[678]

---

[674] MARQUES, José Frederico. *Instituições de direito processual civil*. v. II. 3. ed. Rio de Janeiro: Forense, 1966, p. 290.
[675] DIDIER JÚNIOR, Fredie. *Curso de direito processual civil*. 10. ed. Salvador: *Jus*Podivm, 2008, p. 279. (Teoria geral do processo e processo de conhecimento; v. 1).
[676] TORNAGHI, Hélio. *Comentários ao Código de Processo Civil*. v. 2. São Paulo: Revista dos Tribunais, 1975, p. 71.
[677] MARQUES, op. cit., p. 290-291.
[678] RICCIO, Stefano. *La preclusione processuale penale*. Milano: Giuffrè, 1951, p. 69.

Quanto à finalidade, também há manifestações doutrinárias apontando distinções entre a preclusão e a decadência. Segundo Manoel Caetano Ferreira Filho e Maurício Giannico, a decadência visa à paz e à harmonia social, à certeza das relações, enquanto a preclusão tem por escopo tornar o processo mais célere e ordenado, impulsionando-o rumo a seu fim último, qual seja, a entrega do provimento final de mérito.[679]

Como destacado no item 3.3.3, *supra*, há também na preclusão certa preocupação com a segurança e a certeza nas relações, que guardam estreita relação com a ordenação do processo. Daí se questionar até que ponto a exigência de certeza pode ser considerada traço distintivo entre a decadência e a preclusão. O que parece claro, porém, é que, na preclusão, se cuida de preservar a segurança e a confiança dentro de uma relação processual existente, enquanto na decadência se trata de preservar a paz social impedindo o exercício de um direito, uma vez decorrido certo lapso de tempo.

Por fim, quanto aos sujeitos envolvidos, como anota Fernando Rubin, outro ponto de distinção entre os dois institutos é que a decadência abrange só a (falta de) atitude do autor, enquanto a preclusão abrange a impossibilidade de nova atuação, na esfera do processo, do autor, do réu e até mesmo do juiz.[680]

6.2. PRESCRIÇÃO

Tampouco com a prescrição se poderia confundir a preclusão, embora semelhanças existam, de fato, entre uma e outra. A prescrição, como ocorre com a preclusão temporal, é também um prazo, dentro do qual, eficientemente, pode ser exercitado o direito (no caso, o direito de ação).[681] Novamente, as ideias de tempo e de perda (fundamentalmente, a ideia de uma perda associada ao decurso de um lapso de tempo) podem contribuir para gerar alguma confusão, embora se trate de figuras jurídicas muito distintas.

O próprio conceito de prescrição foi, durante muito tempo, controverso. Hesitou a doutrina entre conceituá-la como perda do próprio direito de ação[682] ou como perda da pretensão. Explicava-se a celeuma porque, à época da promulgação do Código Civil de 1916, em que a ciência processual ainda buscava firmar plena autono-

---

[679] FERREIRA FILHO, Manoel Caetano. *A preclusão no direito processual civil*. Curitiba: Juruá, 1991, p. 66; GIANNICO, Maurício. *A preclusão no direito processual civil brasileiro*. 2. ed. São Paulo: Saraiva, 2007, p. 93.

[680] RUBIN, Fernando. *O instituto da preclusão na dinâmica do processo civil*. Dissertação de Mestrado defendida perante a Universidade Federal do Rio Grande do Sul, 2009, p. 56. (Orientador Prof. Dr. Carlos Alberto Alvaro de Oliveira).

[681] ARRUDA ALVIM, José Manoel de. *Manual de direito processual civil*. 11. ed. São Paulo: Revista dos Tribunais, 2007, v. 1, p. 496.

[682] Nesse sentido, buscando distinguir os institutos ora cotejados, escreve Manoel Caetano Ferreira Filho: "Ora, se o que prescreve é o próprio direito de ação, não há como se confundir a perda deste direito, com a perda do direito à prática de um ato processual, pois este supõe o regular exercício daquele". (FERREIRA FILHO, Manoel Caetano. *A preclusão no direito processual civil*. Curitiba: Juruá, 1991, p. 61).

mia, não se vislumbrava claramente a distinção entre o direito de ação em si (público, abstrato, de natureza processual e indisponível) e o próprio direito material violado. O Código Civil de 2002, no entanto, esvaziou (ou ao menos assim pretendeu) os questionamentos, ao dispor, no art. 189, que a prescrição atinge a *pretensão*.[683]

Seja como for (quer se aderindo ao entendimento de que a prescrição atinge o direito de ação, quer se aderindo ao pensamento de que ela fulmina a pretensão), para fins de diferenciá-la da preclusão, importa apenas referir que esta não atinge nem uma coisa nem outra; atinge, isso sim, direitos ou faculdades processuais.[684]

Da prescrição distingue-se a preclusão por não dizer respeito à subsistência ou não de um direito de ação ou à viabilidade ou não de exercício de uma pretensão, mas, sim, ao exercício ou não de uma faculdade processual circunscrita, por sua própria finalidade, ao âmbito do processo.[685] A prescrição, em outras palavras, é fenômeno que se revela fora do ambiente processual, enquanto a preclusão incide dentro da esfera do processo.[686]

Portanto, pode-se concluir que, enquanto a prescrição se relaciona, em princípio, aos direitos a uma prestação de cunho material, a preclusão temporal refere-se, tão somente, a faculdades ou poderes de cunho processual.[687] A prescrição obsta o exercício de um direito, impedindo a própria formação da relação processual, que não chegará a existir, enquanto a preclusão obsta o exercício de uma faculdade dentro de uma relação processual existente.

Outro traço distintivo também trazido pela doutrina diz respeito ao fato de a prescrição ter como escopos a paz e a harmonia social,[688] não se podendo dizer o mesmo da preclusão. Quanto a esse ponto, já se registrou concordância apenas parcial (*supra*, 6.1), uma vez que não se pode negar à preclusão um viés pacificador, ainda que limitado ao regular desenvolvimento do processo.

6.3. COISA JULGADA

6.3.1. Coisa julgada material

Não enfrenta graves obstáculos a doutrina em distinguir da preclusão a coisa julgada material. Tal distinção, na verdade, é praticamente intuitiva, marcada já de forma indelével nos operadores do direito.

---

[683] GAGLIANO, Pablo Stolze; PAMPLONA FILHO, Rodolfo. *Novo curso de direito civil – parte geral*. 11. ed. São Paulo: Saraiva, 2008, v. I, p. 455-458.

[684] GIANNICO, Maurício. *A preclusão no direito processual civil brasileiro*. 2. ed. São Paulo: Saraiva, 2007, p. 94.

[685] MARCATO, Antônio Carlos. Preclusões: limitação ao contraditório? *Revista de Processo*. São Paulo: Revista dos Tribunais, v. 5, n. 17, p. 108, jan./mar. 1980.

[686] GIANNICO, op. cit., p. 94.

[687] DIDIER JÚNIOR, Fredie. *Curso de direito processual civil*. 10. ed. Salvador: *Jus*Podivm, 2008, p. 280. (Teoria geral do processo e processo de conhecimento; v. 1).

[688] GIANNICO, Maurício. *A preclusão no direito processual civil brasileiro*. 2. ed. São Paulo: Saraiva, 2007, p. 94.

Para Chiovenda, a coisa julgada nada mais é que a *res in iudictium deducta* após ter sido julgada, ou, em outras palavras, o bem da vida perseguido em juízo depois que o juiz o reconheceu ou negou e assim se tornou incontestável.[689] Sintetizando seu pensar, afirma o mestre italiano que a coisa julgada é a eficácia própria da sentença que acolhe ou rejeita a demanda.[690]

A partir dessa clássica lição extraiu a doutrina tratar-se a coisa julgada de efeito ou eficácia da sentença, entendimento que perdurou durante razoável lapso de tempo e que influenciou a redação do art. 467 do nosso Código de Processo Civil: "Denomina-se coisa julgada material a eficácia, que torna imutável e indiscutível a sentença, não mais sujeita a recurso ordinário ou extraordinário".

Partiu de Liebman a provocação que redundaria na revisão da compreensão da coisa julgada. Na consagrada obra *Eficácia e Autoridade da Sentença*, assim o grande processualista pôs o problema:

> Considerar a coisa julgada como efeito da sentença e ao mesmo tempo admitir que a sentença, ora produz simples declaração, ora efeito constitutivo, assim de direito substantivo, como de direito processual, significa colocar frente a frente elementos inconciliáveis, grandezas incongruentes e entre si incomensuráveis. Seria, pois, a coisa julgada um efeito que se põe ao lado deles e no mesmo nível e se sobrepõe a eles e os abrange? Ou é, pelo contrário, antes uma qualidade desses efeitos, um modo de ser deles, a intensidade com que se produzem?[691]

Em resposta ao questionamento, criticando entendimentos doutrinários até então largamente difundidos, concluiu Liebman que "a autoridade da coisa julgada não é efeito da sentença, como postula a doutrina unânime, mas, sim, modo de manifestar-se e produzir-se dos efeitos da própria sentença, algo que a esses efeitos se ajunta para qualificá-los e reforçá-los em sentido bem determinado".[692]

A construção de Liebman granjeou muitos e respeitáveis adeptos, tornando-se praticamente um consenso entre nós. A doutrina processual pátria, desde a absorção da lição de Liebman, trata a coisa julgada como qualidade da sentença transitada em julgado que a torna intagível, inalterável. É o que se colhe, por exemplo, das atuais lições de Talamini[693] e de Barbosa Moreira,[694] dentre tantos outros.[695]

---

[689] CHIOVENDA, Giuseppe. *Cosa giudicata e preclusione*. In: *Saggi di diritto processuale civile*. Milão: Giuffrè, 1993, v. 3, p. 235.

[690] CHIOVENDA, Giuseppe. *Instituições de direito processual civil*. 3. ed. Tradução da 2ª edição italiana por J. Guimarães Menegale, acompanhada de notas pelo Prof. Enrico Tullio Liebman. São Paulo: Saraiva, 1969, v. I, p. 374.

[691] LIEBMAN, Enrico Tullio. *Eficácia e autoridade da sentença e outros escritos sobre a coisa julgada*. Tradução de Alfredo Buzaid e Benvindo Aires; trad. textos posteriores à edição de 1945 e notas relativas ao direito brasileiro vigente de Ada Pellegrini Grinover. 4. ed. Rio de Janeiro: Forense, 2006, p. 05.

[692] Ibidem, p. 41.

[693] TALAMINI, Eduardo. *Coisa julgada e sua revisão*. São Paulo: Revista dos Tribunais, 2005, p. 30.

[694] BARBOSA MOREIRA, José Carlos. *O novo processo civil brasileiro*. 25 ed. Rio de Janeiro: Forense, 2007, p. 183.

[695] Em sentido semelhante, ensina Frederico Marques: "A res judicata torna imutáveis os efeitos da sentença e impede, assim, que entre as partes se renove a discussão sobre o mérito da pretensão decidida. Ela qualifica os

A coisa julgada material, portanto, se constitui em uma qualidade da sentença transitada em julgado – chamada, pela lei (art. 467 do Código de Processo Civil), de eficácia – que é capaz de outorgar ao ato jurisdicional as características da imutabilidade e da indiscutibilidade.[696]

Essa nota de indiscutibilidade é fator que aproxima os institutos da coisa julgada e da preclusão. As semelhanças entre ambos foram reconhecidas por Chiovenda e tomadas como ponto de partida para a individualização da preclusão. Identificou o renomado processualista a existência de certa relação entre os institutos: a coisa julgada contém em si a preclusão de qualquer questão futura, ou seja, tem por pressuposto a preclusão das impugnações.[697]

De fato, somente depois da preclusão de todas as questões propostas advirá a coisa julgada, com o seu caráter de afirmação indiscutível e obrigatória de uma vontade concreta da lei.[698] A incontestabilidade da sentença definitiva supõe a preclusão do direito a impugná-la tanto em seu efeito quanto em seu conteúdo, de forma que a preclusão pode ser considerada um elemento da coisa julgada. Ambas, além disso, têm em comum o fato de impedirem uma nova discussão.[699]

Há, no entanto, clara diferença entre os institutos. A coisa julgada, ainda na lição de Chiovenda, consiste em que, pela suprema exigência da ordem e da segurança da vida social, a situação das partes fixada pelo juiz com respeito ao bem da vida (*res*) que foi objeto de contestação não mais se pode, daí por diante, contestar. A autoridade da coisa julgada é destinada a agir no futuro, com relação aos futuros processos. Pelo contrário, a solução adotada pelo juiz para as questões lógicas suscitadas no curso do processo, concernentes a pontos processuais ou substanciais, de fato ou de direito, por ser preparatória da decisão de acolhimento ou de rejeição da pretensão, não tem a eficácia peculiar à coisa julgada material, mas sim eficácia mais restrita, imposta por exigências de ordem e de segurança no desenvolvimento do processo e pela necessidade de fixar seu resultado, que consiste na preclusão da faculdade de renovar a mesma questão no mesmo processo.[700]

No rastro de Chiovenda, José Frederico Marques assinala que a preclusão não se confunde com a coisa julgada, porque os efeitos daquela ficam limitados e confinados ao processo, enquanto os da coisa julgada material se irradiam para

---

efeitos de uma decisão definitiva, ou seja, de um pronunciamento a respeito da lide que foi objeto do processo". (FREDERICO MARQUES, José. *Instituições de direito processual civil*. 3. ed. Rio de Janeiro: Forense, 1966, v. II, p. 288-289).

[696] PORTO, Sérgio Gilberto. *Coisa julgada civil*. 3. ed. São Paulo: Revista dos Tribunais, 2006, p. 65.

[697] CHIOVENDA, Giuseppe. *Instituições de direito processual civil*. 3. ed. (Tradução da 2ª edição italiana por J. Guimarães Menegale, acompanhada de notas pelo Prof. Enrico Tullio Liebman). São Paulo: Saraiva, 1969, v. I, p. 374.

[698] BARBOSA, Antônio Alberto Alves. Preclusão e coisa julgada. *Revista dos Tribunais*. São Paulo: Revista dos Tribunais, v. 365, ano 55, p. 24, mar. 1966.

[699] ALSINA, Hugo. *Tratado teórico práctico de derecho procesal civil y comercial*. Tomo I. Buenos Aires: Compañia Argentina de Editores, 1941, p. 264.

[700] CHIOVENDA, op. cit., p. 374-375.

fora dele, impedindo o reexame das questões decididas por qualquer outro juízo ou tribunal.[701]

É dizer: enquanto a preclusão opera efeitos somente no bojo de uma relação processual, impedindo rediscussões e retrocessos em um mesmo processo, a coisa julgada material tem o condão de impedir que as discussões travadas em um certo processo venham a se reproduzir em outro. O efeito preclusivo (a ideia de "perda" linhas atrás descrita) está presente em ambos os institutos, mas na preclusão é de menor extensão, influindo apenas no processo em que foi criado (efeito preclusivo endoprocessual), ao passo que, na coisa julgada material, é de maior extensão, operando não só no processo em que foi criado como também em futuros processos (efeito preclusivo pan-processual).[702]

Traço distintivo relevante, portanto, é que os efeitos da preclusão confinam-se à relação processual e exaurem-se no processo,[703] ao contrário do que ocorre com a coisa julgada material. Mais do que isso, porém, a coisa julgada material se distingue da preclusão por dizer respeito à própria questão de fundo debatida, ao mérito da causa. Em que pese controversa a noção de mérito, que encerra em si infindáveis debates sobre os quais não se pretende, pelos limites do presente estudo, lançar quaisquer notas conclusivas, basta por ora que se compreenda que a coisa julgada material impede o revolvimento de questionamentos sobre o próprio direito posto em causa, após seu julgamento. É, pois, profunda a diferença entre preclusão e coisa julgada material, pois esta se funda na preclusão da questão de fundo, produzindo a indiscutibilidade da existência ou inexistência da vontade da lei em questão.

A coisa julgada substancial pressupõe processo findo e torna preclusas todas as questões possíveis relativas ao fundo. Em contrapartida, durante o processo, podem precluir particulares questões de fundo, sem que isso produza a coisa julgada, uma vez que, enquanto o processo está em curso, podem propor-se novas questões e exceções, que podem, inclusive, privar de importância prática a preclusão.[704] Em conclusão, nas palavras de Riccio, a coisa julgada incide sobre uma relação substancial, enquanto ato de especialização da vontade da lei, consistente, no processo penal, na condenação ou na absolvição[705] ou, no processo civil, no juízo de procedência ou de improcedência.

A *res judicata* qualifica os efeitos de uma decisão definitiva, ou seja, de um pronunciamento a respeito da lide que foi objeto do processo. A preclusão, ao revés, se exaure no processo. Não só é irrelevante além da relação processual em

---

[701] MARQUES, José Frederico. *Manual de direito processual civil. Processo de conhecimento – 1ª parte*. São Paulo: Saraiva, 1974, v. II, p. 170-171.

[702] GUIMARÃES, Luiz Machado. *Estudos de direito processual civil*. Rio de Janeiro – São Paulo: EJU, 1969, p. 32.

[703] CINTRA, Antônio Carlos Araújo; GRINOVER, Ada Pellegrini; DINAMARCO, Cândido Rangel. *Teoria geral do processo*. 22. ed. São Paulo: Malheiros, 2006, p. 351.

[704] CHIOVENDA, Giuseppe. *Princípios de derecho procesal civil*. Tomo II. Madrid: Reus, 1925, p. 360.

[705] RICCIO, Stefano. *La preclusione processuale penale*. Milano: Giuffrè, 1951, p. 94.

que ocorreu, como também não impede o novo exame da questão em outro processo.[706] Existe coisa julgada substancial quando à condição de inimpugnável no mesmo processo se une a imutabilidade da sentença mesmo em outro juízo posterior.[707]

Feitas essas distinções, parece feliz a síntese de José Frederico Marques:

> Pelos seus efeitos e seu objeto, é que se distinguem preclusão e coisa julgada: aquela exaure seus efeitos no processo e não incide sobre o mérito da causa, de forma direta e imediata; já a *res judicata* projeta-se fora do processo e tem por conteúdo os efeitos de decisão proferida sôbre o mérito do litígio.[708]

Em que pese a clareza e correção da distinção, há um ponto ainda destacado pela doutrina ao discernir entre preclusão e coisa julgada material. Para Humberto Theodoro Júnior, o que mais distingue os dois fenômenos processuais é que a coisa julgada ocorre no encerramento da relação processual, objetivando tornar definitiva e indiscutível a situação jurídica definida pela sentença; já a preclusão é evento que ocorre, também, durante a marcha do processo e, portanto, quase sempre antes da sentença.[709]

A coisa julgada, assim, é fenômeno atinente exclusivamente às sentenças (especificamente à sua parte dispositiva) não mais sujeitas a recurso, não dizendo respeito às decisões interlocutórias, sujeitas apenas à preclusão. Esta atua em todas as fases do processo, incidindo ao longo de todas as etapas de sua marcha e não somente em seu momento final.[710]

Por fim, exatamente pela diversidade na profundidade dos efeitos de um e outro instituto, anota Vicente Chermont de Miranda que há também diversidade nas consequências produzidas pela lei nova sobre as sentenças, conforme se trate de coisa julgada ou de preclusão. A coisa julgada, via de regra, resiste à lei nova e, até mesmo, à lei interpretativa, ao passo que a preclusão é sensível à ação do novo texto legal.[711]

Para Alves Barbosa, esse é um ponto importante de distinção. Com apoio em Chiovenda, inclina-se por concluir que a lei nova prevalece sobre a preclusão: "a vontade do legislador esbarra contra a coisa julgada em sentido substancial e não contra a preclusão".[712]

---

[706] MARQUES, José Frederico. *Instituições de direito processual civil*. 3. ed. Rio de Janeiro: Forense, 1966, v. II, p. 288.
[707] COUTURE, Eduardo Juan. *Fundamentos del derecho procesal civil*. 3. ed. (póstuma). Buenos Aires: Roque Depalma, 1958, p. 418.
[708] MARQUES, op. cit., p. 288-289.
[709] THEODORO JÚNIOR, Humberto. A preclusão no processo civil. *Revista dos Tribunais*. São Paulo: Revista dos Tribunais, v. 784, p. 25, fev. 2001.
[710] GIANNICO, Maurício. *A preclusão no direito processual civil brasileiro*. 2. ed. São Paulo: Saraiva, 2007, p. 99-102.
[711] MIRANDA, Vicente Chermont de. Preclusão e coisa julgada. *Revista Forense*, v. 38, n. 85, p. 420, jan. 1941.
[712] BARBOSA, Antônio Alberto Alves. Preclusão e coisa julgada. *Revista dos Tribunais*. São Paulo: Revista dos Tribunais, v. 365, ano 55, p. 26, mar. 1966.

6.3.2. Coisa julgada formal

Enquanto a distinção entre a preclusão e a coisa julgada material encontra certa uniformidade doutrinária, a diferenciação entre aquela e a coisa formal constitui *"grande tormento da doutrina ortodoxa e de vanguarda"*.[713]

Nada a estranhar a dificuldade da tarefa, pois a coisa julgada formal tem grande semelhança com a preclusão. Ela é, segundo expressão corrente, a "preclusão máxima".

Segundo esforçou-se em demonstrar Chiovenda, porém, preclusão de questões nada tem a ver com coisa julgada:

> As duas coisas só apresentam isto de comum: que em todos esses casos há questões que *não se podem mais suscitar*, ao passo que, segundo salientamos, a coisa julgada também repousa sobre a preclusão das questões. Mas se o expediente (preclusão de questões), considerado em si, se nos afigura sempre o mesmo, varia enormemente, de caso em caso, a finalidade com que o expediente se emprega. *A processo ultimato*, a preclusão tem a função de garantir a intangibilidade do resultado do processo, isto é, o reconhecimento ou o desconhecimento de um bem, a fim de que a vida social se desenvolva, quanto possível, segura e pacífica; *no curso do processo*, a preclusão tem por fim tornar possível o ordenado desenvolvimento do processo com a progressiva e definitiva eliminação de obstáculos.[714]

A pretendida diferenciação, porém, não convence a totalidade dos processualistas. Muitos entendem não haver distinção possível ou necessária entre preclusão e coisa julgada formal.

Para Humberto Theodoro Júnior, é "impossível é afirmar-se que a coisa julgada formal (também, fenômeno interno do processo) não seja uma preclusão".[715] Isso porque, segundo enfatiza, a coisa julgada formal não é outra coisa senão a imutabilidade, dentro da relação processual, da sentença contra a qual a parte não dispõe mais da faculdade de interpor recurso, razão pela qual conclui que "não há utilidade prática nem teórica em distinguir a coisa julgada formal da preclusão".[716]

Ao mesmo entendimento filia-se Machado Guimarães: se tanto a coisa julgada formal como a coisa julgada material resultam da preclusão das questões suscitadas e suscitáveis; se aquela é pressuposto desta (ou essencial a esta), a conclusão lógica, segundo o autor, é a absorção do conceito de coisa julgada formal pelo de preclusão.[717]

---

[713] SILVA, Adailson Lima e. *Preclusão e coisa julgada*. São Paulo: Pillares, 2008, p. 94.

[714] CHIOVENDA, Giuseppe. *Instituições de direito processual civil*. 3. ed. (Tradução da 2ª edição italiana por J. Guimarães Menegale, acompanhada de notas pelo Prof. Enrico Tullio Liebman). São Paulo: Saraiva, 1969, v. I, p. 380.

[715] THEODORO JÚNIOR, Humberto. A preclusão no processo civil. *Revista dos Tribunais*. São Paulo: Revista dos Tribunais, v. 784, p. 26, fev. 2001.

[716] Ibidem, p. 28.

[717] GUIMARÃES, Luiz Machado. *Estudos de direito processual civil*. Rio de Janeiro – São Paulo: EJU, 1969, p. 13.

A lição tem apoio em Celso Barbi, para quem Chiovenda deveria chegar à última consequência, consistente na proscrição do conceito de coisa julgada formal, mesmo como simples inimpugnabilidade da decisão, pois tal conceito ficaria inteiramente vazio com a colocação da preclusão em seu lugar.[718] Substituir o conceito de coisa julgada formal pelo de preclusão de questões, nesse sentido, seria apenas reconhecer a superação de um conceito que se mostrou imprestável e, na avaliação do autor, apto somente para gerar confusões. O conceito de preclusão, mais abrangente (pois além de se referir a *questões* pode se referir também a *faculdades*) substituiria, portanto, o de coisa julgada formal, o qual só permaneceria entre nós "pela tenaz resistência das coisas velhas e difundidas no Foro".[719]

Antônio Carlos Marcato dá razão a Celso Barbi, enfatizando que a coisa julgada formal e a preclusão (temporal) são fenômenos que, ao término do processo, apresentam os mesmos efeitos, têm a mesma finalidade e alcance ou seja, impedir o reexame, no processo onde foi proferida, da sentença não mais sujeita a recursos.[720] Há, pois, uma tendência nos estudos mais recentes de se prescindir do conceito de coisa julgada formal.[721]

Não há negar, de fato, que muito se aproximam as noções de preclusão e de coisa julgada formal. Tanto o primeiro quanto o segundo instituto dizem respeito à impossibilidade de reedição de discussões no bojo de uma mesma relação processual, distinguindo-se da coisa julgada material por não produzirem efeitos além dessa relação. Não há dúvida, também, de que a coisa julgada formal encerra uma (derradeira) preclusão processual. Cientificamente, no entanto, é possível a distinção, não havendo razões para se sepultar ou excluir do mundo jurídico conceito tão tradicional como é o de coisa julgada formal. Limitado que seja o interesse prático na distinção, há meios de traçá-la, emprestando-se maior precisão terminológica e rigor científico aos conceitos.

Como observa Manoel Caetano Ferreira Filho, a coisa julgada formal é a *consequência* da preclusão do recurso cabível contra uma decisão que encerra o processo.[722] Ela *decorre*, portanto, da última preclusão ocorrida na relação processual, que tem o papel de pôr fim ao *iter* processual. Assim, na construção de autorizada doutrina, coisa julgada formal e preclusão são dois fenômenos diversos, na perspectiva da decisão irrecorrível. A preclusão é, subjetivamente, a perda de uma faculdade processual e, objetivamente, um fato impeditivo; a coisa julgada formal é a qualidade da decisão, ou seja, sua imutabilidade, dentro do processo. Trata-se, pois, de

---

[718] BARBI, Celso Agrícola. Da preclusão no processo civil. *Revista Forense*, v. 158, p. 63, mar./abr. 1955.
[719] Ibidem, p. 63.
[720] MARCATO, Antônio Carlos. Preclusões: limitação ao contraditório? *Revista de Processo*. São Paulo: Revista dos Tribunais, v. 5, n. 17, p. 110, jan./mar. 1980.
[721] Também nesse sentido, confira-se: GOMES, Celeste Leite dos Santos Pereira. Princípio da oficiosidade e preclusão. *Justitia*. São Paulo: Procuradoria-Geral de Justiça de São Paulo, ano 61, v. 185/188, p. 240, jan./dez. 1999; MORAES, Voltaire de Lima. *Das preliminares no processo civil*. Rio de Janeiro: Forense, 2000, p. 63.
[722] FERREIRA FILHO, Manoel Caetano. *A preclusão no direito processual civil*. Curitiba: Juruá, 1991, p. 70.

institutos distintos, embora ligados entre si por uma relação lógica de antecedente-
-consequente.[723]

Essa relação de antecedente-consequente é identificada por boa parte da doutrina:

> A coisa julgada, no entanto, se assemelha com a preclusão – tanto que a *res judicata* é denominada de *preclusão máxima*. E a coisa julgada formal, que impede o reexame da sentença, através de recursos, no processo em que foi proferida, tem o mesmo efeito da preclusão. A sentença não mais sujeita a recurso é ato imutável e conclusivo do processo, a que a lei e a doutrina atribuem a qualificação de *coisa julgada formal*. E isto porque se exaurem, naquele processo, os direitos processuais do vencido. É a coisa julgada formal, graças a essa preclusão, que garante a intangibilidade do resultado do processo, para que o pronunciamento jurisdicional não sofra discussões, impondo-se, assim, fora do processo, como norma ou lei da lide decidida.[724]

Assim, no sentir de Arruda Alvim, o próprio emprego da expressão "preclusão máxima" encontra justificativa. Sem embargo de a coisa julgada formal originar-se da preclusão, que se consubstancia na não interposição do recurso, ambas não se confundem: a preclusão diz respeito ao não uso do recurso; a coisa julgada formal encerra e fecha o processo, pondo-lhe um ponto final.[725]

Assinala Lopes da Costa que a maior de todas as preclusões é a do recurso, justamente porque termina o processo e abre margem à coisa julgada.[726] Também nessa linha é que Liebman define a coisa julgada formal como uma qualidade da sentença quando já não é recorrível por força da preclusão dos recursos (distinguindo-a da coisa julgada substancial, que seria a sua eficácia específica e, propriamente, a autoridade da coisa julgada, e estaria condicionada à formação da primeira).[727]

Coisa julgada formal é a preclusão dos recursos ou, em outras palavras, a preclusão que torna imutável a sentença.[728] No sentir de Lopes da Costa, a coisa julgada formal nada mais é que a impossibilidade de modificar a decisão, desde que

---

[723] Nota de Ada Pellegrini Grinover à obra "Eficácia e autoridade da sentença e outros estudos sobre a coisa julgada", de Enrico Tullio Liebman (LIEBMAN, Enrico Tullio. *Eficácia e autoridade da sentença e outros estudos sobre a coisa julgada*. Tradução de Alfredo Buzaid e Benvindo Aires; trad. textos posteriores à edição de 1945 e notas relativas ao direito brasileiro vigente de Ada Pellegrini Grinover. 4. ed. Rio de Janeiro: Forense, 2006, p. 68).

[724] MARQUES, José Frederico. *Instituições de direito processual civil*. 3. ed. Rio de Janeiro: Forense, 1966, v. II, p. 288-289.

[725] ARRUDA ALVIM, José Manoel de. *Manual de direito processual civil*. 11. ed. São Paulo: Revista dos Tribunais, 2007, v. 1, p. 497-498.

[726] LOPES DA COSTA, Alfredo de Araújo. *Manual elementar de direito processual civil*. Rio de Janeiro: Forense, 1956, p. 115.

[727] LIEBMAN, Enrico Tullio. *Eficácia e autoridade da sentença e outros estudos sobre a coisa julgada*. Tradução de Alfredo Buzaid e Benvindo Aires; trad. textos posteriores à edição de 1945 e notas relativas ao direito brasileiro vigente de Ada Pellegrini Grinover. 4. ed. Rio de Janeiro: Forense, 2006, p. 55.

[728] GONÇALVES, Marcus Vinícius Rios. *Novo curso de direito processual civil*. 2. ed. São Paulo: Saraiva, 2005, v. 1, p. 247.

ela nasceu, por ser irrecorrível ou, sendo recorrível, desde que se esgotou o prazo do recurso. O que a distingue é a irrecorribilidade.[729]

Exata é a distinção proposta por Sérgio Gilberto Porto:

> A não apresentação de recurso no prazo estipulado ou o exercício de todos os recursos disponíveis, com o escoamento do prazo recursal, acarreta a preclusão. Assim, tendo as partes se conformado com a decisão, e não a tendo impugnado, ou se apenas alguma delas recorreu, exaurindo a possibilidade recursal, a decisão, independentemente da análise do mérito, no processo em que foi proferida, adquire o selo da imutabilidade. A esta imodificabilidade dá-se o nome de coisa julgada formal.[730]

A partir dessa *última* preclusão e da circunstância de estar exaurida a jurisdição – não mais havendo qualquer ato processual para ser praticado –, é que surge a coisa julgada formal. A última preclusão coroa o fim do processo.[731]

6.4. PEREMPÇÃO

A perempção é o fenômeno processual, ocorrido por especial disposição de lei (art. 268, parágrafo único, do Código de Processo Civil), em que se presume o abandono do processo em decorrência da inação em movimentá-lo.[732] Figura praticamente em desuso,[733] constitui, pois, um impedimento legal ao trâmite da relação jurídica processual por inércia de seu titular ativo.[734]

O instituto da perempção impede o autor de demandar o réu sobre o mesmo objeto quando der causa à extinção do processo em três oportunidades por abandoná-lo, deixando de promover os atos e diligências que lhe competiam (art. 267, III). Assim, conquanto não haja decisão de mérito (coisa julgada material), incorrendo por três vezes nessa hipótese específica de extinção do feito, não poderá mais o autor instaurar novamente relação processual eficaz para julgamento da lide.

Nisto, portanto, diferem quanto ao objeto a perempção e a preclusão: a perempção alcança e obsta uma relação processual vindoura, produzindo efeitos fora da relação processual em que se operou para vedar a reiteração da lide três vezes

---

[729] LOPES DA COSTA, Alfredo de Araújo. *Direito processual civil brasileiro*. 2. ed. Rio de Janeiro: Forense, 1959, v. 3, p. 423.

[730] PORTO, Sérgio Gilberto. *Coisa julgada civil*. 3. ed. São Paulo: Revista dos Tribunais, 2006, p. 62.

[731] GIANNICO, Maurício. *A preclusão no direito processual civil brasileiro*. 2. ed. São Paulo: Saraiva, 2007, p. 108-109.

[732] ABREU, Iduna Evangelina Weinert Lemos de. Prescrição, decadência, caducidade, preclusão, perempção. *Revista de Informação Legislativa*. Brasília: Senado Federal, v. 43, p. 134, jul./set. 1974.

[733] A observação é de Cândido Rangel Dinamarco, para quem a figura da perempção é "antiquada", porque "de raríssima e improvável ocorrência", embora ainda prevista no Código de Processo Civil. (DINAMARCO, Cândido Rangel. *Instituições de direito processual civil*. 5. ed. São Paulo: Malheiros, 2005, v. III, p. 136).

[734] SILVA, Adailson Lima e. *Preclusão e coisa julgada*. São Paulo: Pillares, 2008, p. 97.

reeditada e abandonada; a preclusão só produz efeitos no processo onde se verificou, não extrapola seus limites.[735] Embora guardem certa semelhança por representarem, ambos, óbices ao exercício de um poder da parte, os institutos não se confundem, pois os efeitos da preclusão não exsudam da relação processual, enquanto os efeitos da perempção não só ultrapassam a relação processual como também desferem contra ela golpe mortal.[736]

Demais disso, diferem os institutos quanto à natureza jurídica. A perempção é, claramente, uma sanção processual. Visa a liberar o Estado da obrigação de atender à prestação jurisdicional diante da negligência do autor que reiteradamente abandona o processo.[737]

O legislador optou por punir o demandante irresponsável ou desidioso, retirando-lhe o direito de ação nesses casos.[738] Quem deixa de promover o andamento do processo descumpre uma obrigação de diligência, razão da sanção imposta pela perempção, que se reveste de nítida natureza penal.[739]

Não há, pois, qualquer razão para confusão entre perempção e preclusão. A perempção extingue o direito de demandar o réu sobre o mesmo objeto, ao passo que a preclusão simplesmente impede a efetivação ou a reiteração do exercício de determinada faculdade processual.[740] As notas distintivas, portanto, predominam sobre as comuns.

---

[735] MARQUES, José Frederico. *Instituições de direito processual civil*. 3. ed. Rio de Janeiro: Forense, 1966, v. II, p. 291.
[736] FREITAS, Elmano Cavalcanti de. Da preclusão. *Revista Forense*, v. 240, p. 31, out./nov./dez. 1972.
[737] FERRAZ, Cristina. *Prazos no processo de conhecimento:* preclusão, prescrição, decadência, perempção, coisa julgada material e formal. São Paulo: Revista dos Tribunais, 2001, p. 90.
[738] GIANNICO, Maurício. *A preclusão no direito processual civil brasileiro*. 2. ed. São Paulo: Saraiva, 2007, p. 95-96.
[739] FREITAS, Elmano Cavalcanti de. Da preclusão. *Revista Forense*, v. 240, p. 31, out./nov./dez. 1972. No mesmo sentido entende Antônio Carlos Marcato, aludindo ao caráter punitivo da perempção. (MARCATO, Antônio Carlos. Preclusões: limitação ao contraditório? *Revista de Processo*. São Paulo: Revista dos Tribunais, v. 5, n. 17, p. 108, jan./mar. 1980).
[740] GIANNICO, op. cit., p. 96.

Bibliografia

ABREU, Iduna Evangelina Weinert Lemos de. Prescrição, decadência, caducidade, preclusão, perempção. *Revista de Informação Legislativa*. Brasília: Senado Federal, v. 43, p. 106-134, jul./set. 1974.

AGUIAR JÚNIOR, Ruy Rosado de. *Extinção dos contratos por incumprimento do devedor.* Rio de Janeiro: Aide, 1991.

ALLORIO, Enrico. *Problemas del derecho procesal.* Tomo I. Tradução de Santiago Sentis Melendo. Buenos Aires: E. J. E. A., 1963.

ALSINA, Hugo. *Tratado teórico práctico de derecho procesal civil y comercial.* Tomo I. Buenos Aires: Compañia Argentina de Editores, 1941.

AMARAL, Guilherme Rizzo. Verdade, justiça e dignidade da legislação: breve ensaio sobre a efetividade do processo, inspirado no pensamento de John Rawls e Jeremy Waldron. In: KNIJNIK, Danilo (Coord.). *Prova judiciária:* estudos sobre o novo direito probatório. Porto Alegre: Livraria do Advogado, 2007, p. 129-152.

AMENDOLAGINE, Vito. *Processo civile: la riforma 2009* – Prima lettura sistematica alle novità introdotte dalla L. 18 giugno 2009, n. 69. Assago: Ipsoa, 2009.

AMORIM, Aderbal Torres de. *Recursos cíveis ordinários.* Porto Alegre: Livraria do Advogado, 2005.

ANDRIOLI, Virgilio. *Lezioni di diritto processuale civile.* Napoli: Casa Editrice Dott. Eugenio Jovene, 1973. v. 1.

———. Preclusione (diritto processuale civile). In: *Novissimo Digesto Italiano.* Tomo XIII. 3. ed. Torino: UTET, 1957, p. 567-570.

ARMELIN, Donaldo. *Legitimidade para agir no direito processual civil brasileiro.* São Paulo: Revista dos Tribunais, 1979.

———. Tutela jurisdicional diferenciada. *Revista de Processo*. São Paulo: Revista dos Tribunais, n. 65, p. 45-55, jan./mar. 1992.

ARNAIZ, Alejandro Saiz; PERALES, Enrique Bonete; CARRILLO, Marc; FERRAJOLI, Luigi; OLIVARES, Gonzalo Quintero; SOTELO, José L. Vázquez; BAAMONDE, Maria Emilia Casas; PARAMIO, Ludolfo; BARATTA, Alessandro; MALDONADO, Aurelio Luna; RODRÍGUEZ, Marceliano Gutiérrez. *Responsa iurisperitorum digesta.* Salamanca: Ediciones Universidad de Salamanca, 2000. v. 1.

AROCA, Juan Montero. *Introducción al derecho procesal* – jurisdicción, acción y proceso. Madrid: Tecnos, 1976.

ARRUDA ALVIM, José Manoel de. *Dogmática jurídica e o novo código de processo civil.* Revista de Processo, São Paulo: Revista dos Tribunais, n. 1, p. 85-133, jan./mar. 1976.

———. Erro material – inexistência de trânsito em julgado. *Revista de Processo*. São Paulo: Revista dos Tribunais, n. 74, p. 193-198, abr./jun. 1994.

———. *Manual de direito processual civil.* 11. ed. São Paulo: Revista dos Tribunais, 2007. v. 1.

ASSIS, Araken de. Reflexões sobre a eficácia preclusiva da coisa julgada. *Revista da Ajuris*. Porto Alegre, n. 44, p. 26-44, nov. 1988.

──. *Procedimento sumário*. São Paulo: Malheiros, 1996.

──. *Manual dos recursos*. São Paulo: Revista dos Tribunais, 2007.

ATTARDI, Aldo. Preclusione (principio di). In: *Enciclopedia del diritto*. Milano: Giuffrè, 1985. v. XXIV.

BARBI, Celso Agrícola. Da preclusão no processo civil. *Revista Forense*. Rio de Janeiro: Forense, v. 158, p. 59-66, mar./abr. 1955.

BARBOSA, Antônio Alberto Alves. *Da preclusão processual civil*. São Paulo: Revista dos Tribunais, 1955.

──. Preclusão e coisa julgada. *Revista dos Tribunais*. São Paulo: Revista dos Tribunais, v. 365, ano 55, p. 24, mar. 1966.

BARBOSA MOREIRA, José Carlos. A efetividade do processo de conhecimento. *Revista de Processo*. São Paulo: Revista dos Tribunais, n. 74, ano 19, p. 127-137, abr./jun. 1994.

──. Efetividade do processo e técnica processual. In: *Temas de direito processual*. Sexta Série. São Paulo: Saraiva, 1997, p. 17-29.

──. Imparcialidade: reflexões sobre a imparcialidade do juiz. *Revista Jurídica*. n. 250, p. 5-13, ago. 1998.

──. *O novo processo civil brasileiro*. 25. ed. Rio de Janeiro: Forense, 2007.

──. *Comentários ao Código de Processo Civil*. 14. ed. Rio de Janeiro: Forense, 2008. v. V.

BAPTISTA, Francisco de Paula. *Compendio de theoria e pratica do processo civil comparado com o commercial e de hermeneutica jurídica*. 8. ed. São Paulo: Saraiva, 1935.

BATISTA MARTINS, Pedro. *Comentários ao Código de Processo Civil*. 2. ed. Rio de Janeiro – São Paulo: Forense, 1960. v. I.

BEDAQUE, José Roberto dos Santos. *Efetividade do processo e técnica processual*. 2. ed. São Paulo: Malheiros, 2007.

BERMUDES, Sérgio. *A reforma do Código de Processo Civil*. 2. ed. São Paulo: Saraiva, 1996.

BETTI, Emilio. *Diritto processuale civile italiano*. 2. ed. Roma: Foro Italiano, 1936.

BONAVIDES, Paulo. *Curso de direito constitucional*. 16. ed. São Paulo: Malheiros, 2005.

BORGES SEGUNDO, Edval. Preclusão: uma técnica jurídica processual. *Revista do Programa de Pós-Graduação em Direito da Universidade Federal da Bahia*. Salvador: UFBA, n. 16, p. 185-212, 2008.

BUENO, Cassio Scarpinella. *Curso sistematizado de direito processual civil*. 2. ed. São Paulo: Saraiva, 2008. v. 1.

BÜLOW, Oskar Von. *La teoría de las excepciones procesales y presupuestos procesales*. Buenos Aires: E. J. E.A., 1964.

BÜTTENBENDER, Carlos Francisco. *Direito probatório, preclusão & efetividade processual*. 3. tir. Curitiba: Juruá, 2008.

BUZAID, Alfredo. *Do agravo de petição no sistema do Código de Processo Civil*. 2. ed. São Paulo: Saraiva, 1956.

──. Coisa julgada e preclusão. Distinção. *Revista dos Tribunais*. São Paulo: Revista dos Tribunais, v. 320, ano 51, p. 42-58, jun. 1962.

CÂMARA, Alexandre Freitas. *Lições de direito processual civil*. 18. ed. Rio de Janeiro: Lumen Juris, 2008.

CANOTILHO, José Joaquim Gomes. *Direito constitucional e teoria da Constituição*. 7. ed. (2. reimp.). Coimbra: Almedina, 2003.

CARNEIRO, Athos Gusmão. *Audiência de instrução e julgamento e audiências preliminares*. 11. ed. Rio de Janeiro: Forense, 2004.

——. *Recurso especial, agravos e agravo interno*. 5. ed. Rio de Janeiro: Forense, 2008.

CARNELUTTI, Francesco. *Instituições do processo civil*. São Paulo: Classic Book, 2000. v. I.

——. *Como se faz um processo*. Tradução de Hiltomar Martins Oliveira. Belo Horizonte: Líder, 2010.

CARREIRA ALVIM, J. E. *Teoria geral do processo*. 11. ed. Rio de Janeiro: Forense, 2006.

——; CABRAL, Luciana Gontijo Carreira. *Código de Processo Civil reformado*. 7. ed. Curitiba: Juruá, 2008.

CHIOVENDA, Giuseppe. *Principios de derecho procesal civil*. Tomo II. Madrid: Reus, 1925.

——. *Instituições de direito processual civil*. 3. ed. Tradução da 2ª edição italiana por J. Guimarães Menegale, acompanhada de notas pelo Prof. Enrico Tullio Liebman. São Paulo: Saraiva, 1969. v. I.

——. Cosa giudicata e competenza. In: *Saggi di diritto processuale civile*. Milano: Giuffrè, 1993. v. 2.

——. Cosa giudicata e preclusione. In: *Saggi di diritto processuale civile*. Milano: Giuffrè, 1993. v. 3.

——. *Instituições de direito processual civil*. Tradução de Paolo Capitanio. Campinas: Bookseller, 1998. v. III.

CINTRA, Antônio Carlos de Araújo. *Comentários ao Código de Processo Civil*. 3. ed. Rio de Janeiro: Forense, 2008. v. IV.

——; GRINOVER, Ada Pellegrini; DINAMARCO, Cândido Rangel. *Teoria geral do processo*. 22. ed. São Paulo: Malheiros, 2006.

COITINHO, Jair Pereira. Verdade e colaboração no Processo Civil (ou a prova e os deveres de conduta dos sujeitos processuais). In: AMARAL, Guilherme Rizzo; CARPENA, Márcio Louzada (Coord.). *Visões críticas do processo civil brasileiro – uma homenagem ao Prof. Dr. José Maria Rosa Tesheiner*. Porto Alegre: Livraria do Advogado, 2005, p. 75-102.

COMASTRI, Michele. *Osservazione in tema di cumulo processuale e sistema delle preclusioni nel processo ordinario di cognizione*. Rivista Trimestrale di Diritto e Procedura Civile. Milano: Dott. A. Giuffrè, anno LIX, n. 3, p. 905-931, set. 2005.

COMOGLIO, Luigi Paolo. *Preclusioni istruttorie e diritto alla prova*. Rivista di Diritto Processuale. Padova, v. 53, n. 3, p. 968-995, out./dez. 1998.

——. *La durata ragionevole del processo e le forme alternative di tutela*. Rivista di Diritto Processuale. Padova, v. 62, n. 3, p. 591-619, magg.-giugno 2007.

——; FERRI, Corrado; TARUFFO, Michele. *Lezioni sul processo civile*. 2. ed. Bologna: Il Mulino, 1998.

CONSOLO, Claudio. *Spiegazioni di diritto processuale civile*. Tomo 1. Bologna: Cisalpino, 2001.

——. *Una buona "novella" al c.p.c: la riforma del 2009* (con i suoi artt. 360 *bis* e 614 *bis*) va ben al di là della sola dimensione processuale. Primo piano processo civile. Corriere giuridico 6/2009. Disponível em: <www.ipsoa.it/shared/redirectDownload.aspx?NomeFile=P128_giur_2009_06_737.pdf>. Acesso em: 21 out. 2009.

CORDEIRO, António Manuel da Rocha e Menezes. *Da boa fé no direito civil*. 3. reimp. Coimbra: Almedina, 2007.

COUTURE, Eduardo Juan. *Fundamentos del derecho procesal civil*. 3. ed. (póstuma). Buenos Aires: Roque Depalma, 1958.

CRUZ E TUCCI, José Rogério. Sobre a eficácia preclusiva da decisão declaratória de saneamento. In: OLIVEIRA, Carlos Alberto Alvaro de. (Org.). *Saneamento do processo:* estudos em homenagem ao Prof. Galeno Lacerda. Porto Alegre: Fabris, 1989, p. 276-277.

——. *Tempo e processo*. São Paulo: Revista dos Tribunais, 1997.

DALL'AGNOL, Antonio. *Comentários ao Código de Processo Civil*. São Paulo: Revista dos Tribunais, 2000. v. 2.

DALL'AGNOL JÚNIOR, Antônio Janyr. Distribuição dinâmica dos ônus probatórios. *Revista Jurídica*. Porto Alegre, n. 280, p. 5-20, fev. 2001.

DIDIER JÚNIOR, Fredie. *Curso de direito processual civil*. 10. ed. Salvador: *Jus*Podivm, 2008. (Teoria geral do processo e processo de conhecimento; v. 1).

DINAMARCO, Cândido Rangel. *A reforma do Código de Processo Civil*. 4. ed. 2. tir. São Paulo: Malheiros, 1998.

——. A reclamação no processo civil brasileiro. In: NERY JÚNIOR, Nelson; WAMBIER, Teresa Arruda Alvim. (Coord.) *Aspectos polêmicos e atuais dos recursos e de outros meios de impugnação às decisões judiciais*. São Paulo: Revista dos Tribunais, 2002, p. 99-110. v. 6.

——. *A reforma da reforma*. 6. ed. São Paulo: Malheiros, 2003.

——. *Instituições de direito processual civil*. 4. ed. São Paulo: Malheiros, 2004. v. I.

——. *Instituições de direito processual civil*. 4. ed. São Paulo: Malheiros, 2004. v. II.

——. *Instituições de direito processual civil*. 5. ed. São Paulo: Malheiros, 2005. v. III.

——. *A instrumentalidade do processo*. 12. ed. São Paulo: Malheiros, 2005.

D'ONOFRIO, Paolo. Sul concetto di preclusione. In: *Studi di diritto processuale in onore di Giuseppe Chiovenda nel venticinquesimo anno del suo insegnamento*. Padova: CEDAM, 1927, p. 425-437.

DONADEL, Adriane. *A reclamação no STF e no STJ*. Disponível em: <http://www.tex.pro.br/wwwroot/curso/recursos/areclamacaonostfenostfadriane..htm>. Acesso em: 10 mar. 2010.

DONNINI, Rogério. Pedido de reconsideração. *Revista de Processo*. São Paulo: Revista dos Tribunais, n. 80, ano 20, p. 236-244, out./dez. 1995.

EVANGELISTA, Stefanomaria; IANNELLI, Domenico. *Manuale di procedura civile*. Torino: UTET, 1996.

FARIA, Antonio Bento de. *Processo Commercial e civil*, Dec. n. 737 de 35 de novembro de 1850, annotado de accordo com a doutrina, a legislação e a jurisprudência e seguido de um appendice. Rio de Janeiro: Jacintho Ribeiro dos Santos, 1903.

FERRAZ, Cristina. *Prazos no processo de conhecimento:* preclusão, prescrição, decadência, perempção, coisa julgada material e formal. São Paulo: Revista dos Tribunais, 2001.

FERREIRA FILHO, Manoel Caetano. *A preclusão no direito processual civil*. Curitiba: Juruá, 1991.

——. *Comentários ao Código de Processo Civil*. São Paulo: Revista dos Tribunais, 2001. v. 7.

FERREIRA, Luís Pinto. *Teoria e prática dos recursos e da ação rescisória no processo civil*. São Paulo: Saraiva, 1982.

FONTES, Renata Barbosa. Preclusão pro judicato. *Revista da Procuradoria Geral do INSS*. Brasília, v. 4, n. 3, p. 24-28, 1997.

FRANCO, André Ricardo. Sistema de preclusão. Espécies, causas e efeitos do instituto no sistema processual brasileiro. *Revista Consulex,* v. 4, n. 42, p. 12-19, jun. 2000.

FREITAS, Elmano Cavalcanti de. Da preclusão. *Revista Forense,* v. 240, p. 22-35, out./nov./dez. 1972.

FREITAS, Juarez. *A interpretação sistemática do direito*. 4. ed. São Paulo: Malheiros, 2004.

FRIEDENTHAL, Jack H.; KANE, Mary Kay; MILLER, Arthur R. *Civil procedure*. 4th ed. St. Paul: Thompson West, 2005.

FUX, Luiz. *Curso de direito processual civil*. 2. ed. Rio de Janeiro: Forense, 2004.

GAGLIANO, Pablo Stolze; PAMPLONA FILHO, Rodolfo. *Novo curso de direito civil – parte geral*. 11. ed. São Paulo: Saraiva, 2008. v. I.

GIANNICO, Maurício. *A preclusão no direito processual civil brasileiro*. 2. ed. São Paulo: Saraiva, 2007.

GLASSON, E. *Précis théorique et pratique de procédure civile*. Tomo 1. 2. ed. Paris: Librairie Générale de Droit & de Jurisprudence, 1908.

——. *Précis théorique et pratique de procédure civile*. Tomo 2. 2. ed. Paris: Librairie Générale de Droit & de Jurisprudence, 1908.

GOLDSCHMIDT, James. *Direito Processual Civil*. T. I. Tradução Lisa Pary Scarpa. Campinas: Bookseller, 2003.

GOMES, Celeste Leite dos Santos Pereira. Princípio da oficiosidade e preclusão. *Justitia*. São Paulo: Procuradoria-Geral de Justiça de São Paulo, ano 61, v. 185/188, p. 228-244, jan./dez. 1999.

GOMES JÚNIOR, Luiz Manoel; CHUEIRI, Miriam Fecchio. *Preclusão pro judicato e seus limites. Segurança jurídica x necessidade de uma conduta ativa do julgador*. Revista de Processo. São Paulo: Revista dos Tribunais, n. 160, ano 33, p. 283, jun. 2008.

GONÇALVES, Marcus Vinícius Rios. *Novo curso de direito processual civil*. 2. ed. São Paulo: Saraiva, 2005. v. 1.

GRASSO, Eduardo. *Interpretazione della preclusione e nuovo processo civile in primo grado*. Rivista di Diritto Processuale. Padova: CEDAM, v. 48, p. 639-655, jul./set. 1993.

GRECO FILHO, Vicente. *Direito processual civil brasileiro*. 16. ed. São Paulo: Saraiva, 2003. v. 2.

GRINOVER, Ada Pellegrini. Interesse da União. A preclusão e o órgão judicial. In: *A marcha do processo*. Rio de Janeiro: Forense Universitária, 2000, p. 230-241.

——. *Preclusão. Erro material e erro aritmético. O processo* – estudos e pareceres. São Paulo: Perfil, 2006.

GUIMARÃES, Luiz Machado. *Estudos de direito processual civil*. Rio de Janeiro – São Paulo: EJU, 1969.

HERR, David F.; HAYDOCK, Roger S.; STEMPEL, Jeffrey W. *Motion practice*. 4th ed. New York: Aspen Publishers, 2004.

JAMES JR, Fleming; HAZARD JR, Geoffrey C.; LEUBSDORF, John. *Civil procedure*. 5th ed. New York: Foundation Press, 2001.

LACERDA, Galeno. *Despacho saneador*. 2. ed. Porto Alegre: Fabris, 1985.

——. Recurso – preparo – deserção – "preclusão consumativa". *Revista Forense*. Rio de Janeiro: Forense, v. 336, ano 92, p. 187-195, out./nov./dez. 1996.

LIEBMAN, Enrico Tullio. *Embargos do executado*. Tradução de J. Guimarães Menegale. São Paulo: Saraiva, 1952.

——. *Manuale di diritto processuale civile*. 4. ed. Milano: Giuffrè, 1984. v. 1.

——. *Eficácia e autoridade da sentença e outros estudos sobre a coisa julgada*. Tradução de Alfredo Buzaid e Benvindo Aires; trad. textos posteriores à edição de 1945 e notas relativas ao direito brasileiro vigente de Ada Pellegrini Grinover. 4. ed. Rio de Janeiro: Forense, 2006.

LOPES, João Batista. *Breves considerações sobre o instituto da preclusão*. Revista de Processo, n° 23, ano VI, p. 45-60, jul./set. 1981.

——. Os poderes do juiz e o aprimoramento da prestação jurisdicional. *Revista de Processo*. São Paulo: Revista dos Tribunais, n. 35, p. 26-67, jul./set. 1984.

——. Preparo do recurso e preclusão consumativa. *Repertório IOB de Jurisprudência*, n. 11/96, p. 193--194, 1ª quinzena jul. 1996.

LOPES DA COSTA, Alfredo de Araújo. *Manual elementar de direito processual civil*. Rio de Janeiro: Forense, 1956.

——. *Direito processual civil brasileiro*. 2. ed. Rio de Janeiro: Forense, 1959. v. 3.

LORETO, Luis. *El instituto de la preclusión en el derecho procesal civil venezolano*. Revista de Processo. São Paulo: Revista dos Tribunais, n° 33, ano 9, p. 223-231, jan./mar. 1984.

LUISO, Francesco Paolo. *Diritto processuale civile*. 3. ed. Milano: Giuffrè, 2000. v. II.

MACHADO, Antônio Cláudio da Costa. *Código de Processo Civil interpretado*. 7. ed. Barueri: Manole, 2008.

MALACHINI, Edson Ribas. Do julgamento conforme o estado do processo. *Revista de Processo*. São Paulo: Revista dos Tribunais, n. 06, ano II, p. 77-109, abr./jun. 1977.

——. "Inexatidão material" e "erro de cálculo". *Revista de Processo*. São Paulo: Revista dos Tribunais, n. 113, ano 29, p. 208-245, jan./fev. 2004.

MARCATO, Antônio Carlos. Preclusões: limitação ao contraditório? *Revista de Processo*. São Paulo: Revista dos Tribunais, v. 5, n. 17, p. 105-114, jan./mar. 1980.

——. (Coord.). *Código de Processo Civil interpretado*. 3. ed. São Paulo: Atlas, 2008.

MARIANO DA ROCHA, Raquel Heck. A distribuição do ônus da prova como instrumento garantidor da igualdade das partes no processo civil brasileiro. *Revista Processo e Constituição: Cadernos Galeno Lacerda de Estudos de Direito Processual Constitucional*. Porto Alegre: Faculdade de Direito, UFGRS, n. 1, p. 345-371, dez. 2004.

MARINONI, Luiz Guilherme. *A antecipação da tutela*. 8. ed. São Paulo: Malheiros, 2004.

——. *Curso de processo civil, v. 1:* teoria geral do processo. São Paulo: Revista dos Tribunais, 2006.

MARINONI, Luiz Guilherme; MITIDIERO, Daniel Francisco. *Código de Processo Civil comentado artigo por artigo*. São Paulo: Revista dos Tribunais, 2008.

——. Propriedade industrial. Boa-fé objetiva. Proteção da confiança. Proibição do *venire contra factum proprium* no processo. Dever de não conhecer do recurso. *Revista Brasileira de Direito Processual*. Belo Horizonte, ano 16, n. 61, p. 181-193, jan./mar. 2008.

MARINONI, Tereza Cristina. Sobre o pedido de reconsideração (sucedâneo de recurso?). *Revista de Processo*. São Paulo: Revista dos Tribunais, n. 62, ano 16, p. 299-306, abr./jun. 1991.

MARQUES, José Frederico. *Instituições de direito processual civil*. 3. ed. Rio de Janeiro: Forense, 1966. v. II.

——. *Manual de direito processual civil*. Processo de conhecimento – 1ª parte. São Paulo: Saraiva, 1974. v. II.

MARTINS-COSTA, Judith. *A boa-fé no direito privado*. 2. tir. São Paulo: Revista dos Tribunais, 2000.

——. A ilicitude derivada do exercício contraditório de um direito: o renascer do *venire contra factum proprium*. *Revista Forense*. Rio de Janeiro: Forense, v. 100, n. 376, p. 109-129, nov./dez. 2004.

MATTE, Fabiano Tacachi; ARNECKE, Júnior Eduardo. *Erro material (Comentários ao art. 463, I, CPC)*. Disponível em: <www.tex.pro.br/wwwroot/00/061023erromaterial.php>. Acesso em: 12 fev. 2010.

MEDINA, José Miguel Garcia. Execução. Nulidade. Inexistência de preclusão. Possibilidade de argüição dos vícios em embargos à arrematação. Inteligência do art. 476 do CPC. *Revista de Processo*. São Paulo: Revista dos Tribunais, v. 28, n. 112, p. 187-195, out./dez. 2003.

MELLO, Marcos Bernardes de. *Teoria do fato jurídico:* plano da existência. 12. ed. São Paulo: Saraiva, 2003.

MENDES, Gilmar Ferreira. *Direitos fundamentais e controle de constitucionalidade*. 2. ed. São Paulo: Celso Bastos, 1999.

MENDES, Leonardo Castanho. O juízo de admissibilidade recursal e a preclusão. *Direito Federal: Revista da AJUFE*. Campinas: Bookseller, n. 63, p. 209-218, jan./jun. 2000.

MENDONÇA LIMA, Alcides. As providências preliminares no código de processo civil brasileiro de 1973. *Revista de Processo*. São Paulo: Revista dos Tribunais, n. 1, p. 26-42, jan./mar. 1976.

——. Do saneamento do processo. In: OLIVEIRA, Carlos Alberto Alvaro de. (Org.). *Saneamento do Processo*: estudos em homenagem ao Prof. Galeno Lacerda. Porto Alegre: Fabris, 1989, p. 59-71.

MENEZES, Cláudio Armando Couce de. Preclusão da decisão relativa às condições da ação e aos pressupostos processuais. *Revista LTr.* São Paulo: LTr, n. 1, ano 60, p. 612, jan. 1996.

MILLAR, Robert Wyness. *Los principios formativos del procedimiento civil.* Buenos Aires: Ediar, 1945.

MIRANDA, Vicente Chermont de. Preclusão e coisa julgada. *Revista Forense,* v. 38, n. 85, p. 419-420, jan. 1941.

MITIDIERO, Daniel Francisco. *Comentários ao Código de Processo Civil.* Tomo II (Arts. 154 a 269). São Paulo: Memória Jurídica, 2005.

——. *Elementos para uma teoria contemporânea do processo civil brasileiro.* Porto Alegre: Livraria do Advogado, 2005.

MONIZ DE ARAGÃO, Egas Dirceu. *Comentários ao Código de Processo Civil.* 10. ed. Rio de Janeiro: Forense, 2005. v II.

——. Preclusão (Processo Civil). In: OLIVEIRA, Carlos Alberto Alvaro de. *Saneamento do processo:* estudos em homenagem ao Prof. Galeno Lacerda. Porto Alegre: Fabris, 1989, p. 141-183.

——. *Sentença e coisa julgada.* Rio de Janeiro: Aide, 1992.

MONTESQUIEU, Charles de Secondat, Baron de. *O espírito das leis.* São Paulo: Martins Fontes, 1993.

MORAES, Voltaire de Lima. *Das preliminares no processo civil.* Rio de Janeiro: Forense, 2000.

NERY JÚNIOR, Nelson. *Princípios do processo civil na Constituição Federal.* 6. ed. São Paulo: Revista dos Tribunais, 2000.

——. *Teoria geral dos recursos.* 6. ed. São Paulo: Revista dos Tribunais, 2004.

——; NERY, Rosa Maria Andrade. *Código de Processo Civil comentado e legislação extravagante.* 9. ed. São Paulo: Revista dos Tribunais, 2006.

NERY, Rosa Maria Andrade. Preparo e preclusão consumativa. In: TEIXEIRA, Sálvio de Figueiredo (Coord.). *Reforma do Código de Processo Civil.* São Paulo: Saraiva, 1996, p. 637-641.

NEVES, Celso. Contribuição ao estudo da coisa julgada civil. São Paulo: [s.n.], 1970.

NEVES, Daniel Amorim Assumpção. *Preclusões para o juiz:* preclusão *pro iudicato* e preclusão judicial no processo civil. São Paulo: Método, 2004.

NOGUEIRA, Pedro Henrique Pedrosa. Notas sobre preclusão e *venire contra factum proprium. Revista de Processo,* n. 168, p. 331-346, fev. 2009.

OLIVEIRA, Carlos Alberto Alvaro de. *Do formalismo no processo civil* – proposta de um formalismo-valorativo. 3. ed. São Paulo: Saraiva, 2009.

——; MITIDIERO, Daniel. *Curso de processo civil.* São Paulo: Atlas, 2009. v. 1.

OLIVEIRA, Lauro Laertes de. Da preclusão consumativa do preparo das custas recursais. *Revista da Ajuris,* n. 66, ano XXIII, p. 258-260, mar. 1996.

PALLARES, Eduardo. *Diccionario de derecho procesal civil.* México, D.F.: Porrua, 1952.

PASSOS, José Joaquim Calmon de. *Comentários ao Código de Processo Civil.* 9. ed. Rio de Janeiro: Forense, 2004. v. III.

——. *Esboço de uma teoria das nulidades aplicada às nulidades processuais.* Rio de Janeiro: Forense, 2002.

PASTOR, Daniel R. Acerca del derecho fundamental al plazo razonable de duración del proceso penal. *Revista Brasileira de Ciências Criminais.* São Paulo, n. 52, p. 203-249, jan./fev. 2005.

PESSOA, Flávia Moreira Guimarães. Pedido de reconsideração e preclusão *pro judicato* no processo civil. *Revista IOB de Direito Civil e Processual Civil.* São Paulo, v. 7, n. 42, p. 103-109, jul./ago 2006.

PIETROSKI, Tercílio. Preclusão *pro judicato. Revista Justiça do Direito.* Passo Fundo: EDIUPF, n. 9, v. 9, p. 189-198, 1996.

PIMENTEL, Wellington Moreira. *Comentários ao Código de Processo Civil.* São Paulo: Revista dos Tribunais, 1975. v. 3.

PONTES DE MIRANDA, Francisco Cavalcanti. *Comentários ao Código de Processo Civil,* tomo III: arts. 154 a 281. 4. ed. 3. tir. Rio de Janeiro: Forense, 2001.

——. *Comentários ao Código de Processo Civil,* tomo V: arts. 444 a 475. 3. ed. Rio de Janeiro: Forense, 1997.

——. *Tratado de direito privado.* Tomo II. 3. ed. Rio de Janeiro: Borsoi, 1970.

PORTANOVA, Rui. *Princípios do processo civil.* 6. ed. Porto Alegre: Livraria do Advogado, 2005.

PORTO, Sérgio Gilberto. *Ação rescisória atípica.* São Paulo: Revista dos Tribunais, 2009.

——. A crise de eficiência do processo. In: FUX, Luiz; NERY JÚNIOR, Nelson; WAMBIER, Teresa Arruda Alvim (Coord.). *Processo e constituição:* estudos em homenagem ao Professor José Carlos Barbosa Moreira. São Paulo: Revista dos Tribunais, 2006, p. 179-189.

——. *Coisa julgada civil.* 3. ed. São Paulo: Revista dos Tribunais, 2006.

——. *Comentários ao Código de Processo Civil.* São Paulo: Revista dos Tribunais, 2000. v. 6.

——; USTÁRROZ, Daniel. *Manual dos recursos cíveis.* Porto Alegre: Livraria do Advogado, 2007.

——. *Lições de direitos fundamentais no processo civil* – o conteúdo processual da Constituição Federal. Porto Alegre: Livraria do Advogado, 2009.

REZENDE FILHO, Gabriel José. *Curso de direito processual civil.* São Paulo: Saraiva, 1968. v. II.

RICCIO, Stefano. *La preclusione processuale penale.* Milano: Giuffrè, 1951.

ROCHA, Cármen Lúcia Antunes. O princípio da coisa julgada e o vício de inconstitucionalidade. In: ROCHA, Cármen Lúcia Antunes. (Coord.). *Constituição e segurança jurídica: direito adquirido, ato jurídico perfeito e coisa julgada* – estudos em homenagem a José Paulo Sepúlveda Pertence. Belo Horizonte: Fórum, 2004, p. 165-191.

ROCHA, José de Moura. *Da preclusão e da atividade processual das partes.* Recife: Mousinho, 1959.

——. Preclusão, decadência e prescrição. *Revista Jurídica.* Porto Alegre: Sulina, n. 60, ano 10, p. 05--16, 1962.

RUBIN, Fernando. *O instituto da preclusão na dinâmica do processo civil.* Dissertação de Mestrado defendida perante a Universidade Federal do Rio Grande do Sul, 2009. (Orientador Prof. Dr. Carlos Alberto Alvaro de Oliveira).

SANTOS, Andrés de La Oliva. (Coord.). *Derecho procesal civil:* el proceso de declaración. 3. ed. Madrid: Centro de Estudios Ramón Areces, 2004.

SANTOS, Ernane Fidélis dos. *Manual de direito processual civil.* 11. ed. São Paulo: Saraiva, 2006. v. 1.

SANTOS, Moacyr Amaral. *Prova judiciária no cível e comercial.* 4. ed. São Paulo: Max Limonad, 1970. v. 1.

—— *Comentários ao Código de Processo Civil.* 5. ed. Rio de Janeiro: Forense, 1989. v. IV.

——. *Primeiras linhas de direito processual civil.* São Paulo: Saraiva, 2009. v. 1.

SARLET, Ingo Wolfgang. A eficácia do direito fundamental à segurança jurídica: dignidade da pessoa humana, direitos fundamentais e proibição de retrocesso social no direito constitucional brasileiro. In: ROCHA, Cármen Lúcia Antunes. (Coord.). *Constituição e segurança jurídica:* direito adquirido, ato jurídico perfeito e coisa julgada – estudos em homenagem a José Paulo Sepúlveda Pertence. Belo Horizonte: Fórum, 2004, p. 85-129.

——. *A eficácia dos direitos fundamentais.* 9. ed. Porto Alegre: Livraria do Advogado, 2008.

——. Constituição, proporcionalidade e direitos fundamentais: o direito penal entre proibição de excesso e de insuficiência. *Boletim da Faculdade de Direito da Universidade de Coimbra.* (Separata). Coimbra, 2005. v. LXXXI.

SATTA, Salvatore; PUNZI, Carmine. *Diritto processuale civile.* 13. ed. Padova: CEDAM, 2000.

SHAPIRO, David L. *Preclusion in civil actions*. New York: Foundation Press, 2001.

SICA, Heitor Vitor Mendonça. *Preclusão processual civil*. 2. ed. São Paulo: Atlas, 2008.

SICHES, Luis Recasens. *Vida humana, sociedad y derecho*. 2. ed. México: Fondo de Cultura Económica, 1945.

SILVA, Adailson Lima e. *Preclusão e coisa julgada*. São Paulo: Pillares, 2008.

SILVA, Flávio Pâncaro da. *O saneamento do processo*. In: OLIVEIRA, Carlos Alberto Alvaro de. (Org.). *Saneamento do processo:* estudos em homenagem ao Prof. Galeno Lacerda. Porto Alegre: Fabris, 1989, p. 215-242.

SILVA, José Afonso da. *Constituição e segurança jurídica*. In: ROCHA, Cármen Lúcia Antunes. (Coord.). *Constituição e segurança jurídica:* direito adquirido, ato jurídico perfeito e coisa julgada – estudos em homenagem a José Paulo Sepúlveda Pertence. Belo Horizonte: Fórum, 2004, p. 15-30.

SILVA, Ovídio Araújo Baptista da. *Curso de processo civil*. v. 1. 4. ed. São Paulo: Revista dos Tribunais, 1998.

———. Limites objetivos da coisa julgada no atual direito brasileiro. In: *Sentença e coisa julgada: ensaios e pareceres*. 4. ed. Rio de Janeiro: Forense, 2003.

SOUSA, Everardo de. Do princípio da eventualidade no sistema do Código de Processo Civil. *Revista Forense*. Rio de Janeiro: Forense, v. 251, ano 71, p. 101-112, jul./set. 1975.

SOUSA, Miguel Teixeira de. Aspectos do novo processo civil português. *Revista de Processo,* n. 86, p. 174-184, abr./jun. 1997.

SOUZA, Bernardo Pimentel de. *Introdução aos recursos cíveis e à ação rescisória*. 4. ed. São Paulo: Saraiva, 2007.

SOUZA JÚNIOR, Sidney Pereira de. A preclusão *pro judicato* na produção de provas e a "limitação" do poder instrutório do juiz (art. 130 do CPC). (Comentários ao REsp 345.436-SP). *Revista de Processo*. São Paulo: Revista dos Tribunais, n. 158, ano 33, p. 264-278, out. 2008.

TAHRI, Cédric. *Procédure civile*. Rosny-sous-Bois: Bréal, 2007.

TALAMINI, Eduardo. *Coisa julgada e sua revisão*. São Paulo: Revista dos Tribunais, 2005.

———. Saneamento do processo. *Revista de Processo*. São Paulo: Revista dos Tribunais, n. 86, p. 76-111, abr./jun. 1997.

TARUFFO, Michele. *La giustizia civile in Italia dal '700 a oggi*. Bologna: Il Mulino, 1980.

TEIXEIRA, Sálvio de Figueiredo. As reformas no processo civil, em Portugal e no Brasil. *Juriscível do STF*, São Joaquim da Barra, Legis Summa, v. 143, p. 34-37, 1984.

———. *Código de Processo Civil anotado*. 7. ed. São Paulo: Saraiva, 2003.

TEPLY, Larry L; WHITENN, Ralph U.; McLAUGHLIN, Denis F. *Cases, text and problems on civil procedure*. 2nd. ed. Buffalo: William S. Hein & Co., Inc., 2002.

TESHEINER, José Maria Rosa. *Elementos para uma teoria geral do processo*. São Paulo: Saraiva, 1993.

———. *Preclusão pro judicato não significa preclusão para o juiz*. Disponível em: <http://www.tex.pro.br/wwwroot/01de2006/preclusaoprojudicatonaosignifica.html>. Acesso em: 18 dez. 2009.

———. *Pressupostos processuais e nulidades no processo civil*. São Paulo: Saraiva, 2000.

TESORIERE, Giovanni. Contributo allo studio delle preclusioni nel processo civile. Padova: CEDAM, 1983.

THEODORO JÚNIOR, Humberto. A preclusão no processo civil. *Revista dos Tribunais*. São Paulo: Revista dos Tribunais, v. 784, p. 11-28, fev. 2001.

———. *Curso de direito processual civil*. 49. ed. Rio de Janeiro: Forense, 2008. v. 1.

TORNAGHI, Hélio. *Comentários ao Código de Processo Civil*. São Paulo: Revista dos Tribunais, 1975. v. 2.

TUCCI, Rogério Lauria. Juiz natural, competência recursal, preclusão *pro iudicato*, violação de literal disposição de lei e ação rescisória. *Revista dos Tribunais*. São Paulo: Revista dos Tribunais, v. 838, p. 133-148, ago. 2005.

VASCONCELOS, Antônio Vital Ramos de. O pedido de reconsideração e a preclusividade das decisões judiciais. *Ajuris*. Porto Alegre, n. 40, p. 155-165, jul. 1987.

VELLANI, Carlo. *Le preclusioni nella fase introduttiva del processo ordinario*. Rivista Trimestrale di Diritto e Procedura Civile. Milano, v. 62, n. 1, p. 153-170, mar. 2008,.

VERDE, Giovanni. *Profili del processo civile – parte generale*. 4. ed. Napoli: Jovene Editore Napoli, 1994.

WACH, Adolf. *Manual de derecho procesal civil*. Tradução de Tomás A. Banzhaf. Buenos Aires: EJEA, 1977. v. 1.

WAMBIER, Luiz Rodrigues. *Curso avançado de processo civil*. 7. ed. São Paulo: Revista dos Tribunais, 2005. (Teoria geral do processo e processo de conhecimento; v. 1).

WAMBIER, Teresa Arruda Alvim. *Os agravos no CPC brasileiro*. 4. ed. São Paulo: Revista dos Tribunais, 2006.

——. *Nulidades do processo e da sentença*. 6. ed. São Paulo: Revista dos Tribunais, 2007.

ZAVATARO, Elyseu. Preclusão temporal na apresentação do rol de testemunhas. *Revista dos Tribunais*. São Paulo: Revista dos Tribunais, v. 71, n. 562, p. 269, 1982.

Impressão:
Evangraf
Rua Waldomiro Schapke, 77 - POA/RS
Fone: (51) 3336.2466 - (51) 3336.0422
E-mail: evangraf.adm@terra.com.br